英语语言与英语文化研究文库 ▏ 主编：戴卫平

外国国名文化研究

修文乔　刘志芳◎著

A STUDY ON THE CULTURE OF COUNTRY NAMES

中国出版集团公司

世界图书出版公司

广州·上海·西安·北京

图书在版编目（CIP）数据

外国国名文化研究 / 修文乔 , 刘志芳著 . — 广州：
世界图书出版广东有限公司 , 2017.7（2025.1重印）
ISBN 978-7-5192-3473-7

Ⅰ . ①外… Ⅱ . ①修… ②刘… Ⅲ . ①国家—地名—
文化研究—世界 Ⅳ . ① K91

中国版本图书馆 CIP 数据核字（2017）第 179691 号

书　　名　外国国名文化研究
　　　　　WAIGUO GUOMING WENHUA YANJIU
著　　者　修文乔　刘志芳
责任编辑　冯彦庄
装帧设计　黑眼圈工作室
出版发行　世界图书出版广东有限公司
地　　址　广州市新港西路大江冲 25 号
邮　　编　510300
电　　话　020-84460408
网　　址　http:// www.gdst.com.cn
邮　　箱　wpc_gdst@163.com
经　　销　新华书店
印　　刷　悦读天下（山东）印务有限公司
开　　本　710mm×1000mm　1/16
印　　张　16.5
字　　数　350 千
版　　次　2017 年 7 月第 1 版　　2025 年 1 月第 4 次印刷
国际书号　ISBN　978-7-5192-3473-7
定　　价　78.00 元

"英语语言与英语文化研究文库"总序

一、语言定义与文化定义

（一）语言的定义

《辞海·语言文字》中指出：语言是人类社会最重要的交际工具，它跟思维有密切的关系，是思维的工具，是人区别于其他动物的本质特征之一。没有语言，人类的社会生活就无法维持。从它的结构看，语言是以语音为物质外壳、以词汇为建筑材料、以语法为结构规律而构成的体系。

美国著名语言学家萨丕尔（Edward Sapire）关于语言的定义为：语言是纯粹人为的、非本能的、凭借自觉地制造出来的符号系统来传达观念、情绪和欲望的方法。它是一种文化功能，不是一种生活遗传功能。

《辞海·语言文字》与萨丕尔从不同的认识视角出发来论述语言定义，体现出其不同的研究对象和范围。

语言的定义可分为广义和狭义两种。从广义上来讲，语言是人类用来交际、互通信息的所有符号系统。可以说语言本身也属于文化范畴。从狭义上来说，语言则指人类用于传递文化信息的工具，也是谱写人类文化史最重要的符号。

（二）文化的定义

关于文化的含义，一般来说有广义和狭义两种理解。美国著名学者萨姆瓦（Larry Samovar）对文化的阐释是：文化是一种积淀物，是知识、经验、信仰、价值观、处世态度、社会阶层的结构、时间观念、空间关系概念、宇宙以及物质财富等的积淀，是一个大的群体通过若干代的个人和群体的努力而获得的。文化是持续的、恒久的和无所不在的，它包括了我们在人生道路上所接受的一切习惯性行为。萨姆瓦对文化的阐释是广义的，即为人类社会历史实践过程中所创造的精神和物质财富的总和。

罗常培在《语言与文化》一书中认为：文化是一个复杂的总和，包括知识、信仰、艺术、道德、法律、习俗和一个人以社会一员的资格所获得的其他一切行为习惯。罗常培所定义的文化是狭义的文化，指社会的意识形态以及与其相适应的制度和组织结构。

文化最难定义，是因为它的含义广泛繁杂，表现形式多样。旧时中国的文化指封建王朝所施的文治和教化的总称。在现代汉语中，从广义来讲，文化指人类社会历史实践过程中所创造的物质财富和精神财富的总和；从狭义来讲，文化指社会的意识形态，以及与之相适应的制度和组织机构。除此之外，文化泛指一般知识，如"学文化"、"文化水平"等。梁漱溟给文化下了既有广义又有狭义的定义：文化，就是吾人生活所依靠之一切，俗常以文字、文学、思想、学术、教育、出版等为文化，乃是狭义的。文化之本义，应在经济、政治乃至一切，无所不包。

在西方，culture 源于拉丁文，意指"耕作"，人们从 agriculture（农业）一词里还能看到该词原义的影子。大概从 19 世纪开始，文化概念转移并被放大，英语及罗曼语中的 culture 一词被用来指人的社会修养，再后来指影响人的行为的文化因素，即一个民族的习俗和精神，包括"语言、思想、信仰、习惯、禁忌、符号、机构、工具、技术、艺术、仪式、标记等等"。

文化是一个复合的整体，其中包括：知识、信仰、艺术、法律、道德、风俗，以及人作为社会成员而获得的任何其他的能力和习惯。

文化的本质为：

（1）文化是经由社会习得的，而非遗传获得的。

（2）文化是一个社团成员所共有的，而非某一个人所独有的。

（3）文化具有象征性，语言是文化中最重要的象征系统。

（4）文化是一个统一的整体，文化中的每一个方面都和其他方面相互联系。

文化可分为四大系统：

（1）经济系统：生态、生产、交换和分配方式、科学技术、人工制品等。

（2）社会系统：阶级、群体、亲属制度、政治、法律、教育、风俗习惯、通史等。

（3）观念系统：宇宙观、宗教、巫术、民间信仰、艺术创造和意象、价值观、认识和思想方式等；

（4）语言系统：语音系统、字位学、语法和语义学。

"文化"是一个富有弹性的概念。就研究视角而言，它包括：哲学的文化概念、艺术学的文化概念、教育学的文化概念、心理学的文化概念、历史学的文化概念、人类学的文化概念、社会学的文化概念、生态学的文化概念。

二、文化与语言的关系

文化研究发展至今，一个较具概括性、广为接受的观点认为："文化包括一切人类社会共享的产物。"（邓炎昌、刘润清，《语言与文化》）文化可以说是人类所创造的一切物质产品与非物质产品的总和，它涉及并渗入到人类生活的方方面面。大则宇宙观、时空观、人生观、价值观；小则一切社会的生活方式、行为方式、思维方式、语言方式、宗教信仰、道德规范等等，都在文化这个复杂的、多元的、无所不在的现象所辐射的范围之内。

语言是文化的一个方面，是文化主客观的表现形式。语言作为一种社会现象和一种交际工具，无论从广义还是狭义角度讲都理所当然地成为文化的载体，并在诸多方面体现文化。历史上，人类总是用语言来进行思维，然后创造新的文化，新的文化又创造出新的语言，新的语言又产生新的文化。文化与语言是共生存的、相互依赖的、互为关照的。它们如同汉字中的"伐"一样，"你"中有"我"，"我"中有"你"。文化是语言活动的大环境，各种文化因素都必然体现在语言文字之中。在语言活动中，处处都有文化的烙印，时时都可见文化的踪迹。著名语言学家罗常培说过："语言文字是一个民族文化的结晶，这个民族过去的文化靠它来流传，未来的文化也仗着它来推进。"（《中国人与中国文》）

三、英语语言与英语国家文化

（一）加拿大英语与加拿大文化元素

加拿大英语（Canadian English, CaE）是一种在加拿大广泛使用的英语方言。有超过 2 500 万的加拿大人不同程度地使用加拿大英语，占其人口总数的 85%。加拿大英语的一个较大的特点表现在它的兼容性上，即它兼容了许多英国英语和美国英语双重的语言特征。加拿大英语可以被描述成是一种美国英语、英国英语和魁北克（加拿大的一个法语自治省）法语的结合。

加拿大英语的一个分支，它的早期发展史同英语的另一大分支——美国英语的早期发展史相似。1775 年美国独立战争后，一条政治上的分界线把加拿大同美国分隔开来，加速了加拿大英语和美国英语之间的差别。200 多年后的今天，加拿大英语变成了与英国英语、美国英语大体相似，而又独具特色的区域性变体。

广义上的加拿大英语指的是加拿大几个不同区域的英语，如纽芬兰英语（Newfoundland English）、滨海诸省方言（Maritimes dialects）、不列颠哥伦比亚方言（Columbia dialects）、中部与草原诸省加拿大方言（Central and Prairie Canadian）等。

加拿大英语既受英国英语也受美国英语的影响，在加拿大英语中有不少"加拿大词语"（Canadianisms）。加拿大英语词汇反映了这个国家的特殊性。加拿大英语吸收了印第安人和因纽特人语言的词汇来指称某些自然现象。法语和英语同为加拿大的官方语言，两者相互对立、相互渗透，加拿大英语中的法语借词就比英语的其他国别变体多，有些英语里原有的法语词在加拿大带上了别的转义。加拿大英语在历史上曾经受到英国英语的巨大影响，但现在主要受美国英语的影响。

加拿大英语虽不是一种独立的语言，但经过上百年的发展已经成为一种独具特色的英语变体。加拿大与美国同在一个地域，美国英语在加拿大似乎无处不在。一方面，由于历史、地理等原因，加拿大英语兼具了美国英语和英国英语的许多语言特征，这种兼容性构成了加拿大英语的一个重要特征。另一方面，加拿大英语在同英语传统核心保持密切联系的同时，也产生了许多源于加拿大独特的历史环境和反映加拿大特有的文化传统的语言元素，形成了加拿大英语的独特性。此外，加拿大是一个多元化国家，所以加拿大英语另一个语言特征还体现在语言来源上的多元性。移民无疑是引发语言接触的一个重要因素。另一个对加拿大英语造成重大影响的因素是与其毗邻的超级大国美国。美国具有强大的平面和立体媒体的力量，美国在意识形态、社会、文化、经济、教育等各个方面都深刻地影响着加拿大英语和加拿大文化。

（二）澳大利亚英语与澳大利地域文化

社会语言学家认为，语言是一种社会现象，它不可能存在于真空中独立发展，而是受存在于语言之外的各种社会要素的制约，如环境、社会地位、人际关系等。从环境角度来看，地理环境、社会环境、文化环境都会影响语言的发展。澳大利亚地域文化环境独特，对澳大利亚英语影响很大。

澳大利亚英语（Australian English, AusE）是英语的地域变体之一，它最早起源于城镇语言，主要是英国东南部的城市语言和爱尔兰语言，由因犯、冒险家和早期的自由移民从大不列颠带到澳大利亚，再经过与本土的土著语磨合，继而与来自不同文化背景的移民语言相结合，逐步形成了独具特色的澳大利亚英语。澳大利亚英语具有很特别的民族性和多样性。

Australia 这一名称源于拉丁语 terra Australis，意为"南部大陆"。1606 年，荷兰的一位航海家最先发现这块大陆时，误以为是一块直通南极的陆地，即用拉丁文命名为 terra Australis（南方的土地）。

Australian 一词最初于 1814 年用以指澳大利亚土著人，但不久便用以指居住在该大陆上的其他人。在语言学家谈及澳大利亚语言时，Australian 一词往往用以指其原义，即澳大利亚土著人讲的语言，不包括澳大利亚英语及其变体。Australia 的缩略词 Aussie 的不同拼写形式有 Ossie 以及 Ozzie，其简化形式 Oz 的应用却大受欢迎。非正式的称为 Aussie English，正式的称为 AusE。澳大利亚人特别喜欢用 -ie 这个词尾。他们认为这个词尾用起来特别方便，它可以加在名词上，也可加在动词、形容词上，而且还可用来将长词缩短。

澳大利亚文化最为突出的特点就是它的多样性。从民族构成来看，澳大利亚是世界上的多民族国家之一，共有140 多个民族生活在这片土地上，统称为澳大利亚人，其文化的多样性不可避免。澳大利亚民族的组成：从原始土著，到英国殖民，欧洲各国移民，亚洲，尤其是东南亚各国移民来此定居，这就使澳大利亚成为一个多民族、多文化的国家。多元文化反映到语言上的一个鲜明特征就是多语现象。澳大利亚使用的主要语言是英语，但是由于澳大利亚独特的地理位置、民族情况等诸多因素，在历史发展的进程中，演化出许多不同的英语变体。其中包括土著英语、移民英语、白人英语。澳大利亚英语从单纯的殖民英语发展成独具民族特色的地区英语。

澳大利亚英语的历史不过 200 多年，它虽然受大不列颠影响较深，但目前已发展成一种取向不完全同于大不列颠、也不完全同于美国的，有着强烈地区性特色的语言。澳大利亚英语继承了英国英语的词汇。澳大利亚英语词汇在澳洲这一新的环境里得到了继续发展和丰富。澳英的词汇非常丰富而又具有特色，这与它独特的地域分不开。澳洲大陆的地理位置创造出独具特色的地域文化。所有这一切为澳英词汇的发展创造了极其有利的条件。

（三）英语与印度

由于政治、经济、军事、科技、文化、宗教、殖民掠夺等各种因素的作用，英语在过去 300 多年的时间里逐渐扩展到了世界的每一个角落，成为世界上用途最大、覆盖面最广的一种国际通用语。但是，这并不意味着世界上只有一种英语形式。恰恰相反，由于历史、地理、语言和社会文化环境等原因，英语存在着许许多多的地域变体。

英语的传播伴随着英国的殖民统治开始。英语直到两次世界大战时才成为一门世界性的语言。在两次世界大战后，几乎所有国家和地区都被卷入了全球化的进程中。广泛而快速的经济活动需要扫除这些国家和地区之间语言上的障碍。因此，英语便成为满足这一需要的最佳选择。众所周知，不同国家和地区的英语都有自己的特点。

印度在当今世界发挥着重要的作用。印度曾经是四大文明古国之一，有着悠久的历史和文明。印度是南亚最大的国家并且是世界第二大人口国，仅次于中国。印度曾是英国最大的殖民地，被英国统治长达 200 多年。英语在殖民统治之初便传入印度。在殖民统治时期，英语是印度的官方语言。即使在印度独立后，英语依然是印度的官方语言之一。

在英国殖民统治之前，印度是一个有着 500 多个邦国的国家，而且每个邦国都有自己的语言。出于统治需要，英国殖民者开始在印度精英阶层推行英语教育。在那个年代，人们认为会讲英语是身份和地位的象征。尽管英国殖民统治给印度人民带来了巨大的伤害和损失，但是它的确给印度留下了一件宝贵的遗产——英语。

英语教育、西式教育系统的实施和西方科学思想的引进，培养了一批受西方文化影响的知识分子。这些人善于学习外国的长处，吸收了很多西方文化，并用新的眼光看世界。西方世俗主义思想深深地影响了印度超自然的生活方式，这使得印度传统文化发生了巨大的变化。他们接受了西方民主、自由和世俗主义，深刻地影响了印度的传统文化，在宗教、文学、法律和艺术领域发生了变革。古印度文化、旧风俗和社会制度，从未遇到过如此严峻的挑战和如此深刻的变化。西方文化的进攻促使印度学者开始重视印度传统文化。他们从经典文化宝库中寻求灵感以对抗西方文化。结果，印度文化出现了前所未有的分化，并且变得更加多元化。

（四）南非英语与"种族歧视"

语言是文化的载体，是一国文化的镜子。无论是南非的种族纷争，还是政党斗争均反应在语言现象上。同时，在种族隔离制度下的南非，英语既是种族隔离的内容之一，也是反种族隔离制度的工具之一。因此南非英语不仅深受种族隔离的影响，同时又影响着南非的种族隔离。

南非英语在多语言、多种族、多文化的复杂背景下发展、成长起来，在种族隔离时期，英语受种族歧视的影响。因此，南非英语的一些词语与表达不能仅从字面意思理解，更应该从深层次的隐喻角度进行诠释，发掘南非英语潜在的与种族隔离相关的含义。另外，南非推行种族隔离时期，新政策、新措施刺激了与种族隔离相关的新词新意的产生。隐喻在人类认知方面有两大作用：①创造新的意义；②提供看待事物的新视角。

火柴盒（Matchbox）和大象屋（Elephant-shack）在南非英语中用来指代黑人居住的贫民区房屋。南非种族隔离制度时期，南非当局借口黑人打搅白人的安宁、破坏白人的城市环境，将黑人驱赶出"白人城市"，在约翰内斯堡西郊划出一个西南城区，将黑人驱赶到那里形成贫民区。贫民区的房屋紧张，三四十人的集体宿舍屡见不鲜，南非人称之为火柴盒（Matchbox）。火柴盒的特点是很多火柴拥挤在体积很小的纸盒子里，是隐喻的源域；而南非黑人贫民区的房屋居住环境简陋、拥挤，屋子小而居住的人多，这是隐喻的目标域。火柴盒的特点与贫民区的居住环境具有相似性：火柴堆放在火柴盒里——居住拥挤。

大象屋（Elephant-shack）也是贫民区房屋的一种。由于贫民区住房紧张，有人盖了许多简易房租给黑人，这些粗制的房屋都有微微拱起的屋顶，远远望去，拥挤的简易房好似大象的背，大象屋由此得名。

教育歧视（Gutter Education）亦源自种族隔离制度。根据南非种族隔离制度，南非社会的方方面面包括政治、经济、医疗以及教育都要根据种族区分开来。白人在舒适的学校享受良好的教育，黑人的教育则得不到任何保障。黑人只能在黑人学校上学。南非当局只关心白人的生活质量，不在乎黑人的生死，更不用说黑人教育。学校简陋，教师时有时无，教学资源匮乏，这些因素时常引发黑人反种族隔离的抗议运动，他们高呼"反对教育歧视，反对 Gutter Education"。Gutter 的基本义是"排水沟"。Gutter 使人联想到脏、乱、差，地位卑微，被人忽视等，因此，Gutter Education 使人联想到南非种族隔离制度下，黑人教育的学校简陋、备受南非当局歧视、社会地位低下等状况。

通行证（Dompass）是南非种族隔离制度下的又一特有产物。南非当局将黑人驱赶出"白人城市"，只准他们到指定的地方安家，并不许他们随意外出。南非白人政府颁布了"通行法"，该法规定黑人外出必须携带白人签发的通行证，警察可以随意在街头抓捕不能出示通行证的黑人，甚至任何一个白人小孩都可以要求黑人出示通行证。通行证是一个套在黑人身上的沉重枷锁。南非人赋予该通行证一个特别的名字：Dompass。Dompass 由"哑巴 / 沉默通行（dumb pass）"发展而来，"pass"即通行、通过的意思；"dumb"指"哑的，无声音的"。用 Dompas 即"dumb pass"来隐喻通行证，生动地为我们展现了这样一个情形：南非街头，警察拦下行走的黑人，索要通行证，黑人出示文件，然后被放行。整个过程无需只字片语，Dompas 一词用得非常贴切，令读者体会到了种族隔离制度下，南非黑人的辛酸与无奈。

南非当局甚至禁止把英国作家托马斯·哈代的小说 *The Return of the Natives*（《还乡》）和女作家安娜·休厄尔的儿童读物 *Black Beauty*（《黑美人》）摆上书架，因为前者有 Natives（含有"土著"之意），后者有 Black（含"黑色"之意）。

（五）新加坡英语与中华元素

英语与其他语言和文化的接触会产生两种结果，即全球化和本土化。Glocal（global + local）一词反映了英语全球化到英语本土化的发展。随着 20 世纪 90 年代国际互联网的普遍使用，英语国际化的趋势更加势不可挡。然而英语在国际化的同时，又出现了本土化倾向。带有强烈地域色彩的新加坡英语的出现就是英语本土化的最好例证。

新加坡英语是众多英语变体中的一种。早期英国殖民者在当地办起学校，英语从此被传播、使用。由于多种族聚居，人们最早使用的英语类似于一种洋泾浜英语，即语法简单，发音不稳定。尽管新加坡国土面积很小，仅有 647.5 平方千米，但种族、语言和文化却相当丰富。新加坡是除中国大陆、港澳地区、台湾地区之外唯一以华人为主，且华人占大多数的国家，华人主政堪称是一大优势。新加坡现有人口 400 多万，其中以华人比例最大，占 77.4%；马来人次之，占 14%；印度人占 7.2%。

人际交往与语言接触属于二位一体的存在。易言之，语言就是人，人就是语言。语言的接触就是人的接触和交往，语言的影响就是人的影响。由于人种复杂，新加坡的语言背景自然也复杂起来。上述三大族及其他种族的语言又分为很多方言的语支，如以华语为母语的华人，其方言就达十几种。其他语言如马来语（新加坡国歌"Majulah Singapura"就是用马来语创作的）和泰米尔语，也可细分为多种语支。这种移民社会所特有的复杂的语言现象，为英语在新加坡的落地生根，提供了得天独厚的有利条件。

受华裔的母语影响，新加坡英语中掺入很多汉语（确切地说是我国南方方言）的词汇及语法，非英语成分很大，具有很强的混合语的特征。随着一代又一代的新加坡人以母语的形式学习这种英语，它的语音、语法、词汇逐渐定型，最终形成现在这样一种成熟的英语变体。严格意义上讲，新加坡英语已不是 Standard English（标准英语），而是形成了特有的 Singaporean English，也称为 Singlish（新式英语）。Singlish 的使用得到社会的认可，但新加坡前总理李光耀批评这种 Singlish 为 slovenly，不规范而且邋遢、懒散，并鼓励国民学讲 clear and clean English。然而提到学习语言的情况时，新加坡民众认为 Standard English 不是他们自己的语言，而且永远也不会成为自己的语言。Singlish 的赞同者说，Singlish 是英语这棵大树一个新的、独一无二的、有生命的分枝。为 Singlish 辩护的人说，标准英语的语类很多，爱尔兰人的花言巧语、伦敦的方言、澳大利亚的土腔，而 Singlish 就是这个多口音俱乐部里的最新成员。新加坡前驻联合国大使 T. T. B. Kob 曾经说道："当我在国外开口说话时，我希望我的同胞很容易就能识别我是新加坡人。"这句话典型地反映出新加坡人对新加坡英语"地区性"和"民族性"的要求。

（六）新西兰英语与毛利语言文化

新西兰有两种语言和两种文化——古老的毛利语言和文化与移植的欧洲语言（英语）和文化。在新西兰，人们会时刻感觉到传统的毛利文化和毛利语言。新西兰是一个主要由两个民族——欧洲白人移民和土著居民毛利人组成的国家。欧洲白人移民大批迁入新西兰后，英国移民与其他欧洲国家的移民相互融合，形成了一个新的民族——英裔新西兰人，而当地的土著居民毛利人则是新西兰重要的少数民族。因此，长期以来新西兰存在着两种语言和两种文化，即英语与移植的欧洲文化和古老的毛利语言和文化。

从殖民历史来看，新西兰毛利人的命运不同于美国的印第安人和澳洲的土著人。毛利人较早在社会生活甚至婚姻上与白人结合起来。并且由于毛利文化整体性较强，其本民族语言文化的根并没有在殖民统治中被砍断。毛利文化在新西兰一直占有一席之地。现在，新西兰有 140 多所小学开设毛利语言文化课，有毛利语广播电台，1980 年后还成立了 Pakeha 毛利电视制作中心。而在两种语言并存的社会里，语言的相互渗透和融合是不言而喻的。不少毛利词汇进入新西兰英语中，大大丰富了英语的表现力。

英语国家在世界政治、经济舞台上占有非常重要的位置，英语已成为一种世界性的语言。但不同区域的英语有其自身的独特性。在经济文化交流日趋频繁的今天，了解、掌握英语的区域性特点，有助于跨文化交际的顺利进行。而词汇作为语言最基本的元素，是值得首先关注的对象。对新西兰英语词汇特点的探讨有助于我们对英语这一世界性语言的全面认识。

人们对新西兰英语持不同见解。有人认为，新西兰英语不纯正、不规范，是全球最难听的方言。还有人认为，新西兰英语是乡巴佬英语，难登大雅之堂。这类观点当然是偏见。新西兰英语因地理位置、毛利语等因素的影响而别具一格，正因为此，它才值得我们研究。

（七）美国英语与美利坚多族裔文化

美国是一个十足的、典型的世界各国移民的汇集之所，它的民族形成是人类历史上颇具特色的一章。美国的国民来自世界上不同的民族，操持着不同的语言，有着迥异的文化背景，代表不同的肤色和不同的宗教信仰。美国国玺正面的拉丁文 E Pluribus Unum（万众一体）是美利坚合众国的箴言。美国英语是"合族国"人们用于社会交往、思想沟通和信息传递的工具。为了表达美利坚民族独具一格的特征，美国英语独创和发展了大量极富美民族文化内容的词语。它们是人们了解美利坚的族裔构成、族裔渊源和族裔文化不可缺少的史料。

语言是与时共进的，美语中的部分新词语显然与美国多族裔文化有关。在美国，大量来自西班牙语国家的移民在使用英语时将许多西班牙语的词汇掺杂到英语中来，美国英语和西班牙语杂交，例如：faxear（发传真）、la jacket（夹克）、taipear（打字）等，这种现象在美国英语中叫 Spanglish（Spanglish 为 Spanish 与 English 的混合词）。

19 世纪 40 年代以前，现在美国南部的大片领土，例如，得克萨斯州、加利福尼亚州、新墨西哥州；重要城市，如洛杉矶、旧金山等，都属于墨西哥。1848 年美墨战争，墨西哥战败，墨西哥政府被迫将上述土地割让给美国，大批原来的居民成了"美国公民"。但是，他们仍然保持原来墨西哥的风俗习惯，而且 100 多年来世世代代相传。美国英语中的 Mexicanization（墨西哥化）一词就是这一事实的写照。

Thanksgiving（感恩节）是美国最大的一个传统节日。从感恩节的名称看，它似乎是一个宗教的节日，其实并非如此。感恩节起源于当时北美的英国殖民地普利茅斯，移居该地的外来移民于 1621 年获得丰收后，在这一天举行欢庆，以感谢上帝赐予丰收之"恩"。美国独立后感恩节逐渐成为美全国性节日。欢度感恩节时美国人在习俗上一定要大嚼的 turkey（火鸡）也与美国早期移民有关。当美国人的祖先移居到新大陆，初登陆他们就遇到农业欠收。正直寒冬来临，移民以为在劫难逃，就听天由命，不料在这绝望之际，从远处飞来了一大群火鸡，这才使他们绝处逢生。人们一直以为是上帝给他们恩施火鸡渡过难关，因而为"感"此"恩"，形成吃火鸡以纪念的习俗。

19 世纪末美国"淘金热"期间大批中国劳工在美国爱达荷州的山区做苦工。一个深受疾病折磨的中国劳工预感到自己将不久于人世，于是爬上了一处山顶，等待着死亡的降临。后来，人们只发现了他尸体的一些碎片，其余已落入野兽之口。在附近干活的矿工为了纪念他，将这座山命名为 chink。

产生于美国英语的 immigrant（从外国移入的移民）一词于 1789 年问世。美国英语中 nativism 也与移民有关。Nativism 意思是美国的本土主义，其实质是美国历史上的一场以排外思想为理论根基，以反对天主教、犹太教、亚洲和拉丁美洲移民为主要任务，以维护美国白人主流文化为主要目标的运动。U.S. English（美国英语）就是 1983 年建立的一个全国性的本土主义者的组织。Americanization 特指美国历史上 20 世纪上半叶掀起的同化外来移民的"美国化"运动，其目的是要使移民不但在思想上认同美国的自由、平等和民主观念，而且要在生活方式上与美国白人社会相适应。美国英语中没有"英国方式"、"中国方式"、"日本方式"、"阿拉伯方式"等专门术语，却有 Americanism（美国方式）一词，Americanism 一词的产生也与美国的移民息息相关。

美语中 nigger 这个词来自拉丁语 niger，最早的文字记载可追溯到 1786 年，当时的奴隶主用这个词来称呼他们的非洲裔黑奴。Wigger 由 white（白人）和 nigger（黑人）结合而成，意指"采纳黑人文化的白人"。Negro 一词源自 Negroid，意思是"黑人人种"。美国的黑人可能来自海地、牙买加、塞内加尔、尼日尔、佛得角、埃塞俄比亚或索马里。当今美国黑人的"根"千差万别。因此在美国英语中，在更多的情况下，African-American/Afro American（Aframerican）与 black/black American 同时被使用。此外，就拿"黑人英语"这个术语的表达方式来说，就有好几种：Black English、African American English、Vernacular Black English、African American Vernacular English、Ebonics（Ebony ＋ Phonics 黑色的语音学）。

在美国，除了最常用的称呼 white 表示白人外，另一个称呼白人的词是 Caucasian。Caucasian 一词源自 Caucasoid（白人种）。Caucasian 一般是指北欧、东欧和西欧人的后裔。美国白人被统称为白人种族，后来用 Caucasoid race（高加索种族）代表白人种族。

20 世纪 60 年代之前，美国的拉丁后裔缺少一个单一的称呼，不管他们是否出生在美国，一般是将他们分别称呼。1978 年，Hispanic 这一称呼创立出来，于是所有西班牙语裔的美国人都被归纳到了这个称呼之下。Latino 这个称呼比 Hispanic 的范围要窄，其仅仅表示西半球的拉丁国家在美国居住的后裔。Hispanic 这个称呼现在在美国运用得越来越广，不仅包括西班牙语的民族，还包括不讲西班牙语的巴西人、海地人等。

族群关系紧张和种族歧视，一直是造成美国最大内伤的社会痼疾。美国主流社会同伊斯兰教徒、少数族裔的相互猜忌，族群矛盾同宗教矛盾、文化矛盾、移民问题、外国人的法律地位问题等纠缠在一起，日趋复杂。美语新词 Islamophobia（伊斯兰恐惧症）一词的出现则是由于很多美国人把 Islamism（伊斯兰教）等同于恐怖主义的结果。

美国社会把亚裔美国人不当作真正的美国人的现象是非常普遍的。Oriental（东方人）一词含有贬义，是一个带有侮辱性的名称。Oriental 这个词贬低了亚洲人，它是在 17 世纪英国向东方扩张势力时出现的。生活在欧洲东部的人一概被称为 Oriental，意思是看起来充满神秘和异国气息的，有着塌鼻梁和黑头发的人。Asian Americans、Easterners、Asians 这样的称呼不受亚裔美国人的喜欢，因为这样的范畴掩盖了日裔、韩裔、华裔等亚裔人之间的重要文化差别。他们有自己独特的文化传统和风俗习惯，有自己的"母国根"。因此，很多亚裔美国人更愿意被称为 Chinese-American、Japanese-American、Filipino-American 等。

英语 indigenous 一词虽然有本土的意思，但印第安人却被称为土著民，因此不被当作美洲的主人来看待。印第安文化也就被视为土著文化而没有被称为本土文化。20 世纪 60 年代开始使用的 American Indian、Native American 称呼纠正了哥伦布把美国原著民称呼成 Indian（印第安人）的错误。如同美利坚其他民族都在保留自己的风俗与传统，并努力表现各自的文化特色、各自的身份个性一样，同样的情况也发生在美国印第安人的称谓上。虽然一些美国印第安人认为 American Indian 和 Native American 这两个称呼可以互用，单独的 Indian 这个称呼也可沿用，但大多数的印第安人更愿意被称呼为能代表各自部落和文化的称谓，如 Shone、Kiowa、Apache、Seminale、Navajo、Cherokee 等。Inuit（因纽特人）也不愿意被称为 Eskimo（爱斯基摩人）。

在美国英语中，minority（少数族裔）一词是 nonwhite（非白人）的意思。在美国，只要说"我是 minority 美国人"，那么美国人就知道，说话人的意思是说他是黑人、拉美裔、亚裔、印第安人或是任何其他混血种人。西班牙裔、黑人、亚裔、印第安人与阿拉斯加原著民、夏威夷土著与其他太平洋岛民等，都被称为美国的"少数民族"。

在美国英语中，race 与 ethnicity 在释义上是有区别的。美语中，race 是以"皮肤颜色"为区别的、以生理特征为依据的概念。Race 是美国的一种社会结构。Ethnicity 的概念从 20 世纪中后期开始在美国流行。在美国人看来，ethnicity 可以用来描绘某一个种族文化的内容，包括语言、宗教、社会礼仪和其他行为方式。通常在美语中，ethnicity 这个词的形容词 ethnic 可与 group 连在一起使用，而 race 的形容词 racial 则不与 group 连用。美国人认为，ethnicity 是多样化的，是容易改变的，而 race 则是不可改变的。

（八）英国英语与不列颠人的"岛性"

就不列颠人的心态而言，他们是"岛民"。莎士比亚《理查二世》第二幕第一场里老约翰说得明明白白。他说："这大自然为自己营造，防止疾病传染和战争蹂躏的堡垒，这英雄豪杰的诞生之地，这小小的天地；这镶嵌在银色大海里的宝石，那大海就像一堵围墙，或是一道沿屋的壕沟。"

从地理位置上看，英国是孤悬于欧亚大陆之外的岛国。英吉利海峡和多佛海峡把英国和欧洲大陆分开。"海峡"的确给英国人造成"一个英国，一个欧洲"的深厚观念。有一句格言说得好：地理创造历史。"岛国"的特殊地理位置使它长期游离于欧洲社会的主流之外。不列颠人的"岛性"极强，总是自以为了不起，以老大自居。当英格兰人主宰着大英帝国，大英帝国又主宰着世界的时候，那种傲慢无礼的表现尤为突出。历史上，英国曾几次被外族人入侵，不但没有被异族同化，相反却同化了入侵者。历史上，诺曼人用武力征服了英国，但是不列颠人却用自己的民族语言 English 战胜了统治阶级的语言 French。这对于一个蒙受耻辱的"岛国"民族来说无疑是一种由衷的骄傲。就英国的国名而言，Britain 虽多次历经外族人的入侵，但不列颠人不仅捍卫了 Britain 这一国名，而且还要在 Britain 前面冠以 Great，这在世界其他国家的国名里是没有的。

不列颠人生活在一个海岛上，在某种程度上远离席卷欧洲及其他地区的政治、社会动荡。欧洲大陆上的许多国家经历了统一、分裂、战争、重新统一和彻底改造的过程，而英国的制度只是以温和的方式发生了某些变化，而且往往是在最后的时刻。在这整个时期，英国一直是一个君主立宪制国家。它根本就没有进行大动荡的欲望。英国有一个较美国或其他欧洲国家更长的历史，较长期的封建统治使英国人更具容忍、安于现状的品质。即便是创建了大英帝国也没有改变岛国人思想守旧的基本特征。历史上英国是个 Monarchy（君主国），如今她仍然是 Monarchy。英国的国歌仍旧是 *God save the King/Queen*（《神佑吾王》）。岛民所固有的保守主义，使变革对他们没有什么吸引力。历史悠久的英国文化造成了社会生活中根深蒂固的沿袭先例的传统，英国人习惯于遵奉惯例的习性、接受传统的约束。Conservative 一词可以说就是岛国人顽固的保守传统的写真。英国两大主要政党之一的保守党就是用 conservative 冠名的。斗转星移，时过境迁，大英帝国已如昨日黄花，但英国还留恋其传统：对欧洲的孤立。

每个传统的英格兰家庭都有一个房间、一间阁楼、地窖或车库，里面堆放着各种杂物，从古时的老古董到近些年前图案古怪的成卷墙纸。这反映出岛国人的一种"死不悔改"的生活态度。岛国人穿越时间，就像他们真的穿越空间那样，拖着一堆毫无用处的行李。在现代社会中，电力和天然气用于室内保暖和取热在很长一段时间内已经完全替代了煤火的使用。但在一般英国人的居室内仍旧设有虚设的 fireplace（壁炉）。在英国，法官和律师出庭时须戴环形卷发发套，或称 wig（假发），迄今已有 300 多年的历史。近些年来英国庄严肃穆的法庭也与其他国家的法庭一样正逐渐现代化，电脑和其他高科技产品已涌入法庭。但英国法律界的守旧势力根深蒂固，法官及律师戴 wig 出庭的规矩却岿然不动，不肯退出历史舞台。

近几个世纪以来，英国由一个蕞尔小邦发展成为海军强国、工业强国，帝国的强盛和优越的地位，使英国人坚信盎格鲁 - 撒克逊文化的完美，以及油然而生的民族自豪感和爱国心，海岛大国的特殊位置又赋予了英国人退守岛国的保守而超然的欧洲惯性思维。但英国绝非与欧洲毫无关系，不列颠人常说自己的国家是"四个民族，一个王国"。一个王国就是联合王国，四个民族就是今天的英格兰人、苏格兰人、威尔士人和爱尔兰人，这四个民族都是古代若干来自欧洲的种族和部落互相斗争、互相结合、长期演化的结果。

戴卫平

2015 年 1 月

前　言

　　全世界的英语使用国已接近百数且依然增势明显。未来 20 年，中国境内学习英语的人数将超过全球以英语为母语的人口总和。国内绝大多数英语学习者在不借助任何查询工具的条件下，能准确译出的国（区）英文名数量不及总数之"零头"，而对各国国名文化渊源能言之二三者更是寥寥无几。此般学习"留白"虽不至对英语听、说、读、写、译整体能力的提升产生直接影响，但对于个体深层掌握国名文化、贯通国别历史和跻身专业之列至关重要。正是这被忽略的细节认知方可体现不同学习者间的专业度和突破力，隐化促进往往比显性作用更富深远意义。

　　基于为广大学者在语言积累过程中的疏漏进行有的放矢地补缺之愿，本作尽大化集粹了当前世界各国国名中外对比研究，对所列国名与文化的关系予以更详尽、更多维的剖析，对每个国名的起源与涵义进行了专业化、新视化的完善。谓之"国名纵横史大观"实至名归，个性化亮点有三：

　　收录较全。全球国名史一书以蔽之。本书面向各层级语言背景与知识建构的读者，分门别类为其追溯并重现一段段鲜为人知的国名往事，与之休戚相关的民族文化碎片亦抖落封尘，相伴明晰。与人名无异，地名的产生多非无缘无故，而是烙印着特定历史典故或宗教元素。甚至可以说，若能真正理解一国之名的缘由与含义，对其主流文化形态的形成之因、各个时代政治经济与民生百态中的诸多掠影便都可豁然开朗，只因文化根源是万变本尊。

　　涉面较广。贯通翻译艺术、历史拾遗、地理常识、异域民风等视角，尤其突出了对国名翻译的比对讲评及指导。以理论和实例高度结合的方式，为读者形象解析了因国名译法差异衍生出译本直观效果上的微妙优劣，以及音译与汉译艺术的灵活应运之术，同时对一国之名双语版本的诞生缘由做出解答。作者以国名翻译讲解为基，抛砖引玉，引导读者建立更好的翻译新思路。此外，因涉及国别研究，读者可在国名汉译研习过程中，同步实现语言与历史地理等多学科的知识点碰撞，跨领域头脑风暴一触即发。

辅讯较强。为帮助读者以更短时间和更简方式夯实更多的知识积累，本作精甄细选，于附录部分辅以世界各大宗教国群详情、易混淆国名和首都甄别信息、世界各国（区）首都（首府）及其通行货币与官方语言汇总，力求一书多能，缩减读者各方学习成本。

国名文化及其翻译艺术的研究相对于英语语言整体塑造而言或许仅为散珠一粒，这一细节不必决定语言习得的成败，但会决定语言习得的品质。少此一珠未必有碍观瞻，但添之必然熠熠生辉。唯愿倾力打造之作能助各界读者英语学习之旅更为坦顺，不足之处敬请赐教。

中国石油大学（北京）外国语学院修文乔（博士）副教授撰写 20 万字；吉林师范大学外国语学院刘志芳副教授撰写 11 万字；中国石油大学（北京）外国语学院 MTI 翻译团队的高源（3.5 万字）、姜天扬（3.5 万字）、李智（3.5 万字）、羊洋（3.5 万字）参与本书相关文献的翻译和全书的校对；全书由戴卫平教授统稿、校改稿。

修文乔 刘志芳

2016 年 9 月

目　录

第1章 外国国名文化

世界上的国名来自不同的民族，源于不同的语言，包含着丰富的文化内涵。尽管各个国家的国名有自己独特的寓意和来源，但各国国名与其当时的自然地理环境和社会历史条件密切相关。

1. 国名与国家地理

自然地理条件 —— 自然地理实体是国家命名的重要根据之一，国名与自然地理环境有关的国家，主要分为以下六种：

1.1 因地理位置而命名

这类国家的名称来源多与其特殊的地理位置或特殊的地形有联系。

日本（Japan），亚洲最东边的国家，关于其国名的来源有不同的说法。1—2世纪，九州出云之地被人们称为"日出之国"，后来人们习惯用这个名称称呼东方各小邦，同时在近畿附近又有了"倭"国，两个地名相合，再后演变成"日本"。另一说法认为，日本群岛中古时有一个"火山之国"，火山之国的"火"后转化为"太阳之火"，又演化成"日"，再演化成"日之本"，最后定为"日本"。目前，日本人民都倾向于前种说法，认为日本是亚洲或世界最东的国家，是太阳升起的地方，这从他们的国旗可略见一斑。

尼泊尔（Nepal），位于喜马拉雅山中部南麓，其国名来源有多种观点：一种认为它的名称源于梵语，意为"喜马拉雅山脚下的家园"；一种认为它的名称源于尼泊尔的尼尔梵语，"尼"是山谷，"泊尔"是国家，也就是"丛山中的国家"；还有人认为"尼"是中间的意思，"泊"是国家，也就是"中间的国家"，这是因为"尼泊尔"处于中国和印度之间。但无论哪一种解释，都认为尼泊尔的国名与其所处的特殊地理位置相关。

伊拉克（Iraq），其大部分国土位于两河流域，幼发拉底河、底格里斯河及其汇合而成的阿拉伯河形成的水网，犹如人体的血管一样，阿拉伯语的"伊拉伯"即为"血管"之意，故将这一地区称作阿拉伯人的血管——伊拉克。

多哥（Togo），非洲国家，在当地语中"多"是水之意，"哥"是岸边之意，合而言之是"水边"或在"岸边"的意思，因地处几内亚湾海滨而得名。

厄瓜多尔（Ecuador）在西班牙语中是"赤道"的意思，因其位于赤道。

智利（Chile）是"世界的边缘"之意。

阿富汗（Afghanistan）是"山上人"之意，因古时当地人多居住在山上，所以波斯人以此相称。

帝汶（Timor）在印尼语中就是"东方"的意思，因位于努沙登加拉群岛的最东部而得名。

因地理位置而得的国名，在用词上有一个特色，即用某一方位来表明。如中非因地处非洲大陆中部而得名；澳大利亚是"南方大陆"的意思；奥地利是"东部地区"之意；摩洛哥是"极西之地"之意。

1.2 因地理壮观而命名

牙买加（Jamaica）起源于印第安语，意为"泉水之岛"，以其境内多温泉而得名。圭亚那（Guyana）是"水乡"之意，因其境内河流众多，瀑布飞泻。加拿大（Canada）在葡萄牙语中为"荒凉"之意，古时探险家到此见其荒凉景色故以此命名。

1.3 因地貌而命名

海地（Haiti）在印第安语中是"高地"或"多山"的意思，因其境内土地有 3/4 为山地而得名。叙利亚（Syria）是"高地"之意，也因其境内多山而得名。荷兰（Holland）地势低洼，近 1/4 的土地低于海平面，仅 1/3 的土地高于海平面一米，故名"尼德兰"，即"低地国"之意。伊拉克（Iraq）在阿拉伯语中为"陡崖"之意，因美索不达米亚平原西南部与阿拉伯沙漠接界的地方有石灰岩的峭壁陡崖而命名。加蓬（Gabon）一名，形象地描述了境内科莫河河口的形状，1473 年葡萄牙人来到这里时，发现科莫河河口的形状很像他们穿的一种叫"卡膀"的服装，便把河口部分叫作"卡膀"，后来成为国名，我国译为"加蓬"。塞拉利昂（Sierra Leone）在葡萄牙语中是"狮子山"的意思，因为 15 世纪葡萄牙人航海来到这里时，发现这一带沿岸矗立的山峰宛如雄踞的狮子而命名。

1.4　因自然地物而命名

主要是以河流、山脉、湖泊、岛屿等地理地物的名称作为国名。

1.4.1　以河流名命名的国家

在当今世界的国家中，有十几个国家是根据河流名命名的。河流何以会成为这么多国家的命名根据？人们何以如此不约而同地都根据河流名给自己的国家命名？其根本原因就在于河流与人类有着非常密切的关系。河流直接影响、决定着人类自身的生息繁衍。在很多情况下，河流与人类之间的关系，甚至是生死攸关的头等大事。有了河流等于有了一切，反之，影响立足、影响发展，甚至影响存亡。千万年来，人类沿河而居，逐河而迁，循至依河而名。君不见，有些国家的人民，迄今还把境内的大江、大河尊称为"母亲河"、"父亲河"，有的甚至直接以河名为国名。其中既有事实的描述、写照，更有精神、感情的无限寄托。

当今依河命名的国名，不仅数量多，地理分布也非常广泛，几乎遍布世界各大洲。分别言之，以非洲最多，共有 7 个，占总数的 2/3；亚洲、美洲和欧洲，各有 2 个。唯独大洋洲，大河缺乏，国家也少，因此没有这个类型的国名。

构成当今国名的河名，绝大多数是现用名称，仅个别例外。作为国名命名根据的河流，多半是一泻千里甚至数千里的大江大河，它们有的甚至同时成为两个国家名称的命名来源。

所有这些国名，列单如下（国名排列以大洲为序）：

印度（India）——南亚国家，以印度河（Indus）命名。

约旦（Jordan）——西南亚国家，以约旦河（Jordan）命名，"约旦"是"咆哮"的意思。

立陶宛（Lithuania）——欧洲国家，根据尼曼河（Neman）的古名命名。

波斯尼亚和黑塞哥维那（Bosnia and Herzegovina）——东南欧国家，国名的前半部分波斯尼亚，根据波斯纳河（Bosna）命名。

塞内加尔（Senegal）——西非国家，根据塞内加尔河（Senegal）命名。

冈比亚（Gambia）——西非国家，根据冈比亚河（Gambia）命名。

尼日尔（Niger）——西非国家，根据尼日尔河（Niger）命名，尼日尔是"黑色河"之意。

尼日利亚（Nigeria）——西非国家，以尼日尔河（Niger）为命名根据。

刚果（Congo）——非洲中部国家，以刚果河（Congo）命名。

刚果（金）（Congo, D. R.）——非洲中部国家，以刚果河（Congo）命名。

赞比亚（Zambia）——非洲南部国家，以赞比西河（Zambezi）为命名根据。

巴拉圭（Paraguay）——南美洲国家，以巴拉圭河（Paraguay）命名，"巴拉圭"是"被水装饰起来"的意思。

乌拉圭（Uruguay）——南美洲国家，以乌拉圭河（Uruguay）命名，在印第安语里"乌拉圭"是彩鸟之河或乌拉鸟栖息之河。

1.4.2　以湖泊命名的国家

马拉维（Malawi）——非洲南部国家，以境内的马拉维湖（Malawi）为名。

乍得（Chad）——非洲中部国家，取名于非洲最大的内陆湖——乍得湖（Chad）。

1.4.3　以山脉名命名的国家

肯尼亚（Kenya）的名称来源于其境内的非洲第二高峰——肯尼亚山（Kenya），在当地语言中，"肯尼亚"是"鸵鸟"的意思。

1.5　因生物而命名

1.5.1　以动物名称作为国名

马里（Mali）是"河马"的意思，在中世纪流经马里的尼日尔河里，栖居着许多河马，以此兽命名，比喻力量无比强大。萨摩亚（Samoa）是"恐鸟之乡"的意思，毛利人从新西兰来到这里时，看到有大批恐鸟（现已绝种），十分惊讶，便称此地为"恐鸟之乡"。巴拿马（Panama），在印第安语中意为"蝴蝶之国"。其境内加通湖畔，到处彩蝶飞舞，形成"蝶海"，故有此称。此外西班牙（Spain）乃是"兔子"之意，新加坡（Singapore）乃是"狮子城"之意，喀麦隆（Cameroon）乃是"龙虾"之意，象牙海岸因产象牙而得名。

1.5.2　以植物名称作为国名

危地马拉（Guatemala）在印第安语中是"森林之国"的意思，因其境内森林面积占领土的3/4。秘鲁（Peru），在古印第安语里即"玉米之仓"之意，古时其境内主要农作物是玉米，故名秘鲁。巴西（Brazil），在葡萄牙语里的意思是盛产优质红木的国度（Land of red wood），在葡萄牙殖民统治时期，这里盛产这种红木。文莱

（Brunei）在马来语中是"植物"的意思，在这里专指芒果。

1.6 以国土组成特征命名

印度尼西亚（Indonesia）意思是"岛国"，因其由散布在大洋上的 13 667 个岛屿组成。图瓦卢（Tuvalu）在波利尼西亚语中是"八岛之群"的意思，这个国家目前实际由 9 个岛屿组成，其中 8 个岛屿上有居民居住。马尔代夫（Maldives）是"花环群岛"的意思，南北延伸 800 千米的 1 196 个美丽多姿的珊瑚岛，形成 19 组环礁，宛如一个个花环，漂浮在碧波万顷的洋面上。

2. 国名与国家历史

一个国家的国名是在其历史发展的过程中形成的，所以某些社会因素和历史事迹往往成为国家命名的依据。

2.1 因民族而命名

这类国家大多是民族组成单一的国家，或是以某一个民族为主的多民族国家。

泰国（Thailand），原名暹罗国。6 世纪，"暹罗"是用以称呼定居于暹逻湾西壮山区附近的肤色黝黑的部族。13 世纪，在周达观所著《真腊风土记》一书中，那个地区的土著部族和后来移来的泰人被统称为"暹罗"，暹罗人自称"泰"，1939 年 5 月改称"暹罗国"为"泰国"，意为"自由之地"，泰国也就是以"暹罗"部族为主的"自由之地"。

孟加拉国（Bangladesh）全国人口中，孟加拉人占 98%，其国名为"孟加拉人的国家"之意。

土耳其（Turkey），该国的奥斯曼土耳其人和塞尔柱土耳其人是九姓回纥的后裔，原都是中亚地区以游牧为主的突厥人，国名土耳其也就是由"突厥"演变而来的。

斯洛伐克（斯洛伐克共和国，Slovak Republic）。Slovak 国名来源自民族名，"slav"即斯拉夫人。5 世纪，斯拉夫人从东方迁移至此地，建立国家。10 世纪开始成为匈牙利王国的一部分，后随匈牙利并入奥地利及奥匈帝国。第一次世界大战后，奥匈帝国瓦解，捷克和斯洛伐克合并，二战中斯洛伐克独立，战后再次与捷克合并。1989 年，捷克斯洛伐克发生民主革命，1993 年斯洛伐克从捷克独立。

丹麦（丹麦王国，Kingdom of Denmark）。在维京人活跃的历史上，英格兰人把他们称之为 Danes（丹人）。这个词可能来源于古印欧语，意思是平坦的，而 mark 则是"土地、边界"之意。所以丹麦意为"丹人居住地方"。

博茨瓦纳（Botswana）则是"茨瓦纳人居住地方"之意。

此外如毛里塔尼亚、老挝、保加利亚、马尔加什、巴勒斯坦、马来西亚、索马里、爱尔兰、比利时、法兰西、罗马尼亚、蒙古等十几个国家的名称均得名于当地民族名称。

2.2 以人名作为国名

以人名命名的国家多是用以纪念某人在本国历史中做出的卓越贡献，或是用以昭示某君主集权统治或殖民侵略。

2.2.1 以首领名字作为国名

尼加拉瓜（Nicaragua），印第安语，在西班牙殖民者到达之前，当地印第安部落中有一位英勇善战的酋长名叫"尼加鲁"，后来以此为国名。古巴是以当地一位不畏强暴的首领的名字为名，玻利维亚以反帝斗争领袖西蒙•玻利瓦尔的名字为名。

2.2.2 以国王名字作为国名

列支敦士登（Liechtenstein）得名于 1719 年建国时国王的名字。阿曼（Oman）是以国王阿曼的名字命名的。菲律宾（Philippines）是西班牙殖民者为纪念其王子菲利浦而得名。以人名命名的国家还有哥伦比亚（Columbia），得名于著名航海家哥伦布的名字。圣马力诺（San Marino）得名于古时当地以采石为生的基督教徒马力诺的名字。

2.3 沿袭过去地名作为国名

2.3.1 以古国名作为国名

马里（Mali）沿用了 13 世纪西非一个强大帝国的名称。瑞典（Sweden）是由中世纪在该国南部梅拉伦湖区建立的斯维亚国的名字演变而来。马拉维（Malawi）是 16 世纪在尼亚萨湖畔建立的一个古老王国的名字。加纳（Ghana）是西非最早的一个古国的名字。

2.3.2 沿用古城堡的名字作为国名

津巴布韦（Zimbabwe）得名于其境内一个著名的用石头筑起的文化遗址，津巴布韦就是班图语"石头城"之意。卢森堡（Luxembourg）由萨克森语转化而来，其原意是"小要塞城堡"。科威特（Kuwait）是"小要塞"的意思。马耳他（Malta）是"庇护所"之意。另外埃及、莫桑比克均得名于古城堡之名。

2.4　与宗教有关的命名

巴基斯坦（Pakistan）全称"巴基斯坦伊斯兰共和国"，位于南亚次大陆的西部，国内居民大多信奉伊斯兰教，其国名在波斯文中意为"清真之国"，其中"巴基"是"清真"、"圣洁"之意，"斯坦"是"国家"之意，巴基斯坦国自喻为清真、圣洁的国家，也表示该国人民对伊斯兰教的虔诚。安道尔（Andorra）得名于圣经中的名字"隐多尔"，后演变为安道尔。摩纳哥（Monaco）在希腊语中是摩纳基，即"隐士"或"僧侣"的意思。

2.5　与殖民者有关的国名

萨尔瓦多（Salvador），在西班牙语中是"救世主"的意思，由15世纪西班牙殖民者披着救世主的外衣到此地掠夺时命名。

此外，哥斯达黎加意即"富庶的海岸"、多米尼加意即"星期天"、委内瑞拉意即"小威尼斯"、阿根廷意即"银国"、新西兰意即"新的海中陆地"。

2.6　以人们美好的意愿而命名

朝鲜（Korea）位于朝鲜半岛上，其国名取自于"朝日鲜明"中的"朝"、"鲜"，是"早晨的太阳光多鲜艳"的意思，这寓意不仅说明了国度的无比美好，而且也表达了朝鲜人民对自己祖国的热爱之情。

斯里兰卡（Sri Lanka）全称"斯里兰卡民主社会主义共和国"，是印度洋上的一个岛国，其国名多次改变，1972年正式定为"斯里兰卡"。关于其名称来源，一说是源于古梵文，意为"辉煌的"；一说是该岛的僧伽罗古名，意为"光明丰饶的土地"，即受过佛祖释伽牟尼祝福的美丽岛屿。由此可见，该国是一个信奉佛教的国家，亦是一个风景秀丽、物产富饶的国家。

伊朗（Iran）全称"伊朗伊斯兰共和国"，其国名来源也有几种解释：一说伊朗是古代波斯人自称的"伊兰"的译音，意为"光明"；一说伊朗在古波斯语中为Arhya，意为"富裕、贵人"；一说源于梵语"Aria"，意为"高尚的"。无论哪种解释，都离不开伊朗人的美好向往，也体现了伊朗人的纯真。

利比里亚（Liberia）在拉丁文中是"自由之地"的意思。

利比亚（Libya）乃是"自由"的意思。

也门（Yemen）是"幸福"的意思。

3. 世界各大国国名的历史文化来源

3.1 中　　国

中华文化历史悠久，自古以来，我们只有历朝历代之名，并无统一的称谓。我们自称有中国、中华、中土、中州、中原、中夏、华夏、九州、神州、唐山、赤县等，不一而足。外国人称呼我们，也有震旦、China 等。中国国名历经了一段漫长的发展演变过程。

3.1.1　源远流长的"中华"

"中华"为中国、华夏二名的复合词，在古代的含义相当于"中国"，大致出现于魏晋，通用于南北朝。《晋书》中有"今边陲无备豫之储，中华有杼轴之困"，这里的"中华"指的是全国郡县；在《三国志·诸葛亮传》中，"若使游步中华，骋其龙文"里的"中华"指的是中原地区；至于明代朱元璋提出的口号"驱逐胡虏，恢复中华"的"中华"是指汉族政权和文化传统，"归我者永安于中华，背我者自窜于塞外"中的"中华"则就指地域而言。这些表明，"中华"从来就没被用作国名，而只是人们引以自豪的美称。

3.1.2　正式公认的"中国"

我国古代各朝，尽管都把"中国"作为通称，却并不以此为国名。西方传教士称明清两朝为"中华帝国"，简称"中国"。1689 年中俄签订《尼布楚条约》，中方代表索额图在签约文本上标明的身份为"中国大圣皇帝钦差分界大臣"，这可能是"中国"首次作为主权国家专称写入正式文件。1912 年中华民国、1949 年中华人民共和国规定国名时，都明确简称为"中国"，从此"中国"才成为公认的国名。

3.1.3　由褒而贬的"支那"

中印两大文明古国的交流相对较早，"支那"一词源于印度。古时候，我们称印度为天竺、天笃、身毒、贤豆。唐代玄奘根据正确的发音，才定名为印度，寓意月亮之皓洁。当时印度称我国则为"Chini"，汉译佛经时音译为"支那（脂那、至那）"，或者称为 Cinisthana（梵文意即"东方之光"），汉译为"震旦"。隋代慧苑在《华严经音义》里说："支那，翻为思维。以其国人多所思虑，多所制作，故以为名。"苏曼殊的《梵文典》也说，这个词首见于古史诗《摩诃婆罗多》、《罗摩衍那》，梵文初作"Cina"，原义本为"智巧"；又说外邦称呼华夏，最早曰支那（Cina），其后曰拓跋（Tabac），再后曰契丹（Kitai）。从玄奘的定名及慧苑的释义，我们能够感觉到"印度"和"支那"两个词，表达了对彼此思辨与智慧的钦佩，流露出古代中印两国之间的友好美意。

可见，"支那"一词原本毫无贬义，甚至富含褒义，而且是我国在翻译佛典时的发明创造。正如唐代义净《南海寄归内法传》指出的，"西国名大唐为支那者，直是其名，更无别义"，仅仅是对我国称谓的译名罢了。也正因为这样，"支那"在"中国"一词未被公认前，曾长期作为对中国汉人的尊称来使用，不少清末旅日革命家就自称是"支那人"，而拒绝承认是"清国人"，比如宋教仁曾经创办《二十世纪之支那》杂志，梁启超也曾使用"支那少年"的笔名。

那么，为什么后来国人对"支那"的称呼厌恶之至呢？这就不能不说到日本，说到我国近代百年之耻辱。日本对我国的称呼，应该说是以明治维新为界而发生改变的。在此之前，通常称我国为"汉、汉土、唐土、中土、中国"或相应的朝代名，最普遍的还是"中国"（Chugoku）。明治维新以后，特别是中日甲午战争日本取得胜利后，日本就改称我国为"支那"（Morokoshi，日文为しな），甚至称我国为"清国"（Chancoro）。中华民国建立时，日本单方面使用"支那共和国"的汉字国号，被我方关注和抵制。1930年，国民政府训示外交部，凡载有"支那"二字的日本公文一律拒收。日本外务省不得已提请内阁讨论，才正式改称我国为"中华民国"，但其民间使用"支那"现象仍然不减。全面侵华战争爆发后，跟随日军的跋扈铁蹄，日本外务省开始称中国为"支那"、称中国人为"支那人"、称卢沟桥事变为"支那事变"。二战结束，盟约国最高司令部政治顾问团确认"支那"称谓含有蔑意，责令日本外务省不得再使用，外务省通知："查支那之称呼素为中华民国所厌恶者，今后不必细问根由，一律不得使用该国所厌恶之名称。""支那"一词开始从日本政府公文、学校教科书、媒体语言中消失。

国名者，一词也，却饱含惨痛的历史。即使在今天，日本某些右翼分子仍不断挑衅我国，坚持使用"支那"。个别日本学者甚至说地理上的"支那"，是指中国本土而不含长城以外的满蒙等地。尽管他们是无耻之尤的老调重弹，我们仍须警钟长鸣，切不可掉以轻心。

3.1.4 国际惯例的 China

"China"其实也是从古印度语"Cina"演变而来的，经历罗马语"Sinoa"、希腊语"Thinai"、拉丁语"Sinae"等音译过程，逐渐成为英文"China"、法文"Chine"。关于该词的词源，至少有四种说法。

第一种，"秦"的对音。法国汉学家伯希和、中国语言学家罗常培持此说。

第二种，"丝"的音译。养蚕缲丝技术和丝绸业发明于中国，3世纪传入日本（4名高丽女子来华学习技术，传入日本皇宫，现在日本的Settsu尚建有功德庙），5世纪经和阗越葱岭传入印度，6世纪经波斯僧侣传入古罗马。当时，欧洲称中国为Seres或Serres，英国人称丝为Seres' wool（中国羊毛）。罗马诗人Virgil有诗为证，他说：How the Seres spin, their fleecy forests in a slender twine.（中国人将其羊毛树林纺成细纱。）中国丝绸在输往欧洲的过程中，先是经过阿拉伯语shin、sin，产生出表示东方古国的希腊语前缀sino。然后分两路，一路进入古英语成为soelc，演变为现代英语silk；另一路进入拉丁语成为china（原来法语chine仍弱读为"施一呢"，传到日尔曼语才变为强读ch"齿"）。

第三种，意为"瓷器"。中国瓷器于16世纪经葡萄牙商人输入欧洲，他们称之为porcellana（蚌壳、螺钿，以形容瓷器的光润乳白，后来演变成英语porcelain），而英国商人称之为chinaware（罗常培译成"中国货"，意即ware from China或ware made of China，后简化为china；也有人译成"中国瓷"，认为中国古代又称陶瓷为瓦器，ware应是"瓦"的译音）。既然称为"支那瓦"、"中国瓷"，可知"China"应为国名而非瓷器，后来简称"china"才获瓷器之意。

第四种，"昌南"的译音。景德镇原名昌南镇，建窑烧瓷始于东汉，至唐创制青白瓷称为"假玉器"，宋元时已传至朝鲜、日本、越南，明清经阿拉伯远销欧洲。波斯人称中国瓷为chini，欧洲人改为china，并代称中国。但是，2004年8月3日《新民晚报》登出文章认为此说不确切，因为早在宋真宗景德年间的1004年，昌南镇即已改名为景德镇了。

总之，正如罗常培先生在《语言与文化》一书中所说："可以代表中国文化的输出品，除了丝以外就得算瓷器，我们中国的国名China也因此竟被移用。不过，Serres是用出产品代表国名，China却是借国名代表出产品罢了。"

3.2 美　国

众所周知，美国的正式国名叫美利坚合众国，其英文为 The United States of America，英文缩写为 U. S. A.。除此之外，"America"一词通常有两个含义，即"美国"和"美洲"。America 原指"美洲大陆"，早期称美洲为"阿美利加洲"，即包括现在的北美洲和拉丁美洲或南北美洲。

"America"取自意大利航海家阿美利哥·维斯普西（Amerigo Vespucci，拉丁文则是 Americus Vespucius）之名。阿美利哥·维斯普西曾在 1497—1503 年四次航行至美洲。他自称在 1499—1500 年的一次航行中首先发现美洲大陆（即南美洲的北海岸，今巴西一带），并进行了探险。他觉得这里的经纬度，与地理书上的中国（他们从欧洲出发，向西航行的目的地）相差太远，于是，他就写信给在意大利的朋友，表明他的怀疑，并且自称发现了一个"新世界"。与此同时，另一名意大利航海家克里斯托夫·哥伦布虽同维斯普西一样，曾四度航行到美洲，而且比维斯普西要早一些时间在美洲着陆，但他在 1506 年去世时仍深信自己所走的地方是印度的一部分。这样，维斯普就成了第一个提出发现"新大陆"这一见解的人。他使人们确信除了欧、亚、非三大洲之外，世界上还有第四个大陆。

1507 年德国地理学家和地图绘制家马丁·瓦尔德泽米勒绘制了一张世界地图。同时，还出版了一本《世界地理引论》的小册子。他在文中建议新大陆用其发现者阿美利哥·维斯普西的名字来命名，称为"America"。这个名字很快就为人们所采用，广为流传。后来，英国殖民者使用这个字来指英国在北美的殖民地。据有关文字记载，1781 年它又一次被用来指美国。America 的派生词 American 可作为形容词，也可作为名词。由于"America"原指大陆，因此，"American"在 1578 年时就被用来指美洲大陆上的土著居民——印第安人。一直到 18 世纪，美国的许多作家在用"American"一词时，仍只指印第安人，而称从英国移民到美洲去的殖民者为英国移民，英文称之为"Transplanted Englishman"。从 1697 年开始，"American"才用来指在美洲的英国殖民者。到 1780 年，"American"一字又获得了"美国语"的意思。1782 年，美国的公民也被称之为"American"。

"The United States of America"这一美国国名全称，据说是由美国独立战争时期杰出的政论家托马斯·潘恩（Thomas Paine）首创。它最初正式用在《独立宣言》里，这个宣言的副标题为"美利坚十三个州的一致宣言"（The Unanimous Declaration of the Thirteen United States of American）。1776 年，美利坚合众国的全名由"The United States of America"缩短为"The United States"，甚至缩短为"States"。美国第一任总统乔治·华盛顿在 1791 年首先正式使用了缩写词"U. S."。1795 年，缩写词"U. S. A."作为文字记载下来。尽管在《独立宣言》上已经出现了美利坚合众国，但新政府在 1778 年之前使用的正式名称为"北美利坚合众国"（The United States of North America）。1778 年通过立法才把"北"字从国名中取掉。

3.3 英　　国

英国国名的全称是：大不列颠及北爱尔兰联合王国。其英文名字为 The United Kingdom of Great Britain and Northern Ireland，简称"联合王国"。领土主要包括大不列颠岛和爱尔兰东北部。大不列颠岛包括英格兰、苏格兰和威尔士三部分，其中英格兰是全国的政治、经济中心地区，英国首都伦敦就在此岛，"英国"国名之一"England"这一称呼的来源与此有关。

England 一词，最早出现于 7 世纪。追根溯源，还得从盎格鲁·撒克逊人（Anglo-Saxons）说起。Anglo 和 Saxon 早先是居住在欧洲北海和波罗的海海岸的两个日耳曼部落。Anglo 一字来自英文中的 angle，angle 用作动词是"钓鱼"之意。盎格鲁人栖居洛海，以捕鱼为生，故此被称作 Angle，他们的部落则叫 Anglo。Saxon 一字由古英语中的 Seax 脱胎而来，Seax 是"短剑"的意思。撒克逊人以英勇善战而著称，当然就和 Seax 结下了不解之缘。

5 世纪中叶，Anglo、Saxon 两个部落开始远征 Britain（不列颠），并在那里定居。在以后的一百多年里，不列颠出现了一个个由盎格鲁和撒克逊人统治的小王国，直到 7 世纪末，这些小王国才联合起来，组成一个联合王国，叫作 England。事实上，撒克逊人的短剑首先打开了不列颠的大门，但由于盎格鲁人在不列颠人多势众，故联合王国以 Anglo 命名，最初叫作 Anglalond，后演变为 Englelond，最后才变成今天的 England。

3.4 法　　国

法兰西共和国（French Republic）。古罗马把法国称之为"高卢"，这个词最早来源于希腊地理学家"赫卡塔埃乌斯"的著作，似乎是一个高卢部落名称的希腊语音译。居住在此地的人也被称为"高卢人"，英语音译拉丁语而为 Celts，即"凯尔特"人。巧合的是，"高卢"在古拉丁语中与"公鸡"读音相似，直到今天，"高卢雄鸡"仍然是法国的象征。前 1 世纪,法国领土被恺撒征服,成为罗马的高卢行省。3 世纪末,东方日耳曼人的一个分支"法兰克人"逐渐控制了高卢。随着西罗马帝国在 476 年的崩溃,486 年,他们建立了"法兰克王国"。"法兰克"在拉丁语中写为 Franks,本义有争议,较为常见的一种说法是,在原始日耳曼语中该词有"自由"的意思,因为罗马征服高卢后,只有法兰克人不用纳税。法兰克王国在查理曼大帝时期达到鼎盛,领土遍及今日的法国、德国和意大利。843 年,王国以《凡尔登条约》一分为三,其中的"西法兰克王国",演变为今日之法国,而东法兰克和中法兰克则与德国和意大利有关。

987 年,西法兰克王国国王"路易五世"去世。他膝下无嗣,其后神职人员及贵族们推举卡佩家族的继承人雨果·卡佩为西法兰克国王。雨果·卡佩建立起卡佩王朝,西法兰克王国从此由法兰西王国所取代。法兰西拉丁文为 Francia,即法兰克人的土地之意。法兰克王国写为 Kingdom of the Franks,法兰西王国写为 Kingdom of France。1789 年巴黎人民攻占巴士底狱,法国大革命爆发,法兰西王国灭亡,法兰西第一共和国成立,1793 年最后一位法兰西王国国王路易十六被推上了断头台。而后,"王国"、"共和国"和"帝国"对法国进行了轮番轰炸。如今的法国是"法兰西第五共和国",可见法国革命进程之复杂。汉语将该国名字音译为"法兰西",简称法国。

3.5　德　　国

德意志联邦共和国(Federal Republic of Germany)。希腊地理学家"波希多尼"在与中欧的某个今天仍无法考证的小民族接触时,听到了"日耳曼"这个词,并且在前 80 年开始使用它。前 51 年,恺撒在他的《高卢战记》中也使用了"日耳曼人"这个名称,代指所有莱茵河以东的民族。在那之前,古罗马人误以为日耳曼人只是凯尔特人(高卢人)的一部分。实际上,法兰克人、盎格鲁·撒克逊人、德意志人都是日耳曼人。而英语中把"日耳曼"等同为德国,可能是突出了"日耳曼"的地理概念,而不是民族概念。因为"日耳曼尼亚"是古罗马的一个地理名词,包含了今天的德国,所以英语 Germany 即为拉丁语"日耳曼"的音译。

德国人的祖先叫"条顿人"。"条顿"是一个古日耳曼部落的名字,具体意思已经不可考。9 年 9 月 9 号,罗马帝国最精锐的 3 个军团在"条顿堡森林"被条顿人击败,大概位置是今天德国多特蒙德东北 60 千米处。从此以后罗马人一直没能彻底征服条顿人，也就没能彻底征服日耳曼人。因此"条顿堡森林伏击战"是条顿人，或者说德意志民族的立族之战，从此以后条顿人名声大噪。

那么为什么汉语称这个国家是"德意志"呢？"德意志"这个词音译于德语 Deutsch，Deutsch 来源于古高地德语 thiuda，意为"人民"，德意志人居住的地方就叫 Deutschland。在漫长的历史中，Deutsch 类似于"中华"，是德意志人的自称。而 Deutschland 类似于"中原"，是一个模糊的地理文化概念。德意志人这个概念，要大于条顿人。德意志人一直没有形成统一的国家，而是分为诸多公国，类似于中国的战国七雄，比如"普鲁士"、"奥地利"、"巴伐利亚"等。5 世纪，西罗马帝国崩溃后，日耳曼人的一支法兰克人占领高卢等地，建立"法兰克王国"，而后逐渐强大，拥有包括法国、德国和意大利在内的众多土地。843 年，法兰克帝国分裂为三个国家，即西、中、东法兰克王国。962 年，东法兰克王国国王、德意志人"奥托一世"在罗马由教皇加冕称帝，称为"罗马皇帝"，东法兰克王国便转变为"德意志民族神圣罗马帝国"，这是一个以德意志为中心的封建国家。但"神圣罗马帝国"类似于中国的"周"王朝，虽有周天子，春秋五霸却不听命于他。直到 1871 年，比较弱小的公国才在普鲁士的主导下成立了"德意志帝国"，但不包括较为强大的奥地利。自那以后，才有"德国"这个政治概念，这相当于秦始皇统一中国，但把楚国排除在外了。

Prussia（"普鲁士"）原本是"波罗的海"周边的一个小国，与波兰发生战争，于是波兰人请条顿骑士团帮助自己攻击普鲁士，最终条顿人把普鲁士人击败。Prussia 可能来源于"斯洛伐克语"，意思是"临近俄国的土地"，即 Po-Rus Near the Rusi。条顿人征服普鲁士后，把普鲁士人同化了，这部分条顿人也自称为普鲁士了。曾经的"普鲁士人"是今日的立陶宛人。汉语音译 Deutsch 为"德意志"，简称"德国"。

3.6 俄罗斯

浇灌着乌克兰沃野，一直流向南方的第聂伯河是东斯拉夫人的命脉，它将东斯拉夫人的各个部分联系起来，输送给他们文化和经济的营养。在它的支流上有一条罗斯河（Rus'），东斯拉夫人的一个部族俄罗斯人的名称就源自这条河流。在第聂伯河的河畔，诞生了东斯拉夫人最初的国家基辅公国。在基辅公国军事力量的保护下，该地农民的活动区域不断扩大，坐落在伏尔加河的支流莫斯科河岸边的斯拉夫村落，就是在那个年代形成的。这个村落的居民自称为罗斯（Rus'）人。1156 年，莫斯科周围被围上一圈作为城郭的"克里姆林"（栅栏），武装骑士担任警卫。此后，商人激增，莫斯科逐渐发展成为一个贸易中心，许多基辅公国的农民也迁移到这片土地上开辟新的天地。莫斯科公国建立后，各个部族的人更是纷纷投奔而来。14 世纪末，除了乌克兰以外，整个东斯拉夫人民族几乎都被莫斯科公国统一起来。也就是从那时起，公国的诏书上开始出现俄罗斯（Rossiya，罗斯人之国）这一名称。不久，罗斯部族的开始被称为"俄罗斯人"了，于是后来俄罗斯人结成的国家就是原苏联的俄罗斯联邦加盟共和国。

3.7　加拿大

1525 年，法国政府派出探险队，到今天加拿大的东海岸进行勘查，并将该地区命名为新法兰西殖民地。他们利用圣劳伦斯河，把一批批的猎人和武装士兵运送到其他国家势力尚未达到的大陆内部，在河川交通要道建立城堡。经过多年的开拓发展，法国把这块几乎相当于今天整个美国国土的土地变成了自己的殖民地。新法兰西殖民地在创建之初就有一个俗称的地名——加拿大。法国探险家在沿着圣劳伦斯河逆流而上的时候，发现一个村落。他们向村里的印第安居民打听这是何处，印第安人用依洛科伊语回答："这里是加拿大（村落）。"法国人误以为这是整个地区的名称，于是加拿大就成了以后的地名。在英、法争夺殖民地的过程中，法国战败，新法兰西殖民地被英国夺去。1867 年，这一地区成为英联邦的一个自治领土。1926 年，这一地区获得了外交上的独立，加拿大就成了正式的国名。这个国名是由意为"村落"的俗称产生的。

3.8　澳大利亚

古时候，澳大利亚是一片神秘的大陆，2 世纪居住在亚历山大的地理学家托勒密在其著作中称这块大陆为澳大利斯因科格尼塔地（Terra Australis Incognita），意为"未知的南方大陆"。1642 年，荷兰的"东印度公司"探险船船长塔斯曼沿着大陆的西海岸南下探险，并把这块大陆命名为 New Holland（新荷兰）。到了 1770 年，在东海岸一带探险的英国人库克船长又把这块大陆命名为 New South Wales（新南方威尔士地区），宣布为英国的领土。不久，英国把东海岸地区定为流放犯人的殖民地，这块大陆逐渐被英国殖民化了。1801 年，英国人马修·弗林德斯提议按照古地名将大陆称为澳大利斯地（Terra Australis），得到英、荷两国的赞同。到了 1828 年，英国控制了澳大利斯地全境，地名也被英语化了，成为澳大利亚（Australia），意为"南方之国"。

3.9 巴　西

巴西（Brazil），是一位葡萄牙人在驶往印度的途中偶然抵达的地区。1500 年，葡萄牙航海家佩德罗·卡布拉尔率领 13 艘帆船组成的庞大舰队，离开葡萄牙的里斯本港。他们的任务就是去印度运载各种香料。一路上风平浪静，但就在船队刚刚驶过赤道的时候，突然遇到了暴风雨，船只开始随波逐流，一直漂到南美大陆的东岸。一行人登上陆地之后，举目望去，只见到处是殷红似火的繁茂的苏枋树。在炽热的阳光照射下，棵棵树都反射出红光，把周围映得通红。他们被这奇异的景象惊呆了，不知是谁说了一句："多像布拉萨（brassa，炽热的火炭）呀！"卡布拉尔认为这个比喻非常妙，于是由布拉萨（brassa）这个词引出了巴西（brazil）这个地名。随着移民的增加，1550 年这里成为葡萄牙国王直接管辖下的正式殖民地。1822 年，巴西宣布独立，新独立的国家继承了殖民地的名称，沿用"巴西"这个名字。

3.10 荷　兰

荷兰是一个表示"低地"的地名，该国约有一半国土位于海平面以下。但这只是它的俗称，正式国名应为尼德兰王国。荷兰在很长一段时期内是罗马帝国的属地，后又被置于哈布斯堡王朝的统治之下。随着新航路的开辟，欧洲经济的中心也移到大西洋北海沿岸的港口 —— 荷兰的海港。一时间，荷兰经济实力大大加强，要求独立的迹象也越来越明显。在鹿特丹北方排水开垦出来的地区，有一个荷兰（Holand，低地）省。1581 年，以荷兰省为中心，荷兰人民掀起了争取独立的运动。北部七省联合起来，成立了尼德兰（Nederland，低地的国家）联邦共和国。由于荷兰省位于其他六省之首，在繁荣新生国家经济以及使该国跻身欧洲强国等方面功绩显赫，故人们用"荷兰"来代表该国的国名。

第 2 章 外国国名翻译

提到国名翻译，人们可能会提出疑问：国名不是固定的吗？短短的国名也会涉及翻译方法与翻译理论的问题吗？殊不知，任何英汉互译的单词、句子乃至整篇文章都会用到翻译方法。所谓翻译方法，就宏观而言，指译者在翻译过程中为了传达原作内容和形式而采取的策略和方法；从微观来说，包括译者在翻译过程中解决具体问题的办法或技巧（何其莘等，2010）。本文将从直译意译、交际翻译、功能对等、目的论等几个角度讨论国名的翻译方法。

1. 直译与意译

接触翻译研究或翻译学习的人，一提到翻译方法，便会自然而然地想到直译和意译。自翻译活动开始以来，在中西方的翻译史中，关于直译与意译的探讨从未中断。而两者关注的核心问题是如何在语言层面处理形式和意义的关系。

1.1 基本含义

直译是指在目的语的规范允许的范围内，基本上遵循原语的表达形式，而又忠于原文的意思（郭建中，2004：211-212）。此外，直译在翻译时尽量保持原作的语言形式，包括用词、句子结构等，使语言流畅易懂。

意译是指完全遵循目的语的规范而不考虑原语的表达形式，但又忠于原文的意思（同上）。由此可见，意译是从意义出发，只要求将原文大意表达出来，不注意细节，最终译文达到自然流畅即可。

由此，直译重形式，意译重意义，但两者最终的目的相同，即实现译文流畅，读者易懂。

1.2　影响直译与意译的因素

1.2.1　语　　境

语境对直译还是意译的选取有着一定的影响作用。不同词语在不同语境中有不同的含义，因此语境在翻译时对于理解原文起到不可或缺的作用。没有了语境的依托，是采用直译还是意译便无从谈起。

1.2.2　文化因素

中西方文化大相径庭，翻译的作用非常重要。语言是沟通的桥梁，是文化的载体，反映着文化方方面面的内容。而文化具有自己的民族特点，是不同民族在特殊历史和地理环境里的品格和特征，因此在翻译过程中，如何面对和理解外来文化，无论在理论上还是实践上都是一个重大的课题（李丹、蒋冰清，2006）。东西方文化差异太大，用直译法难以令人接受。

1.2.3　文体因素

科技类文本一般以直译为主，这与其自身的文体特点密切相关。科技文本以传达真实、客观的信息为主，文中用词较准确，所以直译可以较为直观地表达原语的内容，为读者呈现较为准确且易于理解的译文。而文学作品，由于文字本身含义深刻，读者有时需细细品味才能发现文章之美。因此在文学作品中，较多采用意译法，以实现最佳表达效果，便于读者阅读。

1.3　直译与意译的应用

根据上文介绍，直译和意译在翻译过程中广为运用。两种翻译方法，如何选择？直译可表达原语意思时，便选择直译，反之，则选择意译。一切以表达原语内容，便于读者理解为原则。准确的翻译可采用综合翻译法。直译和意译是两种相互补充的译法，并不存在采用直译就不可采用意译的说法。两者相互联系，也不存在哪种译法比较通用的说法。译者在翻译过程中通常会将直译与意译结合，使译文表达准确，易于理解。

在国名翻译中，以"美国"为例，虽然中文一般将 America 和 United States 均翻译为美国，前者采用直译的方法，后者指美国各州紧密相连，组成一个团结的国家"美利坚合众国"，中文即可简称为"美国"，是典型的意译法。

2. 交际翻译理论

2.1 基本含义

交际翻译理论，顾名思义，意为使翻译达到交际目的。这一理论由美国语言学家、翻译家纽马克（Newmark）提出。他指出，"Communicative translation attempts to produce on its readers an effect as close as possible to that obtained on the readers of the original. Its form tends to be more direct（Newmark, 1981: 38, cited by Jeremy Munday）"。意为：交际翻译旨在使文章对译入语读者与原语读者产生共鸣，尽量实现对两种语言读者产生相同的交际效果。交际翻译理论的目的便是交际，鼓励译者翻译时从交际角度出发，使译文读者与原文读者产生相似的感受。

2.2 交际翻译理论应用

在交际翻译理论中，读者不希望译文中出现任何理解困难，或出现理解的模糊性，即译文将原语元素最大限度地在译入语中找到对应点，便于读者理解（于晓莉，2004）。在交际翻译理论指导下，译者可对原文进行相应理解，重新组织语言结构，使译文简单易懂（董久玲，2007）。

交际翻译理论在多个领域均得到研究和应用。在科技文体中，交际翻译理论可指导其进行词汇、术语、逻辑等方面的翻译（付晶、王跃洪，2015）。此外，在公示语等指导大众行为的宣传材料中，亦可运用交际翻译理论。鉴于公示语旨在为大众传达浅显易懂的信息这一本质与交际翻译理论概念相符，因此在公示语翻译中应用该翻译理论，可使标语内容更容易理解，实现交际的目标。不仅是公示语，电影等大众传媒材料的翻译也可应用交际翻译理论进行指导。在国名翻译中，该理论也可应用其中。以厄瓜多尔（Ecuador）为例，在西班牙语中，"厄瓜多尔"便是赤道的意思，与其地理位置相对应，而且 Ecuador 与 equator（赤道）读音类似，运用交际翻译理论进行国名翻译，更加深了该翻译的指称意义，易于读者理解与接受。

3. 功能对等理论

3.1 基本含义

严复"信、达、雅"的翻译标准在我国译界广受学者分析与研究，并在翻译实践中得到应用。自 20 世纪 80 年代以来，我国从国外翻译理论界引入了不少翻译理论和标准，其中较早译介并广为接受的是当代美国翻译理论之父尤金·奈达所提出的功能对等理论。

奈达是美国当代著名翻译理论家，也是西方语言学派翻译理论的主要代表，被誉为西方"现代翻译理论之父"，其翻译理论在全球翻译界产生了深远影响。在中国，奈达的翻译理论在当代西方翻译理论中介绍得最早、最多，影响最大（熊德米，2001）。奈达不仅对翻译进行研究，他还是一名极有影响力的语言学家。他在学术研究中，将语言学知识与翻译研究进行结合，提出了著名的"功能对等"翻译理论。

奈达在 20 世纪 60—70 年代提出了动态对等（dynamic equivalence）理论，80 年代对此概念进行修正，改称"功能对等"（functional equivalence）。他认为以前提出的"动态对等"只强调译文与原文在内容上的一致优于形式上的一致，有失偏颇，容易给人一种印象：内容和形式矛盾。但实际上对于某些文本来说，内容和形式是可以统一的，因此奈达将其修改为"功能对等"理论。"功能对等"的核心是在译语中用最贴近、最自然的对等再现原语的信息，使译语与原语实现最大程度的对应。对于翻译界来说，功能对等是一个全新且实用的评价标准。在功能对等理论中，"对等"二字既照顾原文和原文读者，又将译文与译文读者的感受考虑在内，这是诠释翻译过程的新视角，扩展了翻译的研究思路，促进了翻译理论的进步与发展。

3.2 功能对等理论的应用

功能对等理论是奈达在研究《圣经》的翻译过程中提出的，此后广为译者采纳。功能对等理论指导译者结合不同文体固有的特点，对翻译文本进行分析，进而进行字幕翻译、旅游文本翻译、科技文体翻译等。

在国名翻译中，体现"功能对等"理论的示例比比皆是。例如，哥伦比亚（Columbia），其英语发音与探险家哥伦布（Columbus）很像，其实这就是为了纪念哥伦布发现新大陆"美洲"而命名。将 Columbia 译为哥伦比亚，一方面符合历史，另一方面也表明了该国的地理位置 —— 位于美洲，同时，也肯定了哥伦布发现新大陆的历史贡献，实现了"功能对等"。

4. 翻译目的论

4.1　目的论概述

20 世纪 70 年代，功能学派兴起于德国，经过几代人的丰富发展与完善，最终建立了功能派翻译理论。功能派翻译理论认为，翻译实践是一种有目的的行为，是一种语言间的转换。译文的成功与否取决于翻译目的的实现程度。

翻译目的论（Skopos theory）是功能学派的核心理论，"Skopos"一词来自希腊语，意为"目的"（张锦兰，2004）。翻译目的论是在 20 世纪 70 年代由德国翻译理论家汉斯·弗米尔（Hans Vermeer）发展起来的翻译理论，他提出翻译目的论是功能派翻译理论的重要理论。

弗米尔认为，人类的一切行为活动都是由其目的决定的。翻译也是人类行为活动中的一种，所以翻译实践也是有目的的，目的论注重翻译的目的。在翻译实践中，根据翻译目的来选择适当的翻译策略，而翻译目的在翻译实践开始之前就已确定，翻译过程中，译者根据具体的要求，结合翻译目的和目的语读者的需求进行翻译，翻译过程由翻译目的决定。

4.2　目的论三原则

根据目的论，所有翻译应遵循三个原则：目的原则、连贯原则以及忠实原则（李文革，2004：139-140）。

4.2.1　目的原则

目的原则（Skopos rule）是翻译目的论的首要原则，即翻译应能在目的语的情境和文化中，按目的语接受者期待的方式发生作用。目的原则指出，整个翻译过程、翻译方法和翻译策略的选择，都是由翻译行为所要达到的目的决定的。翻译行为所要达到的目的决定整个翻译行为的过程，即结果决定方法。这里的目的包括译者的基本目的、交际目的以及其他特定的目的，通常而言，目的指的是译文的交际目的。

4.2.2　连贯原则

连贯原则（Coherence rule）指译文必须符合语内连贯（intra-textual coherence）

的标准，即译文具有可读性和可接受性，能够使接受者理解并在目的语文化及交际语境中有意义。连贯原则阐述了作为目的语文本必须连贯地、顺畅地被转述为目标受众所能理解的模式，适应目标受众所处的环境。

从翻译目的论的角度来看，语内连贯能够保证目的语读者在最大程度上理解译文，有益于达到所要实现的翻译目的和翻译效果。在翻译过程中，如果语内连贯和语际连贯发生冲突，译者往往倾向于语内连贯，可见连贯原则在翻译目的论中地位十分重要。

4.2.3 忠实原则

忠实原则（Fidelity rule）指原文与译文之间应该存在语际连贯一致（inter-textual coherence）。这相当于其他翻译理论所谓的忠实于原文，但与原文忠实的程度和形式取决于译文的目的和译者对原文的理解。通常而言，人们认为忠实原则是目的原则与连贯原则的衍生原则，与其相辅相成。

总之，目的论的三个原则有主次之分，呈阶梯式排列。目的原则为首要原则，连贯原则和忠实原则都从属于目的原则。在目的论中，原语文本的地位大大下降，译文的目的是翻译的首要标准，译者需要按照翻译要求，对原语文本进行翻译。为了达到交际目的，译者可选择不同的翻译策略。

4.2.4 诺德忠诚原则

忠诚原则（Loyalty principle）由诺德提出，这里的"忠诚"是指要尊重翻译过程发起者、原文作者、原语文化和译文读者（陈小慰，2012），目的是弥补目的论的不足。目的论有两大缺陷：第一，由于文化模式的差异，处于不同文化背景中的读者对译文的翻译质量的评价标准有所不同。另外，如果目的原则所要达到的译文的交际目的与原文作者的意图相反，那么我们就会遵守目的原则，而违背忠实性原则。因此，诺德提出了忠诚原则来解决文化差异及翻译行为的参与者之间的矛盾关系。

诺德认为，译者对译文接受者负有道义上的责任，必须向他们解释自己所做的一切以及这样做的原因，这是忠诚原则的一方面。该原则的另一方面则是要求译者对原文作者忠诚。译者应尊重原作者，协调译文目的语与作者意图。因此，忠诚原则主要关注翻译过程中译者与原作者、客户、译文接受者等参与者之间的关系。诺德提出译者应该遵循功能加忠诚的指导原则，从而完善了该理论。也就是说译者在翻译原文时，应在考虑到读者的文化背景、知识水平以及对译文的期望等情况下，按照翻译要求来选择相应翻译策略。

忠诚原则的提出，弥补了某些激进目的论翻译者通常会犯的错误，使目的论更加完善，也使目的论对翻译的指导意义得到了进一步的提高。

4.2.5　目的论的翻译评价标准

目的论用充分性（adequacy）而非等值（equivalence）作为评价译文的标准。在目的论理论框架下，充分性指译文要符合翻译目的的要求，在翻译过程中根据翻译目的选择翻译策略，这是一个与翻译行为相关的动态概念。等值指译语文本与原语文本出于不同的文化语境，但实现了相似的交际功能。等值只是充分性的一种表现形式，是描述翻译结果的一个静态概念。由此可见，连贯性原则和忠实性原则并不是普遍适用的，在翻译过程中应以目的原则和忠诚原则为指导，用充分性作为译文评价标准（李红霞，2009）。

与传统等值观不同，德国功能目的论注重的不是译文与原文是否对等，而是强调译者在翻译过程中以译文的预期功能为出发点，根据各种语境因素，选择最佳处理方法。也就是说，译者的翻译策略必须由译文的预期目的或功能决定，即所谓的目的法则。在注重译文功能的同时，该理论强调译文在译语环境中的可读性，即连贯原则，以及译文与原文之间的语际连贯，即忠实原则，但后两者都必须服从于目的原则。

4.2.6　目的论的应用

目的论在翻译实践中得到广泛应用，在国名翻译中，为了达到国家与国家之间，人民与人民之间的交际目的，国名翻译可以说是以目的原则为首要原则，采用不同的翻译方法进行国名翻译。在汉语中，汉字的表意功能十分明显，汉字中的一字一词或包含褒贬之意，或给人留下形象上的美感，或给人留下想象的空间。众所周知，国名是一个国家的代表与象征，在达到交际目的的同时，应采用不同的翻译策略对国名进行翻译。很多国名被翻译成单字，这与中国历史上的众多国名的单字有一定关系，一般是象征着崇高的地位。在国名翻译中，"America"翻译为"美国"、"England"翻译为"英国"、"France"翻译为"法国"、"Germany"翻译为"德国"，这些国名是汉语词汇中很"美好"、很"褒义"的字眼：美国——美丽的国度、英国——英雄的国度、法国——法制的国度、德国——道德的国度。

5. 归化与异化

5.1 归化与异化概述

19 世纪，德国翻译理论家施莱尔马赫（Friedrich Schleiermacher）曾在《论翻译的方法》中提出翻译的途径有两种：一种是尽可能让作者安居不动，而引导读者去接近作者；另一种是尽可能让读者安居不动，而引导作者去接近读者（刘敬国、何刚强，2011：112）。根据施莱尔马赫提出的理论，美国著名翻译理论学家劳伦斯韦努蒂（Lawrence Venuti）于 1995 年在《译者的隐身》一书中提出归化和异化这对翻译术语。

5.2 归化与异化的定义

归化即将原语本土化，以目的语或目标读者为归宿，采取目标读者所习惯的表达方式、语言习惯和文化传统传达原语的内容。美国翻译理论家尤金·奈达（Eugene Nida）为归化翻译理论的主要代表人物。奈达认为，译文基本上应是原语信息最切近的自然对等，这种功能对等要求译文的表达方式是完全自然的，尽可能将原语言的行为模式纳入译文读者的文化范畴（郭建中，2010：106）。也就是说，为了实现原语读者和目的语读者之间的反应对等，译者需要最大限度地降低原语文本对目的语读者的陌生感，以顺应读者的阅读习惯、文化习惯、语法规范等，从而使目的语译文读起来自然顺畅，仿佛作者就是用目的语直接写作的结果（孙艺风，2004：121）。归化翻译要求译者向目的语的读者靠拢，译者必须像本国作者那样说话，原作者要想和读者直接对话，译作必须变成地道的本国语言。归化翻译有助于读者更好地理解译文，增强译文的可读性和欣赏性。

异化即对归化的挑战，异化以原语或原语的语言形式、语言习惯和文化传统为归宿。劳伦斯·韦努蒂是异化翻译理论的主要代表人物，他强调在译文中应突出"异国情调"，即译文应该突出和原语文本在语言以及文化方面的差异，从而让目的语读者了解异国文化，同时丰富目的语的语言表达方式。如果译文无法传达原语世界的现象，就不能算是"忠实于原著"（郭建中，2010：105-106）。在翻译上就是迁就外来文化的语言特点，吸纳外语表达方式，要求译者向作者靠拢，采取相应于作者所使用的原语表达方式，来传达原文的内容，即以目的语文化为归宿。使用异化的目的在于考虑民族文化的差异性，保存和反映异域民族特征和语言风格特色，为译文读者保留异国情调。

5.3　归化与异化的影响因素

作为两种翻译策略，归化和异化是对立统一、相辅相成的，两者密不可分、相互依存，绝对的归化和绝对的异化都是不存在的。不同的社会意识形态、不同的译者以及不同的翻译目的对归化与异化产生不同的影响。

5.3.1　社会意识形态对归化与异化的影响

异化和归化包含了深刻的文化、文学乃至政治的内涵（王东风，2002）。社会环境下的社会意识形态对归化与异化的选择具有重要影响，在特定的历史时期内，会产生特定的翻译标准，因此对异化与归化的侧重点也有所不同。纵观中国翻译史，在较为宽松的政治环境中和较为自由的社会发展大背景中，人们往往对外来文化怀有宽容与愿意接受的态度，因此异化拥有一席之地。反之，在封闭自守、思想禁锢而又排斥外来文化的社会环境里，译者往往倾向于归化。

5.3.2　译者对归化与异化的影响

处于不同时代社会文化背景下的译者对归化与异化的取舍也有所不同。正如谭载喜所言，"翻译过程中的一切最终是由译者个人来做出的"（谭载喜，2004：248）。译者是原语文本与目的语文本、原语文化与目的语文化的中介，译者是翻译的主体，为实现翻译目的，译者在翻译过程中会表现出译者所拥有的主观能动性，会根据翻译目的、文化取向和传统习惯等采用不同的翻译策略。在整个翻译过程中，译者的主体地位不容忽视，因此译者的文化能力决定着译者的文化取向和翻译策略的取舍。通常而言，拥有较强本族语的译者在将原语翻译为目的语时趋向选择"归化"；反之，在将本族语翻译成外语时，尤其是有些本族语在特定的语言结构中无法找到与其对应的外语来表达时，译者往往倾向于采用"异化"。

5.3.3　翻译目的对归化与异化的影响

在翻译过程中，译者需根据客户的要求，结合翻译目的和译文读者的不同情况，选择不同的翻译策略。译者在翻译含有丰富文化内涵的文学作品时，如果是以介绍原语文化为主要目的，则会倾向于异化翻译策略，并尽可能地突出原语文本的异质性；译者在翻译原语文本时，如果翻译目的是为了迎合目的语读者，减轻阅读负担，译者在翻译时会尽量适应目的语文化传统，则倾向于归化翻译策略。

5.3.4　归化与异化的应用

归化与异化翻译理论在翻译实践过程中得到广泛的应用，但究竟倾向于归化还是异化，译者需要综合考虑。在翻译实践中，归化或异化翻译策略的选择，受社会意识形态、译者状况、翻译目的等众多因素影响，归化与异化所达到的效果各不相同。异化主张译文应以原语或原文作者为归宿，归化则认为译文应以目的语或译文读者为归宿（郭建中，1998）。归化追求译文符合译入语语言及文化的规范，较好地满足译入语读者较少异味的阅读需求；异化追求保留原文语言及文化的特色，以丰富译入语语言及文化，较好地满足译入语读者对译文"陌生感"的需求（刘艳丽、杨自俭，2002）。

在国名翻译中，"Saudi Arabia"意为"沙特王室的阿拉伯国家"，"Saud"（沙特）一词在阿拉伯语中意为"幸福"，故国名又意为"幸福的阿拉伯王国"（Kingdom of Saudi Arabia）。"Arab"（阿拉伯）在阿拉伯语中是"沙漠"的意思，因此，Saudi Arabia 的字面意思就是"幸福的沙漠"，为了给读者带来异域风情，在翻译中采用了异化翻译理论，将"Saudi Arabia"翻译为"沙特阿拉伯"。

总　　结

翻译理论家尤金·奈达说过，词语只有处于其作用的文化背景中才有意义，这同样适用于国名的翻译。国名看似是一个简单的词语，但实质上蕴藏着深厚的文化与政治底蕴。国名翻译的首要目的是为了实现交际目的，国名翻译看似简单，但译者应综合考虑各方面因素，根据相关翻译理论选择合适的翻译策略，在保证国名翻译准确的同时，达到国名翻译所要达到的目的。

第 3 章　外国国名音译

外文中的国名如翻译成中文，通常都采用音译的办法，很少采用意译。每个国名各有不同读音、意义和书写形式，因而就有各种不同的译法。概括起来，基本上有：音译、意译、音译意译混译。总的来说，外国国名的汉字译写采用音译为主，意译为辅的原则，即对外国国名的专名进行音译转写、通名进行意译，如 The Republic of Costa Rica，对专名 Costa Rica 音译为"哥斯达黎加"，通名 Republic 意译为"共和国"。

1. 音　　译

音译（transliteration）即借用源语名称的语音外壳，它是用一种文字符号来表示另一文字系统的文字符号的过程或结果。音译是翻译国名等外来专有名词的最主要的方式。

虽说是音译，有的只是发音大略相同或相近。西文语音与汉语语音不尽相同，这是音译很难都准确的根本原因。Denmark 音译为"丹麦"，丹麦语中，Den 为"谷地"，mark 为"边境、交界地"之意。不把 Denmark 译为"丹马尔克"而译作"丹麦"，既好听又好记。

France（法兰西）是由法兰克部落名演变而来。法兰克在日耳曼语中意为"勇敢的、自由的"。法兰克王国三分天下，其中的 West Frankish（西法兰克王国）慢慢简写成 Franks，最后转音成 France（法兰西）。

世界上有好几个国家在其国名上标注"阿拉伯"。Arab（阿拉伯）一词最初出现于前 853 年的亚述碑文，作 aribi（阿里比人），指叙利亚沙漠的游牧部落——贝督因人。Arabia 是对阿拉伯半岛的称呼。Arabian Peninsula（阿拉伯半岛）位于亚洲西部，是世界上最大的半岛。希伯来语 arabha，意为"旷野、荒原"，指不毛之地的沙漠。阿拉伯语 arabah，即"沙漠"。而阿拉伯语 Bilad-al-arab 则意为"平原地区"。希腊、罗马古典文学最早用 Arab（阿拉伯）称呼整个阿拉伯半岛和尼罗河流域的全体居民。随着阿拉伯帝国的建立和伊斯兰文化的传播，阿拉伯的地域范围更为扩大。中国史籍中的天方（天方是麦加圣寺内一座方形石殿的名称）和大食（大食系波斯语 Taziks 的音译），有时专指阿拉伯帝国，有时泛指阿拉伯国家。

Saudi Arabia（沙特阿拉伯）位于阿拉伯半岛之上，占整个半岛面积的 4/5。1924年东部的内志统治者 Iban-Saud（伊本·沙特）统一了内志（Nejd）和汉志（Hejaz），1932 年定国名为 Saudi Arabia，意为"沙特王室的阿拉伯国家"。Saud（沙特）一词在阿拉伯语中意为"幸福"，故国名又意为"幸福的阿拉伯王国"（Kingdom of Saudi Arabia）。Arab（阿拉伯）在阿拉伯语中是"沙漠"的意思，因此，Saudi Arabia 的字面意思就是"幸福的沙漠"。Syria（叙利亚）古称 Aram。叙利亚的全称为"The Syrian Arab Republic"（阿拉伯叙利亚共和国）。古代阿拉伯半岛的北方居住着闪族的 Aramaeans，在闪族语言中，"aram"意为"高地"，后成为 Assyria（亚述帝国）的一部分。亚述原写作"Assus"，Syria 系从 Assus 演变而来。阿拉伯帝国消失以后，阿拉伯地区存在着许多酋长国家，在阿拉伯半岛的东北部，几个小的酋长国没有选择向巴林、卡塔尔、阿曼那样单独立国，而是成立了 The United Arab Emirates（阿拉伯联合酋长国），这是阿拉伯国家一次最成功的联合。阿联酋由阿布扎比、迪拜等七个酋长国组成。Egypt 的阿拉伯语国名为"Misr"。Egypt 之名译自英语。埃及国名的全称为"The Arab Republic of Egypt"（阿拉伯埃及共和国）。

"菲律宾（Philippines）"这个国家是亚洲唯一以外国人名命名的国家。16 世纪，西班牙殖民者在吕宋岛及周边岛屿上岸，便以其国王"菲利普（Phillips）"的名字命名该片岛屿。India 曾先后译为"天竺"、"天毒"、"天笃"、"天督"、"身毒"、"贤豆"，最后定为"印度"，则是唐玄奘正音的结果。

2. 半音译、半意译

外国国名按字面意译翻译为汉语的比较少，只有为数不多的几个意译国名。Montenegro（黑山共和国）是一个很年轻的国家，2006 年才从塞尔维亚和黑山共和国中独立出来。Montenegro 本义是"山黑"，monte 是"山"，negro 是"黑"。"-land"是"土地"或"岛屿"的意思。Ireland（爱尔兰）、Finland（芬兰）、England（英格兰）、Swaziland（斯威士兰）等国的翻译都为音译，但 Iceland 则是意译为"冰岛"，而没有音译为"爱斯兰"。

　　汉语音译国名倒是有一些音译和意译杂交的国名。Yugoslavia（南斯拉夫）中的"Yug"在俄文是"南方"的意思，Belarus（白俄罗斯）中"Bel"俄文意为"白色"，Cape Verde（佛得角）这一国名中"Cape"是"角"的意思，这三个国家的译名就是"意译＋音译"的典型。

　　1440 年，葡萄牙殖民者在西非海岸登陆，将塞内加尔至加纳三尖角一带地区全部命名为 Guinea（几内亚），意即"黑人国"。几内亚是从柏尔语"aguinaou"（黑的）或"akaln-iguinawen"（黑人的土地）演变而来。从此"Guinea"就成了"西非沿岸的黑人居住之地"的通称。"几内亚"的葡萄牙文是"Guine"，法语为"Guinee"，而"Guinea"则为英文。在清朝，根据语言的不同而译为"几内亚"、"格尼亚"、"勾尼阿"、"忌二亚"和"基尼"等多种形式，现在习用"几内亚"。

　　谈到几内亚，人们会想到赤道几内亚和厄瓜多尔。这样联想的原因有二：一是赤道几内亚是另外一个几内亚，二是厄瓜多尔就是赤道。Equatorial Guinea（赤道几内亚）中的"Equatorial"是"赤道"的意思，如果按字面意思，这个国家就是"赤道黑人国"。Ecuador（厄瓜多尔）是西班牙语的"赤道"。这两个国家并不挨着，一个在非洲，一个在南美洲，把它们联系在一起的是纬度 0 线，也就是赤道。之所以中文国名看不出这两个国家的联系，是因为厄瓜多尔采取了音译，而赤道几内亚采取了意译加音译。

3. 转 音 译

　　汉语音译国名有不以英文为准绳的。中国人读到"希腊"的英文名称时可能会觉得奇怪——"Greece"听上去完全不像"Xila"的读音。汉语音译名并非来自该国的英文常用名 Greece，而是来自希腊语的 Hellas。希腊人自称其国家为 Hellas 或 Ellada，官方英文名称为 Hellenic Republic。英文 Greece 源自罗马人对希腊的拉丁文称呼 Graecia（Greek 来自拉丁文 Graeci，英语中偶尔也用 Hellas）。和英语一样使用 Graecia 进行转译的约有 40 种语言，包括法语、德语、俄语、葡萄牙语、西班牙语、日语、朝鲜语 / 韩语等。其他语言也有类似现象。

　　英语对日本的称呼"Japan"与日本人自称（Nippon/Nihon）不同。英语对德国的称呼是 Germany（日耳曼），法语对德国的称呼则是 Allemagne，与英语和德语自称（Deutschland）都无关。我们要遵循先入为主的原则，不能擅自改动已被广泛接受的音译表达法。

如果说语言创造之初，音义的结合是有任意性的，这毫无疑问，但是在翻译国名的时候，完全不能用音义结合的任意性来解释，当初的翻译一定是有理据的。"俄罗斯"是我们这个地球上领土最辽阔的国家，几乎所有的外文都是以"Rus"为准，例如英文是 Russia，原因是在该地区的原居民都称为"Rus"。可是到了汉语为什么就加上了个"俄"字呢？为什么中文的译名是"俄罗斯"呢？

"俄罗斯"或"俄国"的俄文是"Россия"。"俄罗斯"古代的发音其实类似于"罗斯"，这也是为什么今天的英语、法语、德语、西班牙语中俄罗斯的发音都比较像"Rus"。6 世纪，居住在第聂伯河两岸的斯拉夫族组成一个大部落，以支流"罗斯河"命名，后来这个民族称为"罗斯人"（Ros），彼得大帝第一次称其帝国为"罗斯帝国"（Rossia）。中国元朝称罗斯族为"罗斯"或"罗刹国"。汉语译名"俄罗斯"是通过媒介语言 —— 蒙古语"Oros"转译过来。蒙古人不习惯发"Ro"这个词首的音节，于是按照"元音和谐"的原则在它前面加上一个相同的元音 O 成为 Oros。清朝时音译为"俄罗斯"，并一直沿用至今。

"Iran"拥有丰富的文化和古老的文明，是一个具有强烈身份感的国家。从伊朗民族的起源来看，雅利安人是现代伊朗人的真正祖先。Iran（伊朗）是 Aryan（雅利安）一词的转译。今天的欧洲除了保加利亚、匈牙利、芬兰、俄罗斯有属于阿尔泰语系游牧民族的后裔和混血外，其他几乎都是雅利安民族的后裔。因此，从民族起源上讲，伊朗人与大部分的欧洲民族是同源的。

在英语中，格鲁吉亚被称作"Georgia"，我国对格鲁吉亚国名的译法来自俄语。格鲁吉亚人则称自己的国家为 Sakartvelo（萨卡尔特维洛）。"Georgia"与美国的佐治亚州（Georgia）同名。也正因为如此，2008 年俄罗斯与格鲁吉亚发生武装冲突时，一些粗心且无知的美国网民听到俄罗斯封锁"Georgia"后，误以为俄军进入了美国本土，要求俄军撤出美国，结果闹出了国际笑话。

4. 直译＋音译

但凡国名中有"Sao、Saint、San"之字的，在翻译成汉语时，都译为了"圣"。圣马力诺共和国（The Republic of San Marino），位于欧洲亚平宁半岛东北部的蒂塔诺山坡上，四周为意大利领土环绕。

圣卢西亚（Saint Lucia），位于西印度群岛向风群岛中部，国民大多笃信天主教。哥伦布于 1502 年 12 月 13 日到达此地，这一天正是守护神圣卢西亚日（St. Lucy's

Day），故得此名。

圣多美和普林西比民主共和国（The Democratic Republic of Sao Tome and Principe），位于非洲西部几内亚湾东南部，因主要由圣多美岛和普林西比岛组成而得名。1470 年，两位葡萄牙航海家来到圣多美岛，先是取名为绿岛，后改今名。Sao Tome（圣多美）原是圣徒的名字。自 1534 年以来，这里一直是天主教流行的地方。

圣基茨和尼维斯联邦（The Federation of Saint Kitts and Nevis），位于东加勒比海背风群岛北部，过去曾是英国的殖民地，是哥伦布代表天主教国家西班牙命名的。

圣文森特和格林纳丁斯（Saint Vincent and the Grenadines），其名字来源于天主教国家西班牙。哥伦布于 1498 年 1 月 22 日圣文森特日（Saint Vincent's Day）在此登陆，故得此名。

5. 音译无法折射国名本身的内涵

国名作为国家的个体名称，一般具有标志国际成员和所属系统的作用。语言和文化是它的特征。因此，国家命名是与民族史有密切关系的。

匈牙利建国与匈奴西迁有关，这是国际史学家公认的。Hungary（匈牙利）的词根 "Hun" 为种族名，后缀 gary 为 "子孙、后代、后裔" 之意。匈牙利即匈人之裔。匈牙利简称 "匈"，中国古代少数民族 —— 匈奴，在中国史书上亦简称 "匈"，二者名称完全相符。匈牙利人自称为马札尔（Magyar），而外人则称为匈牙利。目前，匈牙利国名的译法有：① Magyrorzag（为匈牙利人对自己国家的称唤，其意义是马札尔人的国家）；② Hungary（英）；③ Hongrie（法）；④ Ungarn（德）；⑤ Macar（土）。综观上面的译名，英、法、德语的词根为 Hun 或 un（匈），土耳其语直译 Macar（马札尔人），与匈牙利人对自己国家的称呼比较一致。

挪威王国（The Kingdom of Norway），这个国家确实是在欧洲的最北边，"北路王国" 这个名称还符合实际，但翻译成 "挪威"，就掩盖了其国名的真实含义。"Norway" 这一国名的本身意思是 "通往北方之路"。英语中凡指 "来自北方或北欧" 一义时，都以 "nor" 来命名，例如：northman/norseman（北方人），norland（英国北方），norse（挪威人），nordic（斯堪的纳维亚人）等。"Nor" 的 "北方" 一义源于斯堪的纳维亚语 "Norn"。"Norn" 是北欧人所信奉的主宰人类命运的女神。

6. 音译无法反映出国名异常复杂的历史

"缅甸"国名"Myanmar"是由梵语"mranmabama"一词缩略演变而来的,意为"坚强、勇敢"。不过有意思的是,缅甸人民以这个梵语词的前半部分作为国名,同时又根据它的后半部自称,所以有时也作"Bamma"。然而西方人不仅把 Bamma 念走了样,成了 Burma,并且还喧宾夺主,弄得这个变了形的称呼反而成了"缅甸"的正名。我国也因此跟着英名莫名其妙地好多年,一方面称"缅甸",一方面用"Burma"。

2010 年 11 月缅甸举行全国大选,宣告其进入新的时代。作为时代变迁的象征,缅甸的国名发生了变化,由当初的"缅甸联邦"改名为"缅甸联邦共和国"。在报道这场大选时,西方媒体对缅甸的称呼有的用"Burma",有的用"Myanmar"。但无论是"Burma",还是"Myanmar",汉语都均音译为"缅甸"。

19 世纪中叶,英国通过两次战争吞并了缅甸王国后,为了刻意抹杀缅人的民族性,先是将缅甸西北山区以"不同俗"为由归入英属印度,接着大规模输入印度劳工,到后来干脆直接把缅甸变成英属印度的一部分。英国人为淡化缅人的国家意识,禁止缅人在公开场合继续使用"Myanmar"这一称呼,而改用"Burma"指代。英国对于容易引起民族情绪的称呼"Myanmar"视作洪水猛兽。英国在缅甸的时任总督严禁"Myanmar"出现在公开出版物中,只允许使用"Burma"这一称谓。二战期间,日本占领军也坚持用根据"Burma"转译过来的日文单词"Biruma"。最终经过折中,缅甸方面逐改用更接近缅族人发音的"Buma"。1948 年,缅甸正式脱离英国宣布独立,当局选择了"缅甸联邦"(Union of Burma)这个名字为新国家命名。

1988 年 9 月,新上台的缅甸军政府向联合国申请把缅甸的英文名称"Union of Burma"改为"Union of Myanmar"。其理由是,"Myanmar"与缅语发音相对应,况且"Burma"一词被英国殖民者沿用多年,带有殖民主义、民族压迫色彩,因此需要"去殖民化"。2008 年,《缅甸联邦共和国宪法》由全民公决通过,依据新宪法,缅甸国名将为"缅甸联邦共和国","Myanmar"一词以最高法律形式确定下来。至于英语媒体,有的用"Myanmar",如《纽约时报》、美联社等,有的仍然用"Burma",如《时代》杂志、"美国之音"等。

7. 海峡两岸音译外国国名的出入

西文与汉语的语音不尽相同，这是音译很难都准确的根本原因。各种语言的语音有一些是相同或者相近的，音译起来不困难，但遇到那些差别大，或者一种语言里有而另一种语言里无的语音，音译的国名就不准确了。法语、德语、西班牙语和俄语都有颤音，但又不太一样，而汉语中没有颤音，音译起来就不可能绝对准确。对于汉语，还存在一个有其音而无其字的问题。中国大陆的国家译名和台湾地区的国家译名部分还有出入，这也给读者带来不便之处。

1949 年以前就已经存在的国家，如埃及、南非等，与我国汉语称呼习惯比较一致。但是 1960 年之后，非洲一些国家因独立而更改了国名，恢复了原殖民地统治前的称呼，如"象牙海岸"改为"科特迪瓦"，"达荷美"改为"贝宁"，"黄金海岸"改为"加纳"，"尼亚萨兰"改为"马拉维"，"贝专纳兰"分别改为"博茨瓦纳"和"莱索托"。

8. 音译国名用词不"雅"、不"准"

由于历史原因，汉译国名比较混乱 —— 有的来自本国语，有的来自英语或其他语言，而有的则来自混合形式。很多外国译名大都是新中国成立之前传下的，当时的国人对外国语言不甚了解，随便找个音相近的汉字就给安上了，造成了有些汉语音译国名的用词不"雅"，颇令人反思。

"词本无义、义随人生。"位于南美洲的一个国家的汉语音译名"危地马拉"中的"危地"看上去像是很危险、很恐怖的地方。并不是"Guatemala"本身发音难听，其实完全可以音译为"威地马拉"。Mozambique（莫桑比克）曾被音译为"莫三比给"，给这个非洲的"穷国"蒙上了一层不严肃的色彩，有损于外交事务的神圣性和严肃性。洪都拉斯、毛里求斯、尼加拉瓜、厄瓜多尔等"穷国"的汉语音译的字眼都不太"高雅"。Kenya 旧音译为"怯尼亚"，因"怯"字有负面联想意义而改译为"肯尼亚"。"乍得（Chad）"最初完全可以用汉语音译为"乍德"。

过去由于没有系统的国际音标这个必要工具的辅助，对语音发音的认识肯定不会很科学，有下列这样的音译也就不奇怪了。Britain（不列颠）中的"tain"与"颠"的发音大不相同。America（美利坚）中的"A"干脆就没有音译出来。Canada（加拿大）实际应音译为"开纳德"。Netherlands 应音译为"尼德兰"而非"荷兰"。

"荷兰"是对"Holland"一词的音译。

很多国家都是以首都话为标准音的,如日语以东京话为标准,荷兰语以阿姆斯特丹话为标准,俄语以莫斯科话为标准,法语以巴黎话为标准。用各国标准语拼读国名这是一条原则。然而,我国早期的一些国名是以地方音或方言音译而来的。"葡萄牙"最早的译名,在明朝时译为"佛朗机",与原文发音相差很大,后来在清朝时翻译成"大西洋国"。"Portugal"后用闽南话音译为"葡萄牙"。

总　　结

国名汉译以音译最为普遍,除直接根据其本国语发音翻译外,还有根据第三国语言的发音转移而来的。少数国名采用了音译、意译结合的方法,而全意译的国名寥寥无几。

但国名音译存在一些其自身难以克服的问题,尤其是无法反映出国名本身的含义,从而掩盖了名称中蕴含的文化和历史。又由于西文语音与汉语语音的不尽相同,中国大陆与台湾地区的译法不同,以及早期译名受发音不准、出处混乱,甚至方言发音等因素的影响,造成了译名的不一致、不准确、不雅致等问题。

对于已被广泛接受的汉译国名,应遵循先入为主的原则,尊重现有的使用习惯,即使官方也不宜轻率更改,以免造成混淆混乱,但可在尊重习惯的基础上做细节的适当调整,如"危地马拉"改为"威地马拉",使其更为"高雅",以示外交事务的神圣和严肃,以及对该国的尊重。对于可能的新生国名或其他地名,更应综合考虑发音、内涵、来源、习惯等多重因素,译出"准"而"雅"的汉语名称。

第 4 章　外国国名汉译

　　每个地名各有读音、意义及书写形式，因而有各种不同的翻译方法。概括起来，基本上有音译、意译、音意混译、直接引用。总的来说，地名的汉字译写大部分采用以音译为主、意译为辅的原则，即对外国地名的专名进行音译转写、通名进行意译。如：Slovak Republic 对专名"Slovak"音译为"斯洛伐克"，通名"Republic"意译为"共和国"。由于世界上各种语言文字在发音上的多样性和复杂性，采用一种文字写另一种语言文字的地名，只能达到读音近似的程度，不可能做到像国际音标那样准确地表音。况且汉字是非字母文字，表音功能又差，标准读音总计只有 1 299 个。因此，所谓音译也只能是表音近似而已。在音译过程中不可能，也没有必要每个音节都有相应的汉字。发音相近的汉字、同音不同形的汉字很多，在译写过程中，吞失、省略某个汉字，以及语音间的差异会影响地名的译写。

1. 以"阿"开头的国家

　　包括——阿尔巴尼亚、阿尔及利亚、阿富汗、阿根廷、阿联酋、阿曼、阿塞拜疆。对应的英文字母集中为"A"与"O"。在新华字典中，"阿"的解释为：加在称呼上的词头，例如阿大、阿爷、阿爹。在这个含义上，"阿"更偏向一个作为姓氏的意义。因此也成为专门用于外国语的音译。而其他发"a"音的字包括呵、啊、腌、锕、嘎、錒、媕，在使用的频率和常见程度上都不如"阿"。而"啊"字，则是常作为语气词出现，作为国家姓氏则正式程度不够。因此选择"阿"更符合汉字意义的习惯。

　　以"ai"开头的国家包括——埃及、埃塞俄比亚、爱尔兰、爱沙尼亚。对应的英文字母为"E"、"I"。同样的"ai"音中包括艾、哎、哀、诶、唉、挨、捱、嗳、皑、欸等，除去表示语气的助词和表示消极意义的"哀"等，"埃"基本解释为：灰尘、尘埃。这与埃及、埃塞俄比亚的地理状况相符合。"爱"的基本解释为对人或事有深挚的感情：喜爱、爱慕、爱情、爱戴、爱抚、爱怜。这样的字符可以给人带来友好邻邦的联想，因此顺理成章作为翻译名称的首选。

2. 以"an"和"ao"开头的国家

包括——安道尔、安哥拉、安圭拉、安提瓜和巴布达、奥地利、澳大利亚。对应的英文字母为"AN"、"AU"。同样的"an"音中包括侒、岸、按、洝、桉、案、氨、豻、谙、陛、庵等。其中"安"的基本解释为：①平静、稳定，例如：安定、安心、安宁、安身立命、安邦定国；②没有危险，不受威胁，例如：平安、转危为安。两国间的关系以互不威胁为前提，因此选取"安"也代表了美好的祝愿。同时"安"也是中国的传统姓氏之一，因此更容易接受，这些国家基本都采用这种翻译。"AO"采取了"奥"和"澳"的不同选择，也是考虑到了不同国家的不同地理位置。澳大利亚四面环海，自然选取了多一个偏旁部首的"澳"以示区分。

3. 以"ba"开头的国家

包括——巴巴多斯、巴布亚新几内亚、巴哈马、巴基斯坦、巴拉圭、巴勒斯坦、巴林、巴拿马、巴西。对应的英文字母为"BA"、"PA"、"B"。同样的，"ba"音中包括把、吧、芭、拔、爸、杷、疤、捌、耙、罢、笆、跋等。其中"巴"的基本解释为：①粘贴，依附在别的东西上，例如：饭巴锅了、巴结别人；②贴近，例如：前不巴村，后不巴店。"巴"本身书写简单，易于标注与记录，并且还是古国名，在今中国四川省东部。这就多了一份中国文化的含义，作为地名也更容易接受。

4. 以"bo"开头的国家

包括——波多黎各、波兰、玻利维亚、波斯尼亚和黑塞哥维那、博茨瓦纳、伯利兹等。对应的英文字母为"BO"、"PU"、"PO"、"BE"。同样的"bo"音中包括驳、帛、拨、泊、胉、柏、勃、趵、剥、馞、砵、钵、铂、菠、舶等。其中"波"的基本解释为：水面振荡起伏的运动，例如：波浪、波涛、波纹、推波助澜、波及（影响到，牵涉到）。"博"的基本解释为：多，广，大，例如：广博、渊博、博学（学问广博）、博览、博爱。"伯"的基本解释为：兄弟排行次序，例如：伯仲（指兄弟的次第，喻事物不相上下）。"伯"也是中国的传统姓氏之一。这些汉字都是非常具有文化含义的字符，而不仅仅是独立的或者舶来的新名词，都是在传统文化中可以寻找到根基与底蕴的具有中国特色的字符。

5. 翻译国名的常用汉字

"富"（阿富汗 Afghanistan）基本解释为：①财产，财物多，例如：富有、富足、富饶、富庶、富裕、富强、富国强兵；②充裕，充足，例如：富余、富态、富丽堂皇。

"廷"（阿根廷 Argentina）基本解释为：封建时代君主受朝问政的地方，例如：朝廷、宫廷、廷杖、廷试（科举时代皇帝的殿试）、廷对。

"兰"（斯里兰卡 Sri Lanka、芬兰 Finland、荷兰 Holland、爱尔兰 Ireland、乌克兰 Ukraine、新西兰 New Zealand）基本解释为：指"兰草"和"兰花"，例如：兰艾（"兰花"和"艾草"，喻君子和小人）、兰谱（结拜盟兄弟时互相交换的帖子，上面写各自家族的谱系。兰有香味，喻情投意合，古书上指"木兰"）。

"利"（奥地利 Austria、澳大利亚 Australia、保加利亚 Bulgaria、比利时 Belgium、玻利维亚 Bolivia）基本解释为：①顺利、得到好处，例如：利己、利用厚生（充分发挥物的作用，使民众生活优厚富裕起来）；②与愿望相符合，例如：吉利、顺利。

"贝"（贝宁 Benin）基本解释为：指贝类动物的硬壳，例如：贝壳、贝雕，古代用贝壳做的货币。

"法"（布基纳法索 Burkina Faso、法国 France）基本解释为——体现统治阶段的意志，国家制定和颁布的公民必须遵守的行为规则，例如：法办、法典、法官、法制、宪法（国家的根本大法）、政法、奉公守法。

"美"（亚美尼亚 Armenia、美国 America、圣多美和普林西比 Sao Tome and Principe）基本解释为：①好、善，例如：美德、美学、审美、美丽、美不胜收；②得意、高兴，例如：美滋滋的；③称赞、以为好，例如：赞美、美言、美誉。

"吉"（格鲁吉亚 Georgia、吉布提 Djibouti、吉尔吉斯斯坦 Kyrgyzstan）基本解释为：①好，有利的，幸福的，与"凶"相对，例如：吉利、吉祥、逢凶化吉、吉光片羽（喻残存的珍贵的文物）；②吉利的日子，例如：择吉；③善、贤、美，例如：吉人（善良，有才德的人）、吉人天相。

"保"（保加利亚 Bulgaria）基本解释为：①维持原状，使不消失或减弱，例如：保持、保洁、保质；②负责，例如：保证、保荐、保修、保险、确保；③旧时户口的一种编制，若干甲为一保。

"士"（列支敦士登 Liechtenstein、瑞士 Switzerland、斯威士兰 Swaziland）基本解释为：①古代统治阶级中次于卿大夫的一个阶层，例如：士族、士大夫；②旧时指读书人，例如：士子、士民、学士；③对人的美称，例如：志士、烈士、女士。

"圣"（圣卢西亚 Saint Lucia、圣基茨和尼维斯 Saint Kitts and Nevis）基本解释为：①旧时称所谓人格最高尚的、智慧最高超的人，例如：圣人、圣哲；②最崇高的，对所崇拜的事物的尊称，例如：神圣、圣洁、圣地；③封建时代美化帝王的说法，例如：圣上、圣旨、圣明。

"尔"（马尔代夫 Maldives、阿尔巴尼亚 Albania、爱尔兰 Ireland、安道尔 Andorra）基本解释为：你、你的，例如：尔父、尔辈、尔汝（你我相称，关系密切）。

"丹"（苏丹 Sudan、不丹 Bhutan）基本解释为：红色，例如：丹砂（朱砂）、丹桂（观赏植物，花为橘红色）、丹心碧血（赤诚的忠心，珍贵的热血）。

"维"（塞尔维亚 Serbia、拉脱维亚 Latvia、马拉维 Malawi、玻利维亚 Bolivia）基本解释为：①系、连结，例如：维系；②保持：维持、维护、维修；③纲，例如：纲维（总纲，亦指法度）；④以，因为，例如："维子之故，使我不能餐兮"；⑤文言助词，用于句首或句中，例如：维新。

"斯坦"（巴基斯坦 Pakistan、巴勒斯坦 Palestine、哈萨克斯坦 Kazakhstan）基本解释为：①这、这个、这里，例如：斯人；②斯时，例如：以至于斯；③乃，就，例如：有备斯可以无患。

"尼亚"（肯尼亚 Kenya、罗马尼亚 Romania、爱沙尼亚 Estonia）基本解释为：①梵语"比丘尼"的简称，佛教中出家修行的女子，例如：尼庵；②古同"昵"，相近、亲近。

6. 国名汉字选择的标准

翻译国家形式的汉字选择上，可以总结为两大类：一类是可以选择带有中国独特文化的汉字，一类是相对中性的汉字。其中，第一类包括：

"布"（布基纳法索、布隆迪共和国）基本解释为：棉、麻及棉型化学短纤维经纺纱后的织成物，例如：布匹、布帛、布衣。"布"也是古代的一种钱币。

"多"（多哥、多米尼加共和国、多米尼克）基本解释为：数量大，与"少"、"寡"相对，例如：人多、多年、多姿、多难兴邦、多多益善。

"格"（格林纳达、格陵兰、格鲁吉亚）基本解释为：表现出来的品质，例如：格调、风格、人格、国格、性格。

"加"（加拿大、加纳、加蓬）基本解释为：把本来没有的添上去，例如：加注解、加冕。

"马"（马达加斯加、马耳他、马尔代夫、马拉维）基本解释为：哺乳动物，颈上有鬃，尾生长毛，四肢强健，善跑，供人骑或拉东西，例如：马匹、骏马、马到成功。马也是中国的十二生肖之一。

第二类包括：罗、卢、列、黎、莱、肯、喀、卡等。

可以将国家翻译总结如下：

（1）以常见字为主，避免生涩字眼。

（2）以积极含义为主，避免消极字眼。

（3）多采用中文姓氏，如果不匹配，则采用书写简单、含义中性的字符。

（4）结合国家的地理状况的文化因素，选取含义相关的汉字。

（5）声调可参考英文发音，选取平仄声调为主。

第 5 章　外国国名研究

作为地名的一种，国名是代表地理实体的一种语言符号，是人们在相互交流中为了识别周围的环境对位于地表特定位置上的地方所赋予的名称，是由一定的词和词组构成。国名是代表地理实体的一种符号，具有一定的形态和意义，尤其是词源意义。国名的命名都有其原因，或依据自然地貌特征，或依据某社会人文特点，或是依据历史等。国名往往蕴含着极为丰富的自然或社会文化内涵。国名可以反映某一民族、某一地区及某一历史阶段的地貌特征、物产、经济、历史史实、生存范围、历史变迁以及宗教信仰等。

一个民族的社会心态不仅有伦理观念而且还有社会价值观、社会共同心理，甚至有宗教信仰精神。从文化伦理的角度来审视，国名不仅反映自然景观的种种特点，而且也反映人文地理景观的各种特点，甚至还反映民族的社会心态。

1. Afghanistan（阿富汗）——"山上人"

阿富汗伊斯兰国（The Islamic State of Afghanistan），简称"阿富汗"。在古波斯语中，"阿富汗"为"山上人"之意。因阿富汗国土大部分都是山地或高原，故有"山人国"之称。还有人说，阿富汗国名是由"阿富汗"一词加上波斯语中的"斯坦"（即国家）组成。"阿富汗"是来源于古代一酋长的名字，或来源于古犹太国王绍尔的侄子的名字"阿富汗"。

另外，也有人认为阿富汗很可能来源于"阿伏干"。北朝胡姓考中提到，阿伏干为柔然别部，而柔然别部多为敕勒 - 高车部落，那么阿伏干很可能也属敕勒 - 高车部落。6 世纪中叶突厥崛起之后，原隶属于柔然的部落大多转归突厥，因此阿伏干很可能也改属突厥。"阿富汗"一名的出现，恰恰在 6 世纪之后，那么不能排除这样一种可能，即当时统治阿富汗地区的突厥人属阿伏干族，于是之后渐渐以"阿伏干"

之名称呼其地，此即为后世之"阿富汗"。

　　"阿富汗"第一次正式大规模地用作民族、国家的名称，乃是在 18 世纪近代阿富汗国家的奠基者杜兰尼王朝时期，而"杜兰尼"本为王朝建立时新改的部族名称，其原名"阿布达里"正为"嚈哒"在中世纪的专称，可知嚈哒在当地势力颇盛。而阿伏干属柔然别部，柔然与嚈哒也曾在中亚西域一带角逐、互动过，那么"阿伏干 - 阿富汗"与"嚈哒 - 阿布达里"之间的联系似乎也可以建立起来。

　　喀布尔（Kabul）是阿富汗的首都，喀布尔省省会和阿富汗的最大城市。它是一座有 3 000 多年历史的名城，1773 年以后成为阿富汗首都。"喀布尔"在信德语中是"贸易中枢"的意思。阿富汗历史悠久，喀布尔亦然。印度古经典《吠陀经》提到一个叫库拔的地方，梵文研究者认为就是今天的喀布尔。《波斯古经》也证实，库拔就是今天喀布尔所在的地方。中国《汉书》记载的叫高附的地方就是今天的喀布尔。

2. Albania（阿尔巴尼亚）——"村落"

　　阿尔巴尼亚（Albania）别称"山鹰之国"，可"山鹰之国"并非来自"阿尔巴尼亚"的意译，而是来源于阿尔巴尼亚人对自己国家的自称——"斯奇珀利亚"（鹰之国），"阿尔巴尼亚"则曾是这个民族的古称，也是当今外国对这个国家的现称。国名"阿尔巴尼亚"来自"阿尔本"一词，意为"村落"。古时候，阿尔巴尼亚人的祖先曾统治着亚得里亚海北部的大片土地，后来在罗马人的驱赶下退居到现在的阿尔巴尼亚所在的区域。这是一个多山的地区，虽然靠海一带被罗马人控制，但他们的势力却没有伸展到山区，阿尔巴尼亚人的祖先就散居在一条条峡谷间的村落里，这些村落被称为"阿尔本"。在中世纪，它的南部地区曾被称为"阿尔贝尼亚"，于是有人提出假说，阿尔贝尼亚这一名称大概就是由阿尔本混合而成的，其意为"阿尔本地区"。不久，这个地名便演化成现在的国名阿尔巴尼亚。

　　这种语源的含混之处，在于这一地名仅仅出自外国人所使用的俗称和通称。阿尔巴尼亚人之所以称祖国为"鹰之国"，是因为在 15 世纪反抗奥斯曼帝国入侵的领袖斯坎德培（Gjergj Kastriot Skanderbeg）的印章，上面刻有雄鹰的图案，所以雄鹰是民族英雄斯坎德的象征，也成为了阿尔巴尼亚国民的精神寄托。他们认为自己是斯奇珀利亚"山鹰之国"（意为"优秀的人的国家"）的骄傲民族，他们从没有把本国叫作阿尔巴尼亚。20 世纪初，该地区爆发了大规模的反对土耳其统治的运动，土耳其政府被迫同意这一地区自治，并于 1912 年承认了它的独立。新政府根据古名称本国为"斯奇珀利亚王国",但对外仍然使用国际上的通称——"阿尔巴尼亚"。

阿尔巴尼亚人自称为"斯奇珀塔尔"(鹰之子),把自己的国家称为"斯奇珀利亚"是近几百年的事,而当今阿尔巴尼亚之外的外部世界则根据这个民族的历史沿革,习惯上称这个国家为"阿尔巴尼亚"。这个国家的人民在各国文字的译音中分别被称为"阿尔巴尼阿恩"、"阿尔巴奈兹"、"阿尔巴纳斯"或"阿尔巴纳尔";他们的国家被称为"阿尔巴尼亚"、"阿尔巴尼埃"、"阿尔巴尼恩"。而在这些名称中"阿尔巴尼埃"(Albanie)渊源最为古老并较统一,是阿尔巴尼亚17—18世纪之前最为通用的。2世纪,托勒密在他绘制的世界地图上曾标明了阿尔巴诺依部族居住的地域,具体地名为阿尔巴诺波利斯,这是指当今杜拉斯至迪布拉之间(阿尔巴尼亚中北部)的地区。到11世纪时,在拜占庭编年史作者的记载中,当今的斯奇珀塔尔人被称为阿尔巴诺依或阿尔巴尼塔依和阿尔巴尼托依,而他们居住的地域为阿尔巴农(Albanon)。在现今的首都地拉那(Tirana)附近,也即在属于古阿尔巴诺波利斯地区范围之内,有一个村庄名为阿尔巴纳(Arbanë),今天阿尔巴尼亚人的外部名称是和这个村庄的名称密切相关的。据考证,阿尔巴尼亚16世纪时的古老作家乔恩·布楚克曾是第一个使用斯奇普(Shqip鹰之语)这个词的,在他的笔下,阿尔巴尼亚人居住的土地被称作阿尔本(Arbëa)。随后由"斯奇普"构成"斯奇珀塔尔"(鹰之子)和"斯奇普利亚"(鹰之国)。这两个词逐步扩展,构成了阿尔巴尼业人和阿尔巴尼亚人对自己国家的自称——"斯奇珀塔尔"和"斯奇珀利亚"。这就是阿尔巴尼亚双重国名的历史由来。

20世纪60—70年代,由于担心当时的苏联、美国、希腊、意大利、当时的南斯拉夫的入侵,阿尔巴尼亚在全国各地建造了70多万个碉堡。现今,在阿尔巴尼亚各地仍能看到碉堡,故阿尔巴尼亚也被称为"碉堡王国"。

3. Algeria(阿尔及利亚)——"群岛之国"

阿尔及利亚(Algeria)是北非的一个阿拉伯国家,信奉伊斯兰教。Algeria(阿尔及利亚)国名要从其首都阿尔及尔说起。最早出现阿尔及尔这座城市时,它是由阿拉伯人占据的地中海南岸的四个岛屿组成的城镇群,名字叫作"阿尔·及扎伊尔",阿拉伯语的意思是"群岛"。后来,随着经济的发展以及时代的变迁,这个"群岛之城"扩大到目前的阿尔及尔海湾西岸的陆地,成了一个发达的商品集散地,名字也简化成"阿尔及尔(Algiers)"。

阿尔及利亚历史上曾经沦为法国的殖民地，这个阿拉伯国家最发达的地方就是阿尔及尔市，因此，"阿尔及尔"就成了国名。法国人按照欧洲拉丁语习惯，在名字后面加上一个"ia"后缀，变成了"Algeria"，中文译成"阿尔及利亚"。国名的意思是"阿尔及尔地区"或"阿尔及尔市之国"，还可按阿拉伯语意思意译前半字，按拉丁语意译后半字，可称其为"群岛之国"。

4. America（美国）——"亚美利加"

"国家"这个概念，世界各大语言里只有中文用"国"和"家"这两个意义联合组成，这绝非偶然。国和家的命运攸关是中华社会漫长演进史最深刻的总结之一，国家兴衰在大多数时代里对塑造个人命运扮演着核心角色。儒家把家和国当作每个人毕生的归属和寄托。

"America"这个词的意思犹如变色龙。对于美国人来讲，北美是（或属于）美国。然而，严格地说，加拿大也是北美洲的一部分，美洲南部的许多国家也是美洲的一部分。在格兰德河下游居住的 Americano，代表美洲或美洲的任何居民。从北美洲北端的阿拉斯加到南美洲的火地岛都是美洲人。好多年来围绕着 Latin-American（拉丁美洲人）曾经有过激烈的争论。许多人反对使用这个词语，因为它忽略了这里的黑人、印第安人和其他非拉丁语的人在南美洲大陆的建设中所做出的贡献（张梦井，2003：376）。

America 与"美洲"——"America"（美洲）全称"亚美利加洲"，包括北美、南美及其邻近岛屿。意大利航海家哥伦布为寻找向西航行到亚洲的航路，于 1492 年 10 月 12 日到达圣萨尔瓦多岛，但他认为这就是印度。

1502 年，意大利著名航海家亚美利哥·维斯普琦（Amerigo Vespucci, 1452-1512）认为哥伦布的断言是不可能的，因为这块新的陆地向南方延伸太远。1504 年亚美利哥断言，这块新陆地不是亚洲，而是一块前人从不知道的新大陆，而这块新大陆和亚洲之间一定还有一个大洋。亚美利哥继哥伦布之后航行到达南美，曾写信给其资助人，肯定其所在之处为"新大陆"。因亚美利哥提供的"新大陆"的证据，1507 年德国地理学家马丁·瓦德西穆勒在其《宇宙学导论》中，建议将"新大陆"称为"亚美利加"。但有人考证，1502 年哥伦布第四次航行时，探知尼加拉瓜产黄金的地点，印第安人称之为亚美利加或亚美利斯哥山（Amerique, Amerisque 或 Americ），居住有亚美利斯哥部落（Amerissque）。这一消息传遍西欧。开始人们以亚美利加称呼"新大陆"的沿岸地区，后指整个大陆。词尾"-ica"也来源于印第安方言，意为"伟大"或"杰出"。

美国的全称为 United States of America（美利坚合众国）。美国位于北美洲南部，独立前称 United Colonies（联合殖民地）。美国在 1776 年 7 月 4 日发表的《独立宣言》中第一次使用 United States of America，并在 1787 年宪法中正式予以肯定。America 这个指代一个大洲的词之所以会成为一个国家的名字，来源于这个国家本来就是这个大洲的第一个国家。

Latin America（拉丁美洲），亦称 Hispanic America，为美国以南所有美洲各国和地区的通称，包括墨西哥、中美洲、西印度群岛和南美洲。该地区自 15 世纪末后是西班牙、葡萄牙和法国的殖民地，殖民者把他们的语言带到这个地区。现在，该地区除巴西用葡萄牙语，海地通用法语外，其余绝大多数国家采用西班牙语。而法、葡、西语都属于印欧语系罗曼语族。罗曼语是古罗马帝国语言，说这种语言的古罗马城郊一带称 Latium（拉丁姆），故又称拉丁语族。美洲这一广大地区被称为 Latin America（拉丁美洲）。

America 与"美丽的国家"——汉语为表意文字，一词一字，或为中性，或含褒贬，或给人以形象上的美感，或给人以想象力，这些都远非拼音文字所能企及。在翻译外国国名时，国人喜欢用汉字标识，在表音的同时，也表一点义。这就使得翻译的国名给读者一种"望字生义"的先入之感。

国名单字，是地位的象征。中国历史上国名多是单字，而周边的附庸国家则不是单字的。外国国名被译成单字，自然是崇高地位的象征。况且，这些单字在汉语中都是非常好的词。美国、英国、法国、德国、俄国这些国名是汉语词汇中很"美好"、很"褒义"的字眼：德国——道德的国度；法国——法制的国度；美国——美丽的国度；英国——英雄的国度。法兰西、美利坚、德意志、意大利、俄罗斯，都是褒化音译的国名。"美"、"利"、"坚"三字均为褒义；"英吉利"有"吉利"、"福气"之义；"法兰西"则有"兰花"、"兰香"之义；"意大利"则有"大利"、"利益"、"锋利"等意义；"德意志"则有"意志"、"坚韧"、"志向"等意义；"俄罗斯"中的"俄"则有"高耸"、"庄严"的意思；"荷兰"、"智利"高雅大方。瑞士、瑞典、挪威、奥地利、比利时等音译国名也均是译名褒化的结晶。"瑞"是中国吉祥的字眼，"地利"和"利时"，乃中国古语"天时地利人和"之取义。

Americans 与"美利坚民族"——美利坚民族素有 the nation of nations 之称。美

利坚民族包括白人、黑人、亚裔人、印第安人和拉美裔人这五个种族。由于美利坚的民族是"天下会聚、四方杂处"，因此产生各种各样奇异的族群称谓。Hispanic/Hispano（西班牙语裔美国人）是最复杂的群体，他们是母语为西班牙语的移民及其后代。他们中有 Mestizo（西班牙人与印第安人的混血种后代）、Mulatto（西班牙人与黑人的混血种后代）、Latino（拉丁裔美国人）等。Chicano 系 Mexicano 的简称，原是对美国的墨西哥人的一种贬称，但经过 20 世纪 60 年代的民权运动，就如 Black（黑人）不再是贬称一样，Chicano 已作为种族自主和自豪的象征而为墨西哥裔美国人所接受，成为"墨西哥裔美国人"的同义词。Chamorro 是具有西班牙人、菲律宾人和密克罗西亚人的混合血统的美国人，亦称 Guanmanian（关岛人）。路易斯安那州因居住着众多 Creole（克里奥尔人），即欧洲人（尤其是西班牙和法国人）的后裔，因此被冠上 the Creole State 的别称。第二次世界大战后，大批波多黎各人移居纽约市，其中大部分居住在 Harlem，现该社区被称为 Spanish Harlem（西班牙语哈莱姆）。这些原籍为波多黎各的纽约人被称为 Neorican，Nuyorican 和 Newyorican 是 Neorican 的变体。来自欧洲的西班牙移民则被称为 Spanish-American（西班牙裔美国人，或美籍西班牙裔）。

　　美国的犹太人不是来自某一特定国家，而是来自许多国家，如 Sephadi 是来自于西班牙和葡萄牙的塞法迪犹太人，Ashkenazi 是来自中欧和西欧的阿什肯纳齐犹太人。Gullah 指那些居住在北卡罗来纳、佐治亚、北佛罗里达沿海岛屿和海岸地区的非裔美国犹太人。

　　Cajun 这一称谓是指 18 世纪末期由加拿大阿卡地亚地区（Acadia）迁至美国路易斯安那州和缅因州的法裔移民及其后代，Cajun 系 Acadian 的变体。Issei 一词源于日语，是出生在日本的第一代日裔美国人的称谓，而 Nisei（日文"二世"的意思）则是称呼那些父母出生在日本、自己生长于美国的日裔美国人。Hapa haole 指有部分白人血统的人，尤指夏威夷土人与白人混血的人。黑人中有 Black Jew（黑人犹太人）、Black Muslim（黑人穆斯林）和信奉 African Orthodox Church（黑人正教）的黑人。Bohemian 是指居住在威斯康星州和大平原地区的捷克裔美国人，他们主要来自捷克西部的波西米亚省（Bohemia），因此被称为"波西米亚人"。波西米亚是捷克民族文化的核心之一，在捷克语里，波西米亚人常常是捷克人的同义词。Pennsylvania Dutch 为"德裔宾夕法尼亚人"，是 17、18 世纪在宾夕法尼亚东部定居下来的德国移民的后代。他们是 Deutsch（德意志人），而非 Dutch（荷兰人）。美国人称之为

Dutch，是出于对 Deutsch 一词的误解。

从人口的民族属性角度看，美国人的"族性"是世界上最为复杂的。到目前为止，美国的民族已达 200 多种。可以说，不管你从世界哪个角落来到美国，你都可以找到你的同胞。从美国英语中对外来民族的称呼（包括贬称）来看，就可知道浩浩荡荡流入美国的族裔根源，例如：Bohunk 是对移入美国的东欧人的称呼，Bohunk 是 Bohemian（波西米亚人）与 Hungarian（匈牙利人）的混合词；Polack 一词源于波兰语，意为"波兰人"，美语中指在美居住的波兰人后裔；Blemish 这一称呼是由 Belgian（比利时人）和 Flemish（佛来德人）混合组成；Refujew（Refugee 与 Jew 的混合词）是对二战期间移入美国的犹太难民的称呼；保加利亚移民被贬称为 Burglar，因 Bulgarian（保加利亚人）与 Burglar 拼写相似，以及 Injun（Indian 印度人）、Dutchie（Dutch 荷兰人），等等。

美国文化本是源于欧洲大陆的清教文化，由清教信徒移民新大陆时带到北美，并在北美大陆找到了广阔的发展空间，异化为美国的白人文化。这种文化在美利坚民族形成过程中起到了重要的作用，但其本身有着很强的排斥异文化的民族优越感，甚至是种族优越感意识。美国人自诩为"上帝的选民"，以"救世主"自居，负有教化和拯救弱小民族的"天赋使命"。这种以对其他民族的优越感为价值取向的文化贯穿于美国的全部历史。尽管作为美国文化本源的清教在欧洲曾饱受歧视和迫害，但美国在其发展过程中，却总是伴随着对其他民族的歧视。在美国历史上，当信奉天主教的爱尔兰人和意大利人大量涌入时，他们被 WASP（盎格鲁 - 撒克逊白人新教徒）视为洪水猛兽，被 WASP 冷嘲热讽为 statue-lover、papist、poper。

"三十年河东，三十年河西。"2009 年 1 月 20 日，奥巴马入驻白宫，"非主流"（即非 WASP）开始掌管美国政坛。美国政府和政坛已不再由 WASP 掌管。2012 年美国大选创造了历史。当时美国的两大政党——民主党和共和党的四名总统、副总统候选人都不是所谓的"盎格鲁 - 撒克逊白人新教徒（WASP）"，这种情况自美国建国以来首次出现。当时共和党总统候选人米特·罗姆尼（Mitt Romney）是摩门教教徒，共和党副总统候选人保罗·瑞安（Paul Ryan）和时任美国副总统乔·拜登（Joe Biden）为天主教教徒，前任总统巴拉克·奥巴马（Barack Obama）——一名混血儿，显然不是 WASP。

America 与 Liberia——非洲这个由自由的黑奴组建的新国度"Liberia"（"自由、

解放"），在汉语中被音译为"利比里亚"，这样的翻译真是很尴尬，因为国人无法从中领悟出其国名内涵的"真相"。由于历史和文化差异，文字互译难免出现偏差、错漏、不当等情况，而适当的修正可以减少不必要的歧义、误解，有利于文化交流，增强不同社会之间的理解和互信。因此，Liberia（利比里亚）应改译回其庐山真面目——"自由之国"。

地球上再没有一个国家跟美国是这样如出一辙！其国名，是美国人的第一信条，利比里亚之国的英文为"Liberia"，即"自由"之意。其国旗与美国国旗的区别，仅在于红白条和星星的数目。官方语言：英语。主流宗教：基督教。货币：利比里亚元（Liberia dollar）和美元都是法定货币。首都：蒙罗维亚（Monrovia）——以美国第五任总统门罗的名字命名，是除华盛顿以外世界上唯一以美国总统命名的首都。利比里亚是非洲第一个共和国，和美国一样，也实行联邦制、共和制、总统制、两院制和三权分立制。

美国建国伊始，其精英阶层，不论是主张维护奴隶制还是废除奴隶制，他们作为白人的种族优越感其实都一样，即便是主张解放黑奴的人，也不愿意和解放了的黑人生活在一起。随着国内自由黑人的增加，他们集思广益，想把这些黑人强制遣返回非洲，以保持"美洲是白人的美洲"。那些倡导并实施这一种族主义政策的政界和宗教界领袖，被称作 Colonizationist，意为"主张将黑人移居非洲的人"。

利比里亚国徽的主体图案，就是一艘扬帆航行于海上的大帆船在靠岸，图案上端一条绶带上用英文写着"对自由的爱使我们来到这里"，下端一条绶带上写着"The Republic of Liberia"。"Liberia"，即"自由"之意。事实上，利比里亚就是一个非洲的"黑美国"。

America 与 United States（合众为一）——美国是一个十足的、典型的世界各国移民的汇集之所，它的民族形成是人类历史上颇具特色的一章。美国前任总统奥巴马在搞移民改革时强调"美国历史就是一部移民史，美国从骨子里就是移民国家"。英特尔、谷歌等公司都是由移民创办的。

美国的国民来自世界上不同的民族，操持着不同的语言，有着迥异的文化背景，代表不同的肤色和不同的宗教信仰。美国国玺正面的拉丁文"E Pluribus Unum"（万众一体）是美利坚合众国的箴言。美国英语是"合族国"人们用于社会交往、思想沟通和信息传递的工具。

美国的国名 the United States of America 可以说是美国人极强的民族中心主义的

具体展示。把 America 这个美洲大陆的名称放在自己的国名中，表明建国伊始美国人就把自己看作整个美洲。而 State 这个意义为"国家"的词，美国人则用来指他们国家的一个州。

美利坚民族经历了由"合众为一"到"由一为众"的历史进程，美利坚民族的形成历程经历了"合众为众"的轨迹，多元族群构成了现今的美利坚民族。20 世纪以来，美国新移民的种族成分有了显著的变化。他们大部分来自欧洲以外的地区。这些移民的到来扩展了美国民族的多元性，丰富了美国文化，使美国社会呈现出更纷繁复杂的面貌。从某种意义上讲，The United States 中的"United"不仅可指世界的多个民族在美国的大聚会，更可指由他们带来的斑斓多姿文化的大拼盘。今天的美国正越来越变成一个多元种族、族群沙拉碗，而越来越不像一个过去广为人知的 melting pot（大熔炉）或 crucible（坩埚），将各种族、族群在里面冶炼和重铸。耶鲁大学教授 Robert Thompson 称现代美国为 a cultural bouillabaisse（文化大杂烩，bouillabaisse 是一类用多种鱼和蔬菜，加调料炖成的美味佳肴）。纽约前黑人市长 Mayar Dinkins 称之为 a diverse society（多元社会）。美国黑人民权领袖杰西·杰克逊把美国比作是 a fraying quilt（一床由各种民族美丽图案拼缝成的花被子）。除此之外，美语中还有许多生动、丰富多彩的词汇来形容美利坚民族这块"拼花板"，如 mosaic（镶嵌图画）、a salad bowl（色拉钵）、kaleidoscope（万花筒）、rainbow（七彩虹）、a set of tributaries（支流群）、a tapestry（挂毯）、a fruit cake（各种水果制成的水果蛋糕）、gorgeous Mosaic（多姿多彩的马赛克）、pot of Stew（杂烩锅）、pizza（比萨饼）、symphony（交响乐）、tossed salad（拼盘）。在一些美国人口学家看来，美国正在变成一个 universal nation（世界性的民族）。

American pluralism 与"由一为众"——在美国，不同的种族和民族仍然保持着他们自己的文化和传统。物以类聚，人以群分。人根据血缘、语言、习俗、宗教等产生群体认同感。出于文化习俗上认同的原因，各国各地区的移民，尤其是亚裔美国人，喜欢与同民族的人聚居在某些城市或城中的某一区域，由此形成了众多的国中之"国"。

美国的国中之"国"，诸如：Little Italy（小意大利）、Little Poland（小波兰）、Little Bohemia（小波西米亚）、Germantown（德国城）、Chinatown（中国城）、Japantown（日本城）、Little Seoul（小首尔）、Tokyo City（东京城）、Little Saigon

（小西贡）、Little Havana（小哈瓦那）、Capital of Latin America（拉丁美洲移民文化的影响把迈阿密拉美化了，使其成了他们在美的"首府"）等。他们在自己的民族聚居区中保持着母族的生活方式、信仰、习俗和语言。同样，希腊人、爱尔兰人和犹太人的后裔也努力地维持着各自先祖的古老传统和习俗。

不管是来自于德国、英国、日本、中国，还是来自于阿拉伯世界或是穆斯林国家，成为美利坚公民就是美利坚民族的一员。移民的多源性构成了美利坚民族的多元性，而美国社会的多元性又构成了美国文化的多样性。正是因为美利坚是一个由多人种、多宗教、多文化和多族群的移民及其后代共同组成的国家，因此，美国传媒和日常生活中出现频率很高的词语，如 co-culture（并存文化）、cultural pluralism（文化多元论）、cultural equity（文化平等）、intercultural community（跨文化社团）、biculturalism（双文化）、multicultural society（多元文化社会）、pluralistic society（多元社会）、multi/plural culturalism（多元文化主义）、multiculturalists（多元文化主义者）、American pluralism（美国多元主义）、trans-racial culture（超种族文化）、mixed-race culture（种族混合文化）、multicultural America（多元文化美国）、cultural diversity（文化多样性）、acculturation（文化适应）、ambivalent American（两性人）、multiethnic（多民族的）等也就不足为怪了。美利坚文明经历了由"合众为一"到"由一为众"的转变。

5. Andorra（安道尔）——"覆盖灌木的土地"

安道尔（Andorra），即安道尔公国（The Principality of Andorra，加泰罗尼亚语：Principat d'Andorra，准确译名应为安道拉亲王国），是西南欧一个非常小的内陆公国，位于庇里牛斯山脉东南部，与法国和西班牙毗邻，为内陆国。

安道尔，其名称来源，一说 9 世纪建国时，法兰克王用圣经上的名字"隐多尔"命名，安道尔是其变音。一说可能来源自纳瓦拉的 andurrial，意含为"覆盖灌木的土地"（shrub-covered land），以其自然环境而得名。安道尔本名为"Valls d'Andorra"，字面义为安道拉谷地，大概是因其境内高山环绕，地形崎岖，有多条山谷。

6. Angola（安哥拉）——"封臣恩哥拉"

安哥拉（Angola）是非洲西南部的一个国家，其首都为罗安达（Luanda）。中世纪时期，安哥拉分属刚果、恩东戈、马塔姆巴和隆达四个王国。1482年，葡萄牙殖民船队首次抵达安哥拉北部。葡萄牙人先控制了刚果王国（现在加蓬北部至宽扎河南部），1560年侵入恩东戈王国，1576年建立罗安达城。在1884—1885年的柏林会议上，安哥拉被划为葡萄牙殖民地。1922年，葡萄牙占领安哥拉全境。1951年，葡萄牙将安哥拉改为"海外省"，派总督进行统治。1961年2月4日，安哥拉人民解放运动开始进行武装斗争。1975年1月15日，同葡萄牙政府达成关于安哥拉独立的《阿沃尔协议》。葡萄牙当局于1975年11月10日宣布"把权力交给安哥拉人民"。同年11月11日，安哥拉人民解放运动会宣布成立安哥拉人民共和国，阿戈斯蒂纽·内图任总统。1992年8月，安哥拉议会决定将国名改为安哥拉共和国。"人民议会"改为"国民议会"，各级法院均删去"人民"字样。

安哥拉从原来的附属地变为一个拥有独立主权的国家。历史的不断变迁使得安哥拉的国名也随之改变。1992年，安哥拉最终改名为"安哥拉共和国"。国名是一个国家的标签，也是这个国家对自己历史的缅怀。而"安哥拉"这个国名来源于古代刚果王国姆崩杜族一封臣恩哥拉（Ngola），他建立了恩东戈王国，后葡萄牙人将恩哥拉转讹为安哥拉，称为唐戈·安哥拉（Dongo-Angola），唐戈意为"土地"，全名意为"安哥拉的土地"。

7. Argentina（阿根廷）——"银之河"

"阿根廷"这一名称由拉丁语中的"白银"（argetum）加上"阴性指小词缀而成"。首次使用可追溯至马丁·德尔巴尔科·森特内拉1602年的诗作《阿根廷与拉普拉塔河的征服》。这个名称源自拉普拉塔河（Río de la Plata），意为"银之河"。胡安·迪亚斯·德索利斯一行踏上这片土地时，遇到了佩戴银饰的当地查鲁阿人，他们相信传说中的银山就在河的上游，便由此命名。西班牙王国给出的正式名称是"拉普拉塔总督辖区"，独立之初的国名为"拉普拉塔河联合省"（西班牙语：Provincias Unidas del Río de la Plata），但"阿根廷"一名在18世纪就早已广为使用。

1826年，宪法首次将阿根廷共和国（República Argentina）这一名称应用于法律文书。"阿根廷邦联"（西班牙文：Confederación Argentina）一名也很常用，并出现在1853年阿根廷宪法中。1860年，阿根廷国名由总统令确定为"阿根廷共和国"（República Argentina），同年宪法修正案规定，1810年以来的所有国名合法有效。阿根廷一词源于拉丁文，不仅是指具体意义上的白银，同时寓意"货币"和"财富"。

这块广袤的土地上虽不产白银，但有着肥沃的土壤、丰茂的草原和良好的气候，这使阿根廷成了"世界的粮仓和肉库"，财富滚滚而来。因此，把这个国家称为"阿根廷"，真是再合适不过了。

阿根廷首都为"布宜诺斯艾利斯"。西班牙探险家佩卓·门多萨（Pedro de Mendoza）为了纪念圣母玛丽亚（为美洲大多数的西班牙探险家故乡安达卢西亚和地中海国家水手守护圣人），将这座空气清新的城市称为"布宜艾利的圣母玛利亚（Santa María del Buen Aire，'布宜艾利'是'空气清新'的音译）"。

8. Armenia（亚美尼亚）——"古老部落名"

洪钧的《元史译文证补》认为亚美尼亚（Armenia）即是《后汉书·安息传》中的"阿蛮国"，贾耽的《四夷路程》作"阿没国"，都是亚美尼亚的古译音。亚美尼亚国名得之于民族名，民族名又得名于一古老部落名。也有学者认为词源出自于雅利安语 Har-minni 或 Hara-Minyas，意为"米尼之山"或"米尼亚斯山"。亚美尼亚历史可以追溯到 2500 年前，传统上亚美尼亚的疆域在今天的高加索和土耳其东北部，这里生活着众多的亚美尼亚人。亚美尼亚人是亚美尼亚共和国的主体民族，自称哈伊，又称阿尔明尼亚人，是由世代生活于亚美尼亚高原的本地部落哈伊阿斯人、乌拉尔图人、胡里特人和赫梯人等，以及外来的阿尔明人长期融合而成的一个古老民族，属欧罗巴人种西亚类型。他们使用亚美尼亚语，分成许多方言，属印欧语系亚美尼亚语族。

埃里温（Yerevan）是亚美尼亚的首都，这是一个古老的城市，公元前就有人居住。它建于 6 世纪以前，782 年时为军事要塞，乌拉尔图人的领袖阿尔吉什提一世下令在此地设置了一座军事要塞，名为埃勒布尼。由于来自欧洲与印度的商旅路线都需在此路过交汇，因此要塞自建成之后，就一直是非常重要的战略要冲。至于埃里温的现名之启用，最早出现的纪录是在 7 世纪时，是当时波斯帝国统治下的亚美尼亚之首都。"埃里温"意即"埃里部落之国"，旧泽"耶烈万"，意思就是"埃里温部落王国"，因为早年埃里温部落的居民生活于此。1936 年成为亚美尼亚首都。1991 年亚美尼亚再次独立，埃里温成为首都。

9. Australia（澳大利亚）——"未知的南方大陆"

澳大利亚全称"澳大利亚联邦"（英语：Commonwealth of Australia，通称Australia，缩写：AU、AUS），是全球面积第六大的国家、大洋洲最大的国家和南半球第二大的国家，仅次于巴西。澳大利亚国土包括澳大利亚大陆、塔斯曼尼亚岛以及数个海外的岛屿。

澳大利亚最早被称为"未知的南方大陆"［Terra Australis Incognita，澳大利亚的英文"Australia"源于拉丁文"australis"（南方）］。这种说法源于15—18世纪时，欧洲地图上出现假象大陆，别名墨瓦腊泥加（拉丁语：Magallanica/Magellanica，斐迪南·麦哲伦的国）。而这个想法最初是由亚里士多德提出来的，这个观念后来由托勒密进一步扩展，他相信印度洋就位在南方大陆的附近，因为这才能与北半球的大陆达成平衡。而未知的南方大陆的假想出现后，就常常在中世纪被地理学家使用。在澳大利亚大陆被西方世界发现后，此名称便顺理成章地成为这片新大陆的名字。

而在英语世界，使用"Australia"这个名称的最早记录是在1625年的印刷物上。但直到18世纪末期前，这个名称是泛指整个南太平洋地区，而非特指澳大利亚。1817年，澳大利亚这个名称第一次出现在官方文件上，当时的新南威尔士州州总督拉克伦·麦觉理批准了此名称，并建议当时的殖民政府正式使用此词。

到了20世纪初，口语化的称呼"Oz"开始流行。"Aussie"也同样成为澳大利亚人的口语化称呼。这种有趣的称呼源于其读音的末尾发出的嘶嘶的声音，而后来的计量单位盎司"Oz"如同口语化的"Oz"，形容一种虚幻、神奇的地方。而这种形容的手法最早是来源于《绿野仙踪》描绘的幻想世界"Oz"。

"Strine"是澳大利亚英语中独特的语言变体。Strine是Australian一词的缩略语。当人们说Australian一词时，语速快，将第一音节中的/o/省掉或吞掉，而将第二个音节中的/ei/发成了近乎/ai/的音。根据新的发音，人们又创造了新的拼写形式，这就是strine一词的由来。实际上，strine又是Australian speech的缩略语或代名词。"Strine"作为一种特殊的英语变体，说英语的澳大利亚人基本都听得懂，而且不少人也会说。

澳大利亚英语中的有很多词语可用来表示或代指Australia（澳大利亚），例如：

● Alf-land 澳大利亚

- All-Australia 典型澳大利亚

- All-State 全澳大利亚

- Antipodes 澳大利亚

- Aussie 澳大利亚 [亦作：Aua., Aussey, Ozzie]

- Aussieland 澳大利亚

- Bazza-land 澳大利亚 [源自澳大利亚讽刺作家 Barry Humphries 笔下
的人物 Bazza McKenzie]

- Clever Country（20 世纪 60 年代的）澳大利亚

- Commonwealth 澳大利亚联邦

- Godzone（被视为理想之邦的）澳大利亚

- Island Continent 澳洲大陆

- Lucky Country 澳大利亚 [源自澳大利亚作家 Donald Horne 的书名]

- Orstralia [Australia 一词的夸张读法，以取得滑稽效果]

- Oz 澳大利亚

- 'Stralia 澳大利亚 [Australia 的简短式]

- You-beaut Country 澳大利亚

堪培拉（Canberra），当地华人称为"坎京"，是澳大利亚联邦首都。在欧洲人殖民之前，住在堪培拉土地的是当地的土著。"堪培拉"名字来源于数千年前澳大利亚本地土著恩古那瓦人的语（Kambera 或是 Canberry），原意为"相聚的地方"。但恩古那瓦的一名长老表示，正确的翻译应为"女人的乳房"。由于黑山和安斯利山恰巧相对而坐，就像乳房一样。另一种说法是，由于这个地区盛产红莓（Cranberr，本地人称为 Canberry）于是得名 Canberry。

10.　Austria（奥地利）——"东方之国"

996 年，史书中第一次提及"奥地利"。8 世纪查理曼帝国时期，奥地利被称为东方边区，也就是奥地利。1156 年建立独立的奥地利公国，即沿袭于此。

788 年，法兰克王国查理曼大帝把现在的奥地利攫为本国领土，命名为奥斯特马克（Ost，东；Mark，边区）。976 年，鄂图二世把这片土地封给巴本堡家族，此后此地一直处在该家族的统治之下，到了 12 世纪，才形成独立的公国。

新公国被称为奥斯特利亚（Austria），这是将奥斯特马克转化为拉丁语而成的。

这个时候这块土地上的法兰西人已经被拉丁语系民族同化，开始讲拉丁语。他们把旧地名中的奥斯特（Ost）原封不动地按照字音移过来，写成奥斯特（Aust），再加上地名结尾词"-ia"（——之国）和形容词词尾"-ca"，便成了奥斯特利亚卡（Austriaca，东方之国的），马克（Mark）则被译为马尔切亚（Marchia），因此这块地区的旧拉丁语地名全称是"马尔切亚·奥斯特利亚卡"（东方之国的边区）。由于这个新独立的公国不再是边区了，所以去掉马尔切亚，只称奥斯特利亚（Austria，东方之国）。现在的奥地利（Austria）共和国，就是继承这个古地名，但采用的是英语读音。

维也纳（英语：Vienna），奥地利首都。维也纳（德语：Wien）这个词是凯尔特语"Vedunia"，意思是"森林中的河"。维也纳在新石器时代已有人居住。凯尔特人在约前500年建立维也纳。15年成为罗马帝国的一个前线城市，用来防卫北边的日耳曼人（Germans），罗马人称其为"Vindobona"。

11. Azerbaijan（阿塞拜疆）——"火地"

阿塞拜疆共和国（阿塞拜疆语：Azərbaycan Respublikası；英语：The Republic of Azerbaijan），简称阿塞拜疆。该国东濒里海，南邻伊朗和土耳其，北靠俄罗斯联邦，西接格鲁吉亚和亚美尼亚。

阿塞拜疆之名来源于一个叫阿特罗巴特斯的人，他本是波斯阿契美尼德王朝米底省总督，出身于贵族，曾效力于大流士三世、亚历山大大帝。

最初，亚历山大命令欧克索达提斯（Oxydates）为米底总督，但亚历山大失去了对他的信任，改任命阿特罗巴特斯重新担任米底总督。当亚历山大至印度远征归来，进驻帕萨尔加德时，阿特罗巴特斯捆绑反叛者来见亚历山大。在亚历山大大帝逝世后的巴比伦分封协议里，因米底行省形势重要且疆域过大，故把北方较小的部分至米底分割出去，并任命阿特罗巴特斯为当地新总督，陪松则为米底总督，而阿特罗巴特斯的女婿帕迪卡当上了帝国摄政。当帕迪卡被谋杀之后，阿特罗巴特斯就拒绝听从之后继业者的命令。马其顿攻打波斯时，他投靠马其顿，保住了总督的位子，马其顿帝国解体后，他自立称王，希腊人根据其名称呼这个国家为阿特罗帕特尼（Atropatene），现在希腊称呼阿塞拜疆为Atropatini，后来被波斯安息王朝所灭，安息称其为阿特罗帕塔卡（Aturpatakan），再后来被波斯称呼成了Adharbadhagan，最后是Azarbaydjan，阿塞拜疆这个名也就固定下来。

还有一种说法，阿塞拜疆的国名在阿拉伯语里的意思是"火地"，或"火的国家"，因为阿塞拜疆蕴藏着丰富的石油和天然气。早在 17 和 18 世纪,喷吐火焰的"拜火古堡"(火神庙)就吸引了许多拜火教徒来这里朝拜。

巴库（Baku）以盛产石油著称。8 世纪人们就在这里发现了石油。16—18 世纪,伊朗和土耳其曾激烈地争夺这块"火地"。巴库为阿塞拜疆共和国首都,不仅是政治、文化中心,而且也是重要的石油基地和经济中心。世界工业化开采石油始于 1877 年,而阿塞拜疆早在 1873 年就已打出第一口油井。20 世纪初,巴库油田产量是世界上产量最高的油田。1901 年石油产量几乎占世界石油产量的一半。20 世纪以来,巴库便一直以"石油城"闻名于世。

关于巴库这一名字的来源众说纷纭。较多人认为来源于波斯语"باد-کوبه"(Bād-kube),意为"风袭击的城市","Bād"为风,"kube"意为猛击。事实上,巴库市在冬季的确受到暴雪和强风的袭击。不过还有人认为巴库在古波斯语中的意思是"上帝之山"。还有一种说法是,巴库意为"山风劲吹之地"。这里小风四季不断,说刮就刮,说停就停。而且有趣的是,风只在城内逞强,城外却风平浪静。究其原因,是巴库向里海凸出甚远,而附近地势较低,北面又为高加索山脉阻挡所致。

12. Bahamas（巴哈马）——"浅滩"

巴哈马（Bahamas）在西班牙语中是"浅滩"的意思,这与巴哈马的实际情况很相似。巴哈马岛屿大多都是珊瑚岛,风景迷人,水清沙幼,更因为其独特的粉红色沙滩被美国《新闻周刊》评为"世界上最性感的沙滩"。正是这让人着迷,流连忘返的浅滩,让航海家第一次踏上巴哈马群岛时,就对这美丽的岛屿产生了浓厚的兴趣,并取名为"巴哈马（浅滩）"。

但是究竟是谁最先用"巴哈马"的呢?目前的资料记载有两种说法:一是西班牙航海家德·莱昂;二是哥伦布。

德·莱昂是一个野心勃勃,有很多抱负的人,他在西班牙王室的支持下,决心在美洲去"发现"和征服更多的大陆。在之前航海途中,他听印第安人说在古巴附近有一个"仙泉"——比米尼神泉,喝了那里面的泉水就可以返老还童,长生不老,更可以老来得子。莱昂对比米尼神泉向往不已。经过充分准备后,莱昂带领着船队到达了美洲波多黎各,并准备从那里出发去寻找比米尼神泉。然而,寻找比米尼神泉的过程非常的不顺利,莱昂船队航行了很久,都没有找到传说中的神泉。有一次,莱昂船队航行经过了一大片群岛和礁岩,而当海水与这些岛屿和礁岩碰撞,发出"哗哗"的浅滩水声,这与深海完全不同。因此,莱昂将这片群岛、礁岩命名为"巴哈马",意为"浅滩"。到最后莱昂也没有找到传说中的神泉,然而"巴哈马"这个名字却一直沿用到现在。

1492 年,克利斯多弗·哥伦布先在西半球看到的第一片陆地是位于巴哈马群岛东边的一个岛屿,并将其取名为"圣萨尔瓦多岛"。随后,哥伦布来到巴哈马群岛,环顾岛屿四周,看到浅浅的海水拍打着海岸,于是说了一句"巴扎马"(意为浅水或海)。巴哈马的名称便由此而来,所以巴哈马群岛又被称作"浅海里的岛屿"。不管是莱昂说还是哥伦布说,巴哈马都是取义"浅滩"。

巴哈马的首都是拿骚(Nassau)。由于巴哈马群岛地势多浅滩、暗礁及小港,很多海盗将巴哈马作为自己的藏身之地。事实上,拿骚大部分人从事的都是海盗工作,直到后来才真正将这个港口城市建立起来。尽管现在拿骚已经没有了著名的加勒比海盗,但是海盗确是拿骚的代名词。

1670 年,英格兰国王查尔斯二世将巴哈马群岛授封给六位英国贵族,这六名贵族被称为这里的业主。他们将百慕大群岛上的英国殖民者迁到新普罗维登斯岛上来。于是,在这里,人们建立起了堡垒和一座城池。为了纪念查尔斯国王,人们把那个城称为"查尔斯"。

由于当时查尔斯为英国殖民地,而西班牙在新航路开辟后对巴哈马土著人民造成了巨大的伤害。16 世纪末,奥兰治王子拿骚成功打败了西班牙。因此在 1690 年,为了纪念奥兰治王子拿骚,人们将"查尔斯"改名为"拿骚",沿用至今。奥兰治王子拿骚全名是拿骚的毛里茨(又译为莫里斯)。

13. Bahrain(巴林)——"海"

巴林(Bahrain)是波斯湾地区的一个美丽国家,景色秀丽、四季如春,素有"海湾明珠"之称。巴林的国名来源于阿拉伯语的"bahr"一词,意为"海"。国名的意思是"两股水源,两个海"。

历史上,"巴林"所指的地理区域远远超过今天巴林的范围,北起科威特,南到阿曼,整个阿拉伯半岛东部沿海地区都被称作"巴林",而那时候的巴林岛则被称为"阿瓦利"岛。1521 年,葡萄牙殖民者占领"阿瓦利"岛,将之命名为"巴林"岛,此后"巴林"才开始特指波斯湾中的这个小岛,而阿拉伯半岛东部沿海地区则被称作"哈萨"。

巴林是一个拥有悠久历史的新成立国家。巴林岛早在前 3000 年就建有城市、街道和石屋，这里最早的居民是苏美尔人。前 1000 年，腓尼基人到了巴林，巴林岛成为转口贸易中心。前 6 世纪起，巴林先后被伊朗的波斯帝国和萨珊王朝占据。到 6 世纪末，巴林已初步形成早期封建制社会。在阿拉伯帝国形成之前，伊斯兰教尚未传入巴林，当地居民的宗教信仰是各式各样的。7 世纪，巴林成了阿拉伯帝国巴士拉省的一部分，从此在当地居民中开始传播伊斯兰教，巴林最初流传的是伊斯兰教逊尼派。10 世纪，巴林成为什叶派中卡尔马特派的一个重要据点，建立了卡尔马特派统治的穆斯林国家，大量城市居民、农民都参加了这一派。894 年，巴林群岛的卡尔马特教派（属伊斯玛仪教派）举行起义，宣布脱离哈里发而独立。至 10 世纪初，巴林的卡尔马特国家已经形成。900 年，阿布·赛义德·哈桑·达坎（900—913 年在位）成为该国政教合一的领袖。巴林的卡尔马特派信徒与阿拉伯帝国斗争了约半个世纪，到 11 世纪中叶，卡尔马特穆斯林国家解体，巴林成为霍尔木兹国的一部分，在群岛上重新恢复了逊尼派势力。但是巴林的基本群众仍然信奉什叶派。至 15 世纪中叶，巴林的统治者埃米尔拉皮阿，用尽一切力量加强逊尼派马立克教法学派的地位，但是什叶派的势力仍然强大，因为基本的居民群众都信奉什叶派。巴林的逊尼派与什叶派之争已超出宗教矛盾的范围，而带有社会斗争的性质。因为逊尼派信徒基本上都是部落中的封建上层、宗教界上层以及官吏们；而什叶派信徒则是农民、手工业者和渔民。经过一段时间的阿拉伯人统治后，葡萄牙于 1507 年开始侵入波斯湾地区，同年入侵巴林，1521 年巴林贾布里德王朝末代统治者穆克林·伊本·扎米尔战败被俘，后因伤重而死，巴林被葡萄牙征服。巴林人民多次举行起义，反抗葡萄牙的殖民统治。1602 年，伊朗萨非王朝在英国支持下出兵攻占巴林，宣布巴林划归法尔斯省。1783 年，以酋长艾哈迈德为首的阿特班部族的阿拉伯人攻入巴林，赶走波斯人，创立了阿特班部族哈利法家族王朝并统治至今。艾哈迈德·阿尔法特根据与祖巴拉统治者达成的协议，成为巴林酋长国的第一位哈基姆（统治者）（1782—1796）。位于阿拉伯地区的以阿特班部族为首的巴林建立了"巴林酋长国"。

18 世纪末，英国势力伸入波斯湾地区，1820 年英国入侵巴林，迫其签订了《波斯湾总和平条约》。1880 年和 1892 年，英国又先后被迫签订了政治和军事的不平等条约，1892 年强迫巴林保证"对于本国领土的任何部分，不割让、不出售、不典押，也不以其他方式让与除英国政府以外的第三者"。从此，巴林酋长国完全丧失了独立与自立，成为了英国的保护国。1957 年 11 月，英国政府对外声明：巴林是"英国保护下的独立酋长国"，也就是成为了英国的殖民地赚取和积累财富的蛋糕。直到 1971 年 3 月，英国政府宣布英国与波斯湾诸酋长国签订的所有条约在同年年底终止，1971 年 8 月 14 日，巴林才完全独立，成为一个"酋长（苏丹）国"。

1971 年，巴林摆脱英国的控制独立。1973 年，举行议会选举并公布了宪法，宣布巴林是君主立宪制国家。1975 年，巴林解散了议会，同时中止宪法中关于君主立宪的条款，开始实行绝对君主制，由被称作"埃米尔"的君主代表王室实行专制统治。

巴林在政治体制上实行西方的三权分立制，但议会没有立法权，它只是国王的咨询机构，附属于国王，国王有权解散议会。国王代表统治家族独揽行政、司法和立法大权。因此哈利法家族掌握着巴林群岛的政权，巴林所有的行政职务都集中在总共约有 200 人的哈利法家族手中。

巴林于 2002 年 2 月 14 日宣布巴林酋长国正式改名为"巴林王国"，国家元首埃米儿，改称国王，并规定君主立宪制，国家元首也就是国王，由哈利法家族世袭，执掌政治、经济和军事大权，并把国旗上的八角变作五角。

麦纳麦（Manama）是巴林的首都，全国第一大城市，全国政治、经济、交通、贸易和文化中心，同时也是海湾地区重要的金融中心、重要港口及贸易中转站，享有"波斯湾明珠"的美誉。麦纳麦有阿拉伯世界的"苏黎世"之称，被誉为"中东的香港"。麦纳麦是阿拉伯地区著名的绿色城市，被称为"海湾的新娘子"。

14. Bangladesh（孟加拉国）——"印度最大的民族 Bengal"

Bangladesh（孟加拉国），南亚次大陆东北部国家，1352 年，伊利亚达斯·沙在此建立了统一王国，自称孟加拉苏丹，其名称来源于 Bengal。

Bangladesh 曾用名：East Bengal（东孟加拉）/East Pakistan（东巴基斯坦）。该国本是印度的一部分。Bengal 是印度最大的民族之一，聚居在恒河下游，于是就把这片区域称为 Bengal，首府加尔各答。Bengal 的宗教信仰极其复杂，西边的多信印度教，东边的多信伊斯兰教。于是便一分为二，东西分治（West Bengal，East Bengal）。1947 年，巴基斯坦从印度中独立出来，East Bengal 被划入 Pakistan（巴基斯坦），改称 East Pakistan（东巴基斯坦）。1971 年 12 月，East Pakistan 独立，定国名为 Bangladesh（孟加拉国）。

孟加拉国是孟加拉人民共和国的简称。孟加拉族是南亚次大陆古老名族之一。孟加拉地区的最早居民是亚澳人。而后有使用藏缅语的蒙古种人从东北部进来，再后有与达罗毗荼人混血的雅利安人迁入。这几部分人经过长期融合，逐渐形成了今天的孟加拉人。

15. Belarus（白俄罗斯）—— "自由和独立"

说起白俄罗斯（Belarus），它总是和俄罗斯（Russia）有着不可分割的关系。一直以来，这两国就是亲密伙伴关系。一方面，两个民族源于共同祖先，白俄罗斯人和俄罗斯人都属于东斯拉夫部族。另一方面，白俄罗斯官方语言为俄语和白俄罗斯语。白俄语属于东斯拉夫语支。自 14 世纪起，白俄语开始由古俄语分化，以后逐渐使用俄语的基里尔字母拼写，语法大部分与俄语相似。

9 世纪，由若干斯拉夫部落结成古罗斯部族，并建立以基辅为中心的古罗斯国家 —— 基辅罗斯大公国。12—14 世纪分裂为白俄罗斯、乌克兰和俄罗斯三部分。12 世纪建立了一些封建公国。14 世纪起，几次被立陶宛大公国和俄罗斯吞并。1917 年 "十月革命" 以前的俄国还称作俄罗斯帝国，"十月革命" 后成立了苏维埃社会主义俄国（苏俄）。1919 年 1 月 1 日成立了白俄罗斯苏维埃社会主义共和国。经过几年的内战，1922 年 12 月 30 日，俄罗斯、乌克兰、白俄罗斯和南高加索联邦共同组成的苏维埃社会主义共和国联盟（简称 "苏联"）正式成立。1991 年，苏联解体，白俄罗斯宣布独立。

在此，似乎很难了解到白俄罗斯这一名词是如何出现的，但是无论各路学者如何争论，大家似乎都已默认 "白俄罗斯" 一词是由 "俄罗斯" 这一词汇演化而来。"俄罗斯" 一词在 15 世纪开始出现于俄国史籍上。在这之前的文献里，只见到罗斯和罗斯国土，前者既是地域名称，也是当地居民的称呼，12 世纪成书的《伊戈尔远征记》作者就多次使用了 "罗斯国土" 一词。据史料记载，早在 10 世纪，即 911 年，奥列格公和拜占庭皇帝签署的文件中就有 "希腊与罗斯国之间的条约" 字样。

15 世纪编年史上的 "俄罗斯" 一词指的是国家，而 "俄罗斯的" 则用来表示 "跟国家和大公的一种从属关系"。当时 "俄罗斯" 一词有两种书写形式，既有南方斯拉夫人的拼写法，也有俄语的拼写法。伊万三世时的一些钱币上就曾镌刻有 "全俄罗斯君主" 字样。

16 世纪时，"俄罗斯" 一词已在政府公文中广泛使用。伊万四世致库尔布斯基的信函中就有 "俄罗斯国" 字样，沙皇本人则冠以 "全俄罗斯" 君主的头衔。

俄罗斯一词的出现又和俄罗斯民族的开始形成与中央的产生有着紧密的联系。

16—17世纪，俄罗斯这一名称已经更为广泛应用了。它指的既是俄国，又是俄罗斯民族的称呼。而历史上，中国元朝在史籍中称其为 "斡罗斯"或"鄂罗斯"。中汉人直译为"罗刹"。罗刹国这一称呼直到清初仍旧存在，但清朝的统治民族是满洲族，受蒙古族影响较深，故采取源于蒙古语的间接音译，在康熙以后统一称为"俄罗斯"，并沿用至今。

13世纪时，由于封建割据的加剧，原俄罗斯瓦解，相继出现了一系列彼此缺乏联系的地区和公国。它们逐渐具有自己的语言、文化和民族特征，以至于用新的名词取代原有的旧称。罗斯西部地区开始称作"白罗斯"，也就是后来的"白俄罗斯"一词的来源。关于白罗斯一词的由来，史学家历来意见不一，主要有以下三种说法：第一种说法是13世纪初叶，罗斯地区已经出现了"黑罗斯"，白罗斯作为其对立面稍后才出现。当时，黑罗斯地区包括立陶宛人所占有的格诺德洛、斯诺尼玛、诺夫格罗德卡等地。"黑色的"一词指的是"受奴役，不自主"的意思，而"白色的"则表示"自由和独立"。故此，可以认为，之所以称该地区为"白罗斯"，是因为13世纪上半叶，该地区既未受到立陶宛封建主义，也未受到蒙古鞑靼人的入侵和奴役。后来，"白罗斯"一词逐渐扩大到整个罗斯西部地区。第二种说法是这与当地居民喜爱白色衣服有关，或是与他们皮肤颜色有关。因为他们的肤色更浅、更白。波兰有学者认为，白罗斯一词的来源，与当地居民酷爱冬日的白雪有关，认为白色是圣洁的颜色，故自称白罗斯。第三种说法是有学者认为当时人们已经将推广基督教的西部地区称作白罗斯，而把那些崇拜多神教的异教徒称作黑罗斯。

说起白俄罗斯的首都明斯克（Minsk），中国人可能还不太熟悉。20多年前，中国进口前苏联的电冰箱，就叫明斯克。明斯克史称明涅斯克，在白俄罗斯语言中原意为"进行（文明）交换之地"。明斯克这个城市的名字有以下传说：第一种说法是明斯克这一名称来源于城外一条名为"明卡"的河。在世界上有许多的城市是以山名、河名或人的名字命名。比如说：罗布泊、威尼斯、芜湖等。这是人们居住习惯的原因，在古代人们都是临水而居，这样方便生活和工作。第二种说法是在民间把城市的起源与传说中的勇士明涅斯克联系在一起：勇士有一座神奇的磨房，能把石头磨成面粉，招待不期而至的客人。同时，勇士也是个隐身人，每到半夜，就遍访各处，集合身强力壮的小伙子，安置到磨房边，城市便渐渐地由此形成。这也体现了人民有抵御外来侵略的民族意识，这与这个国家承受的磨难有关。第三种说法是认为城名来自"缅那"一词（表示互易），因为在古代，这里曾是一个交易市场，所以，这个地方先是被称作"缅斯克"，后来才改称"明斯克"。这种传说是根据地名的音译而来。

16. Belgium（比利时）——"西欧的十字路口"

比利时（Belgium），全称为比利时王国（Kingdom of Belgium），被称为"西欧的十字路口"。前57年，罗马一个叫恺撒的军事家率军征服高卢之后，向今日比利时地区继续进军，征服该地的部落。在征服该地区后，将该地区命名为比利时高卢，比利时之名由此而来。比利时高卢（Gallia Belgica）是古罗马地区的称呼，所涵盖的范围要比今天大得多，位于今日的尼德兰、比利时、卢森堡以及法国东北、德国的西部地方。

比利时的首都是布鲁塞尔（Brussels），在法语中的名字为Bruxelles，荷兰语中的名字为Brussel。布鲁塞尔在600年前后就有居民居住在那里，可以说是一座具有千年历史的古城。979年，以森纳河流域为封邑的查理公爵，选择森纳河的圣热里岛为定居点，在岛上筑起了要塞和码头，为自己修建了豪华的住所，从此这里出现了城市的雏形，当时称"布鲁奥克塞拉"，条顿语为"沼泽上的住所"之意。"布鲁塞尔"的名字，就是由此演化而来的。1000年前，布鲁塞尔这片土地还只是塞纳河边的一片沼泽地，法国国王查理在一个小岛上修建了第一座城堡，命名为"布鲁克塞尔（Broekselle）"。

17. Benin（贝宁）——"奴隶"

贝宁（Benin）原为非洲西部一个古国，14世纪前由来自伊费城的约鲁巴人建立，首都为贝宁城。Benin在16—17世纪全盛时期势力范围西起拉各斯，东抵尼日尔河三角洲。但是，这个Benin位于今天的尼日利亚范围内，并不位于今天的贝宁共和国。

在如今的贝宁共和国境内，当时存在的是另一个著名国家。13世纪初，阿贾苏维人从多哥迁入贝宁南部，建立阿拉达王国。16世纪末至17世纪初，阿拉达王国分裂为阿拉达、阿波美和波多诺伏三个王国。1625年，阿波美国王达科通过征服毗邻部落而扩展了领土。在达科的继任者乌埃格巴扎时期，王国使用Dahomey（达荷美）这一名称，定都阿波美，后来被法国所灭。1960年这个国家独立，取名Dahomey。后来该国发生政变，1975年11月30日将Dahomey改为现在的Benin。Benin得名于

17世纪初在该国南部形成的贝宁王国。

贝宁（Benin）全称为贝宁共和国，是位于西非中南部的国家，前法国殖民地。世界上只有三个国家有户籍制度，而贝宁就是其中之一，另外两个是中国和朝鲜。

首先，纠正一个错误的观点，很多对非洲历史不清楚的人都会想当然地认为如今的贝宁共和国就是由从后古典时期至近代的贝宁帝国演变过来的。但是这二者其实并不是同一个国家，贝宁帝国的原址在现在贝宁共和国东面的尼日利亚，而贝宁共和国真正的前身其实是昔日位于贝宁帝国西部的达荷美王国。

"达荷美"的名称来自其历史上的建国传说。1645年，该国王子向邻国国王达恩索要一块土地，达恩回答说"年轻的王子，你太贪得无厌了，如果我不提防，你会把房子建在我的肚子上"。该王子后来战胜达恩，在其埋葬的地点之上建立了一座茅屋，取名"Danhome Houegbe"，意为"建在达恩肚子上的房子"。后"Dahomey"一词逐渐用来称呼其周围的地区，以及整个王国。"贝宁"的国名来源于邻国尼日利亚境内的贝宁城，10世纪曾是贝宁王国首都，含义是"奴隶"。1975年，达荷美因其旧国名容易导致关于人祭和奴隶贸易的不愉快联想而改为贝宁。此外，达荷美旧称还有"奴隶海岸"之意。而其中暗含的"奴隶海岸"之意则是由于达荷美王国从事奴隶中转业务的历史长达三百多年，达荷美每个月都要向内地派出狩奴队，袭击内地村庄，将捉到的奴隶运回国内，供西方奴隶贩卖者收购或自用（活人祭祀）。由于人祭的影响，达荷美的奴隶出口量一度从17世纪末的每年2万人减少至19世纪初的每年1万—1万2千人。1810年，巴西奴隶商曾上书达荷美摄政王，要求减少活人祭祀数量，以便收购更多的奴隶。由于1807年之后英国、荷兰和法国等主要殖民国家相继宣布奴隶贸易为非法行为，达荷美王国的猎奴活动逐渐得到削弱，直到19世纪末奴隶贸易活动才得以终止。1885年，最后一艘满载奴隶的葡萄牙商船离开维达港。

贝宁国名的由来多多少少和它历史上长达几百年的奴隶贸易相关，"贝宁"不仅是要让人们记住如今的美好生活是来之不易的，更是提醒人们要时刻铭记人人生而平等，每个人都有追求美好生活的权利，前人们用其"黑色、残酷、冷血"的历史告诫我们，应该尊重每一个人，每一条生命！

贝宁首都"波多诺伏"建于16世纪末，曾是波多诺伏王国的首邑。1580年，成为葡萄牙殖民者在贝宁沿海地区贩卖奴隶的据地。波多诺伏原称阿加塞-霍格布努，葡萄牙人入侵后，发现它同葡萄牙的重要海港波尔图相似，就把这个城市命名为波多诺伏，即"新波尔图"之意。1670 年，法国殖民者入侵，继续进行惨无人道的奴隶贸易，并攫取了经营沿海地区的特权。1888 年，法国寻找借口开始武装入侵。1894 年，波多诺伏王国沦为法国殖民地，1904 年被划为法属西非洲的一个领地。当时，波多诺伏王国只是领地的一个专区，波多诺伏为该专区的首府。第二次世界大战后，整个西非和达荷美（贝宁旧称）民族独立运动蓬勃发展，法国被迫逐步承认了达荷美人民的独立权利。1958 年 12 月，达荷美成为法兰西共和体内的"自治共和国"。1960 年 8 月 1 日，达荷美宣告独立，成立达荷美共和国，首都为"波多诺伏"，而后它首都的地位一直延续至今。

既然"波多诺伏"有"新波尔图"的意思，那就不得不对比一下与波尔图的相似点了。首先，地理位置上均为国家的边缘地带，而且都是其国家的重要港口，这也从一定程度上注定了这两个城市的经济将会以对外贸易为主；其二，波尔图是兼波尔图区省会及北部大区的行政、经济与文化中心，而此时波多诺伏的地位也是与其十分接近的；其三，文化上，对于波尔图，葡萄牙的国名与波酒都源于这城市，而且其旧城区与周围产酒区是世界文化遗产区域。对于波多诺伏，贝宁在西非地区一直是文化较为发达的国家，该市及其附近地区出产的手工艺品，如铜器、木刻、骨雕、编织等独具风格，驰名国内外。所以，波多诺伏的由来的确与波尔图脱不了关系，两个城市地理、经济、政治地位及文化的相似性，也从一定程度上反映了波多诺伏（Porto-Novo）名字的由来。

18. Bhutan（不丹）——"雷龙之地"

不丹王国（Kingdom of Bhutan）坐落在喜马拉雅山南麓的崇山峻岭中，毗邻我国西藏。一条南北绵亘的山脉纵横其中，延展至南部边界。因被众多雪山阻隔，不丹隔绝于世界，成为许多人心中真正的"世外桃源"。

不丹虽然是南亚一个古老的王国，但有关其历史的记载却寥寥无几。19 世纪发生的几起大火和一次大地震，使不丹的珍贵史料几乎损失殆尽，从此不丹成为谜一样的国家。而关于不丹国名的由来，多少通晓古今的学者煞费苦心，仍是莫衷一是。

不丹（Bhutan）国名来源说法不一，其中一个说法是来自梵文，是意为"西藏"的"波特"和意为"终端"的"安塔"的合成语，表示"这个国家在西藏的终端"。不丹人民称自己的国家是"雷龙之国"，称自己是"龙的人民"。

在藏地，这里被其他藏族称为"竹域"（Druk Yul），藏语意思是"雷龙之国"，因为据说这里经常可以听到龙的叫声（其实这是雷声）。不丹地处喜马拉雅山的迎风坡，每年五六月间，印度洋季风在孟加拉湾登陆，沿山脉上溯至不丹境内后，因遇到喜马拉雅山的阻隔，霎时化为滂沱大雨。其间伴随电闪雷鸣，仿佛巨龙在云中翻腾嘶吼一般，令人震慑。而这个名字其实是 16 世纪以后才开始有的。当时西藏的竹巴噶举派喇嘛阿旺·南吉从西藏雅砻寺来不丹传经布法，他巩固了藏传佛教本门派的地位，逐步结束了各地纷争不已的局面，创立了统一的僧俗一体的中央政权，建立了政教合一的国家，成为不丹第一位政教合一的领袖，世称沙布东一世法王，在其之后确立了沙布东转世制度。于是，流行竹巴噶举派的这一地方就被称作"竹域"。

这里还被称为"瑞扎基域"（Ridrag gi yul），藏语意思是"拥有茂密的森林和多山的地形"。不丹属亚热带气候，常年潮湿多雨，植被种类十分丰富，森林覆盖率高达 72%。名目繁多的花草树木一应俱全，既有绚丽多姿的热带雨林，又有苍虬坚韧的高山寒带丛林，宛如一座天然植物园。世界上八百多个品种的杜鹃花大部分都可以在这里找到。在重峦叠嶂间，各种植物生长带垂直分布。因此不丹不仅享有"森林之国"之名，而且还有"花卉之国"的美誉。因为拥有广袤的森林，不丹处处风景如画，原始生态保持完好，再加上有很多珍稀禽鸟和野生花卉，被人誉为"地球上最后的香格里拉"。这里还有一个名字叫作"层登其匹炯"（Tsenden key pi jong），意思是"柏树之乡"，因为不丹的国树是柏树。

历史上，不丹与西藏有着密切的联系。如不丹国语"宗卡"语是由西藏的一种方言演变而成。其历法与藏式历法也大同小异。最早传入不丹并曾经盛行一时的宗教是西藏的苯教。现行国教为藏传佛教噶举派。目前不丹广泛使用的传统医药也源于藏医药学。这个国家的另一个名字——"罗炯门炯"（Lhojong Menjong），藏语意思是"南方的药材之乡"，"门"就是"药"的意思。

19. Bolivia（玻利维亚）——"玻利瓦尔"

在玻利维亚（Bolivia）建国之前，这片土地上的历史可以划分为三个时代：前殖民时代、西班牙殖民时期、争取独立时期。在前殖民时期，艾马拉人居住在玻利维亚西部，秘鲁南部和智利北部，他们这样的分布方式至今已约有 2 000 多年。13 世纪，印加帝国进入了扩张时期，它夺得了许多今玻利维亚的西部地区，玻利维亚地区在这个时期成为印加帝国的一部分。西班牙殖民时期，由弗朗西斯科·皮萨罗、蒂亚戈·德阿尔马格罗和费尔南多·德卢克率领的西班牙人发现并征服了印加帝国。

1524 年，他们第一次从巴拿马沿太平洋海岸向南航行，证实了被称为"别如"（后改为秘鲁）的存在，它是传说中具有黄金的土地。在西班牙殖民统治时期，玻利维亚所在的区域被称为"上秘鲁"或"查尔卡斯"，1538 年沦为西班牙殖民地，并受到在利马的总督区管辖。在争取独立时期，拿破仑战争期间，西班牙王室的权威减弱，反对殖民统治的情绪增长。玻利维亚历史上宣布独立可以追溯到 1809 年，但是经过 16 年的争取，才成立共和国。1825 年 8 月 6 日，玻利维亚正式宣布为独立国家，为纪念南美大陆的解放者玻利瓦尔而取名"玻利瓦尔共和国"，后改为"玻利维亚共和国"。由于玻利瓦尔在使南美从西班牙的统治下获得解放中所起的作用，人们常称他为"南美的乔治·华盛顿"。

玻利维亚有两个首都，一个是拉巴斯（La Paz），另一个是苏克雷（Sucre）。缘由是政府内部意见分歧，最后达成方案，即把总统府、议会大厦以及大部分政府机构设在拉巴斯，而把最高法院设在苏克雷，这样苏克雷只保留了法定首都的名义，而拉巴斯便成了实际上的首都。拉巴斯是西班牙人起的名字，意思是"和平"，始建于 1548 年，当时名为"圣母的和平城"。1809—1825 年，拉巴斯成为独立战争的革命中心。1827 年，为纪念结束西班牙对玻利维亚和秘鲁的殖民统治的决定性战役 —— 阿亚库巧战役，拉巴斯改名为阿亚库巧和平城，后改为现名。拉巴斯 1989 年起成为实际首都，城内保留很多西班牙风格的建筑。苏克雷位于国境东科迪勒拉山脉东麓谷地内，最早为印第安人村落，1538 年修建城市，1839 年起成为玻利维亚首都，以共和国第一任总统苏克雷的名字命名。历史上真正解放上秘鲁，成立玻利维亚的是苏克雷 —— 玻利瓦尔的战友，也是玻利维亚的终身总统，因此法定首都即命名为"苏克雷"。

20. Bosnia and Herzegovina（波黑）—— "波斯尼亚河"

世界上有些国家的国名中有"and"一字，一看就是由两部分组成的，但英国却是例外。

波斯尼亚和黑塞哥维那（Bosnia and Herzegovina），简称"波黑"。Bosnia 得名于波斯尼亚河（Bosna）。在塞尔维亚语中，Bosna 意为"寒冷"。Herzegovina 来自古高德语 Herizoge，意为"公爵"。

安提瓜和巴布达（Antigua and Barbuda）是西印度群岛国家，1493 年，哥伦布首先到达主岛安提瓜，并以在西班牙塞维利亚的著名教堂 Santa Maria la Antigua de

Seville（意为"塞维利亚年高德劭的圣玛丽"）命名。因其名太长，在使用时往往只用其修饰部分。Antigua 简单的含义是"老的、年高德劭的"。

特立尼达和多巴哥（Trinidad and Tobago），位于印度群岛最南端，由特立尼达、多巴哥两岛组成。该国有个大的海岛特产蜂鸟，不远处还有个海岛盛产烟草。在当地印第安语里，Trinidad 就是"蜂鸟之乡"，Tobago 就是"烟草"。这两个海岛在摆脱英国的殖民统治后，合成一个国家，即 Trinidad and Tobago。

圣多美和普林西比民主共和国（The Democratic Republic of Sao Tome and Principe），位于非洲西部几内亚湾东南部，因主要由圣多美岛和普林西比岛组成而得名。1470 年，两位葡萄牙航海家来到圣多美岛，先是取名为绿岛，后改今名。Sao Tome（圣多美）原是圣徒的名字。1534 年以来，这里一直是天主教流行的地方。

上述这几个国家都是由两部分构成，都是用"and"作为连接词，还有一个国家也用"and"一字。

"英国"在历史上曾被称为"England"（英格兰）。后来 England 联合 Scotland（苏格兰）组成 United Kingdom of Great Britain（大不列颠联合王国）。后来大不列颠联合王国吞并了爱尔兰（Ireland），于是国名就改成为 United Kingdom of Great Britain and Ireland（大不列颠及爱尔兰联合王国）。第二次世界大战后，爱尔兰南部 26 个郡独立，联合王国只保留北部 6 个郡，于是又改名为 United Kingdom of Great Britain and Northern Ireland（大不列颠及北爱尔兰联合王国）。

注意，"United Kingdom of Great Britain and Northern Ireland"这一国名中的"and"中文不翻译成"和"而是"及"，因为不列颠不是由两部分，而是由四部分组成，北爱尔兰只是其中之一。用了"及"字，显然两个组成部分就不是对等的了。

波斯尼亚和黑塞哥维纳（Bosnia and Herzegovina），巴尔干半岛国家，与克罗地亚、南斯拉夫为邻。首都是萨拉热窝。

波黑战争后，该国在行政及管理上被分成两个实体，其一是波斯尼亚和黑塞哥维那联邦（中文又称穆克联邦），另一是塞族共和国。"代顿协议"的签署是战争结束的标志，但该协议是在西方的斡旋和压制下签署的，是各方妥协的产物。由于波黑三方利益交织碰撞严重，协议不可能完全满足任何一方的愿望，而是在维护统一国家的基础上，尽可能地给予各民族以更大的权利。"代顿协议"为波黑制定了宪法，使波黑成为一个特殊的国家。

波黑的国名是"波斯尼亚和黑塞哥维那"，是共和体制国家，但国名中并没有共和国的字样。波黑由两个实体组成，一个是由穆斯林族和克罗地亚族组成的联邦，称波黑联邦；另一个是由塞尔维亚族组成的塞族共和国。波黑联邦占有全部波黑领土的 51%，其人口占全部人口的 62.5%，塞族共和国则占领土的 49%，其人口占总人口的 37.5%。本来三族讲的是同一种语言，但因为是由不同的民族使用，同一种语言在波黑就变成了波斯尼亚语、塞尔维亚语和克罗地亚语，且同为官方语言。波黑主席团，是波黑的集体国家元首，由三族各出一名代表组成，任期 4 年。主席团轮值主席，由三族轮流坐庄，每 8 个月轮换一次。

波斯尼亚和黑塞哥维那，由于一直没有直接使用这两个地理区域名称所代表的政治实体存在，因此国名并非政治概念。从地理及历史上来看，波黑自新石器时代就有人类居住。早期居民为伊利里亚人，该地于前 168 年由罗马帝国占领。455 年时东哥特人将该地区占领，6 世纪时东哥特人被东罗马帝国击败，现波斯尼亚和黑塞哥维那南部地区一度成为东罗马帝国的一部分。阿尔瓦人于 6 世纪和 7 世纪时开始入侵，塞尔维亚人和克罗地亚人也相继进入巴尔干半岛。在接下来的几个世纪内，该地区的一部分先后落入塞尔维亚人、克罗地亚人、匈牙利人、威尼斯人和拜占庭人手里。"波斯尼亚"，塞尔维亚语意为"寒冷"或"清澈"，这个名字最早出现在 10 世纪拜占庭帝国的典籍中，指代该地区的一个小国家。此词有可能来源于古拉丁语，也可能是古伊利里亚语（伊利里亚是巴尔干半岛的原住民，非斯拉夫人），其意思可能是"流水"。在今天，波黑境内有条河名为"波斯尼亚河"，是波黑的主要河流之一。波斯尼亚河的源头是迪纳拉山，位于萨拉热窝郊区。萨拉热窝是波斯尼亚和黑塞哥维那的首都和经济、文化中心。二战后，萨拉热窝曾是前南联盟的波斯尼亚与黑塞哥维纳社会主义共和国的首都。现在，萨拉热窝是波黑的两个政治主体之一的波斯尼亚与赫塞哥维纳联邦的首都，也是萨拉热窝州的首府。波斯尼亚河流经萨拉热窝州、泽尼察－多博伊州、多博伊取和波萨维纳州。主要沿岸城市有泽尼察、多博伊等。有人认为，该国即得名于"波斯尼亚河"。

今天，波斯尼亚地区指的是位于波斯尼亚和黑塞哥维那北部的历史与地理地区。主要位于狄那里克阿尔卑斯山脉，南部边界处在潘诺尼亚平原上，萨瓦河与德里纳河分别标示着其北部及东部边境，其面积约有 41 000 平方千米，约占波斯尼亚和黑塞哥维那 80% 的面积。波斯尼亚及黑塞哥维那之间并没有真正的边界，非正式的界线为黑塞哥维那的南部山区伊万山。

黑塞哥维那是现在的波斯尼亚和黑塞哥维那地区南部的名称，中心的城市是莫斯塔尔，面积约 11 419 平方千米，约今日波斯尼亚和黑塞哥维那面积的 20%。"黑塞哥维纳"是古高地德语，意思是"公爵之地"。该公爵指 Stjepan Vukcic Kosaca，他于 1448 年被神圣罗马帝国封为"圣萨瓦和塞尔维亚之公爵"。

萨拉热窝(Sarajevo)这个名称来自于土耳其语中的"宫殿"一词"萨拉伊"(Saray)，这也证明萨拉热窝在奥斯曼帝国统治时期是具重要地位的都市。在整个中世纪时期，萨拉热窝都是波斯尼亚省的一部分，城市的名字改为乌尔夫 - 波斯拿（Vrh-Bosna）。圣座的文件记载，1238 年教会曾在这里建设圣保罗大教堂。斯拉夫人的城塞自 1263 年到 1429 年城市被奥斯曼帝国征服的期间一直存在。奥斯曼帝国在 1450 年建立了萨拉热窝。1461 年，在奥斯曼帝国波斯尼亚州首任州长伊萨·贝格·伊萨科维奇的统治下，城市得到了巨大的发展。1461 年之后，伊萨科维奇监督了城市旧市区的建设，修建了供水系统和清真寺、带屋顶的巴扎、公众浴场和州长官邸，城市改名为"波斯纳萨拉伊"，发展为这个地区最大的都市。在这个时期，许多基督徒改宗伊斯兰教。而这一地区则被称为萨拉伊奥瓦斯（saray ovası），在土耳其语中的意思是"有宫殿的平地"。解放之后，萨拉热窝是南斯拉夫社会主义联邦共和国的波斯尼亚和黑塞哥维那社会主义共和国的首都。

21．Brazil（巴西）——"红木"

古代巴西为印第安人居住地。1500 年 4 月 22 日，葡萄牙航海家佩德罗·卡布拉尔抵达巴西。他将这片土地命名为"圣十字架"，并宣布归葡萄牙所有。由于葡殖民者的掠夺是从砍伐巴西红木开始的，"红木"（Brasil）一词逐渐代替了"圣十字架"，成为巴西国名，并沿用至今，其中文音译为"巴西"。

巴西联邦共和国（英语：The Federative Republic of Brazil；葡萄牙语：República Federativa do Brasil），简称"巴西"。"巴西"一词出自繁衍于巴西海岸的巴西红木（英语：Brazilwood）。巴西红木在葡萄牙语中称为 pau-brasil，其中 brasil 意为像炭火一样红，由拉丁语 brasa（"炭火"的意思）与后缀 -il（来自 -iculum 或 -ilium）构成。巴西红木所产生的深红色染料，引起了欧洲服装业的重视，并引起了巴西早期的商业性开发。16 世纪期间，当地原住民采伐大量的巴西红木，由欧洲商人（多数来自葡萄牙，也有一部分来自法国）销往欧洲。该地区原来在葡萄牙的官方名称为"Terra da Santa Cruz"（圣十字架之地），而贩卖红木的欧洲商人多称其为"Terra do Brasil"（Land of Brazil），这一名称最终取代了旧的官方名称。早期水手也称之为"鹦鹉之地"（Terra di Papaga）。在巴拉圭官方语言之一的瓜拉尼语中，巴西被称为"Pindorama"，此名称由当地人所取，意为"棕榈之地"。

巴西原首都为里约热内卢（Rio de Janeiro）。1502 年 1 月 20 日，葡萄牙探险家佩德罗·阿尔瓦雷斯·卡布拉尔发现了现今城市的所在地——瓜纳巴拉湾，并称该处为 Rio de Janeiro，即"一月之河"。当时他们认为海湾实际是河口。事实上，"河"是当时任何大面积水体的通称。

历史上，巴西曾先后在萨尔瓦多和里约热内卢两个海滨城市建都。为开发内地，1956 年库比契克总统决定迁都内地。1957 年，建都工程启动。1960 年，历时三年零七个月，一座现代化的都市——巴西利亚（Brasilia）在巴西内地建成。1960 年 4 月 21 日，巴西首都从里约迁至巴西利亚。

22.　Britain（英国）——"大不列颠"

就不列颠人的心态而言，他们是"岛民"。在莎士比亚《理查二世》第二幕第一场里，老约翰说得明明白白，他说：

这大自然为自己营造防止疾病传染和战争踩蹦的堡垒，

这英雄豪杰的诞生之地，这小小的天地；这镶嵌在银色大海里的宝石，

那大海就像一堵围墙，或是一道沿屋的壕沟。

从地理位置上看，英国是孤悬于欧亚大陆之外的岛国。英吉利海峡和多佛海峡把英国和欧洲大陆分开。海峡的确给英国人造成"一个英国，一个欧洲"的深厚观念。有一句格言说得好："地理创造历史。""岛国"的特殊地理位置使它长期游离于欧洲社会的主流之外。关于这一点，法国已故前总统戴高乐在 20 世纪 60 年代就有过精辟的论述："英国事实上是个岛国，以海为主，经由对外贸易和海外市场与极其遥远的国家保持联系。它基本上是个商业国，只有一小部分农业。在一切活动中，它都要显示其特色，表现出英国人固有的习惯与传统。总而言之，在民族性格、国家结构和生活环境方面，英国人和欧洲大陆人是很不相同的。"2012 年，希腊是否会退出欧元区一事被炒得沸沸扬扬。一位造词专家将英语单词"Greece"和"Exit"（退出）撮合在一起，生生地拼凑出一个新词"Grexit"（希腊退出）。与此同时，英国是否会退出欧盟又闹腾得满城风雨。于是，有人干脆套用"希腊退出"的现成例子，将"Britain"和"Exit"放在一起，"Brexit"（英国退出）也就水到渠成了。截至

2015 年末，欧盟共有 28 个成员国，英国是其中之一。但是，它既不使用已有 17 个欧盟国家使用的统一货币欧元，也不加入已有 25 个欧盟国家参加的申根签证协定。这就给人一个印象，英国在欧盟显得有些"别扭"（张兴慧，2012：4）。

不列颠人的"岛性"极强。当英格兰人主宰着大英帝国，大英帝国又主宰着世界的时候，那种傲慢无礼的表现更是尤为突出。历史上，英国曾几次被外族人入侵，不但没有被异族同化，相反却同化了入侵者。历史上，诺曼人用武力征服了英国，但是不列颠人却用自己的民族语言（English）战胜了统治阶级的语言（French）。这对于一个蒙受耻辱的"岛国"民族来说无疑是一种由衷的骄傲。

就英国的国名而言，Britain 这个名称源于前 700—1000 年一支最早移入英国的部族 Briton。英国人很有才地把 Great Britain（大不列颠）倒装成 Britain is great（不列颠了不起）。国名是这样，英国的一些城市也是如此。伦敦被称为 Great London，曼彻斯特被冠之以 Great Manchester，伯明翰被当地人称为 the big heart of England。

地名是一种社会现象，是人类社会交往的产物。它是人类社会出现以来，人们根据自己的观察、认识和需要，对具有特定方位、范围及形态特征的地理实体给予共同约定的文字代号。地名固然是符号标志，但又是一种超越时空的文化现象。从历史和文化的角度来分析，地名不仅仅是代表地理实体的一种符号，它还具有意义。地名是民族历史和文化的一部分，与人类的社会实践紧密相连。它从一开始就蕴含着丰富的文化涵义。研究发现，地名可以反映某一民族、某一地区及某一历史阶段的特征、历史史实、生存范围、历史变迁等文化内涵。地名往往还能够提供重要的证据来补充并证实历史学家和考古学家的论点。

英语中"Britannia"在古罗马帝国时期是指"大不列颠南部"，现用来意指不列颠。Britain（不列颠）＝ Great Britain，大不列颠及北爱尔兰联合王国的简称，即英国。

前 55 年，古罗马统帅恺撒渡过英吉利海峡，抵达不列颠群岛，先是将这片被其占领的土地称为 Pretani，后又改称其为 Britannia，意为"不列颠人的土地"，得名于当地居民不列颠人（属凯尔特族的一支），他们在前 8—5 世纪为岛上的主要居民。5 世纪下半叶，盎格鲁 - 撒克逊人入侵，不列颠人的一部分被消灭或同化，一部分人逃往威尔士山区或迁居法国西北部，但 Britannia 这个名字却沿袭下来，后简称为 Britain。

在英语中，Britain ＝ Great Britain；而 Great Britain ＝ the United Kingdom of Great Britain and Northern Ireland（大不列颠及北爱尔兰联合王国）。英国女王的

正式全称为：Elizabeth the Second, by the Grace of God, of the United Kingdom of Great Britain and Northern Ireland and of Her Realms and Territories Queen, Head of the Commonwealth, Defender of the Faith（托上帝之恩，大不列颠及北爱尔兰联合王国和她的其他领地及领地之女王、英联邦元首、基督教的保护神伊丽莎白二世）。

英格兰（England）是英国领土的主要部分，因此习惯上"英格兰"一词也泛指英国。England 是 Englaland 的转讹，意为"盎格鲁人（Angles）的土地"。Engla 是 Engle 即 Angles 的复数所有格形式。盎格鲁人于 5—6 世纪入侵不列颠岛，他们原住在今天德国北部一角落。Angles（盎格鲁）原意为"角落"。

英国历史上曾被罗马人占领多年。罗马占领者从不列颠撤出，宣告了占领英格兰 400 年之久的罗马帝国统治的崩溃。原来居住在西北欧的三个日耳曼部族，即盎格鲁人（Angles）、撒克逊人（Saxons）和朱特人（Jutes）乘罗马帝国衰落之机入侵不列颠。这些外来入侵者对不列颠人大开杀戒，没有杀尽的就赶到西部山区地带。日耳曼海盗的疯狂侵略遭到不列颠人的顽强抵抗，因此这一次外来侵略者对不列颠的征服是漫长曲折的，中间曾有几度较长的间歇。在经历了一个半世纪之后，直到 7 世纪初才完成。从此，日耳曼人占据了英格兰的全部领土，这便是英国历史上的日耳曼人征服（Germanic Conquests），亦称条顿人征服（Teutonic Conquest）。

由于当时 Angles（盎格鲁人）的势力最强大，早期的拉丁学者就将古英语称为 Englisc，意为"盎格鲁人的语言"。经过语言自身拼写和发音演变，Englisc 变成今天的 English。随着时间的推移，盎格鲁、撒克逊和朱特这三个部族最终融成一体化的 Angli 民族。Anglia 指他们在不列颠所占据的地盘。后来，Anglia 又演变为 Englaland，意即 the land of the Angles。再往后，Englaland 因读音和拼写的方便而简化为如今的 England，音译之"英格兰"。英国国名 England 的形成经历了一段长期演变的历史，它记录和反映了外族人的入侵和占领。英格兰在英国的经济、文化和政治方面都处于主导地位，正因如此，英格兰人有时会用 England 来指代整个英国。

前 55 年，凯尔特人与世隔绝的平静生活被罗马军团的铁蹄所打破。前 55 年夏和前 54 年夏，罗马帝国的 Julius Caesar 两次率兵入侵不列颠，但均遭到当地凯尔特人的顽强抵抗。43 年始，罗马皇帝 Claudius 率大军用了三年时间逐步征服了不列颠的中部和东南部，并建立了强有力的统治。罗马军队入侵不列颠后，在泰晤士河下游渡口筑起一座要塞，作为统治不列颠的基地，起名为 Londinium，London 之名即是从中演变而来，它是现代伦敦的发祥地。

23. Brunei（文莱）——"和平之邦"

文莱（Brunei），全名文莱达鲁萨兰国（Brunei Darussalam），又称文莱伊斯兰教君主国，在马来语中叫作 Negara Brunei Darussalam；Negara 意为"国家"而 Darussalam 意为"和平之邦"，寓意警惕，并求安定。

最早出现"文莱"的文字记载为印度史诗《罗摩衍那》。当时印度人称文莱为"耶婆毗婆"。而在我国最早见于古籍《梁书·南海诸国传》，称"婆利国"。其后，我国古籍还有许多关于文莱的记载，如"勃泥"（唐樊绰《蛮书》）、"渤泥"、"佛泥"（赵汝适，《诸番志》）、"淳泥"（汪大渊，《岛夷志略》），这些称谓，均系同名异译。直至明张燮的《东西洋考》，开始称为"文莱国"（文莱是根据福建方言音译），此名沿用至今。阿拉伯人在 17 世纪以前，称其为"坎龙"或者"穆贾"。1387 年写成的《爪哇史颂》称其为"勃如宁"。在欧洲人绘制的地图集中，最早提到文莱的是 1595 年出版的佛兰芒地理学家莫卡拓绘制的地图集。该图集称文莱为 Brunei，称全岛为 Borneo。欧洲人写的其他早期著作对该地名的拼法各有不同，如 Borney、Bornei、Brune、Brunai 等。后来，多数人采用 Brunei。现在文莱国语马来语也将其写成 Brunei。

"达鲁萨兰"一词，为伊斯兰宗教语词，源自阿拉伯文，译为"和平之地"、"安乐世界"，在马来语中意为"植物"，专指芒果（一说沙罗门果）。文莱是加里曼丹（婆罗洲）岛的古老民族。15 世纪伊斯兰教传入，建立苏丹国，阿拉伯语意为君主国。苏丹是阿拉伯语"Sultan"的音译，一译"素丹"，意为"君主"或者"统治者"。作为称号，开始于 10 世纪，但到 11 世纪才被伊斯兰教国家统治者广泛使用。Sultan 统治的国家或者地区，称为苏丹国。

文莱首都为斯里巴加湾市（Bandar Seri Begawan）。斯里巴加湾市原名文莱市，1970 年 10 月 4 日改称现名，意为"和平的市镇"。最初这里只是文莱河入海处的一片沼泽地，后来马来人陆续来此定居，形成了几十个水上村落，从 17 世纪起即成为文莱首都。

斯里巴加湾市（Bandar Seri Begawan）的英文拼写中的 Bandar 为马来文，译为"市"，这里不能省略。"巴加湾"是 Begawan 的音译，不能分割成"巴加"和"湾"两个概念，"湾"不是海湾之意。苏丹哈桑纳尔·博尔基亚登基后，为纪念其父的功业，就用父名中的尊称"斯里巴加湾"命名该地区，意为"崇高公爵的城市"或者"尊贵神圣之城"。

24. Bulgaria（保加利亚）——"保加尔人的土地"

保加利亚共和国（The Republic of Bulgaria，Република България）中的"保加利亚"，意为"保加尔人的土地"。

307 年，匈奴人西进，突然出现在里海的东方，一举打败了旺达尔人和阿兰人。在西进的途中，他们在伏尔加河和顿河的河口地区建立起王国。经过领土的扩张，仅用了六七十年的时间就发展成为一个势力强大的王国。后来由于瘟疫流行，国力衰弱，王国发生内乱而分裂瓦解。剩下为数不多的匈奴人只好向西南而下，进入多瑙河下游的平原地区。6 世纪，斯拉夫人来到当地，与由阿斯帕鲁克（Аспарух）汗率领，从黑海北岸与北高加索迁移到梅西亚的讲突厥语的保加尔人融合，产生了保加利亚人。这里原是斯拉夫人的定居地，但在 681 年，来到这儿的匈奴人却想方设法和斯拉夫人联合起来，建立起一个号称保加利亚王国的国家。

早在保加利亚王国建立以前，这些匈奴就已经有了保加尔人这个别称。因为他们和其他部族的人多次通婚，被同一语族的突厥人称为"混合"族，这一族名来源于突厥语中的 bul 一词，意为"混杂"。后来罗马人就在保加尔人的名后加上地名结尾词"-ia"（- 之国），称其为"保加尔人之国"。

首都索非亚（Sofia）是欧洲的一座历史悠久的古城，古称"塞尔迪卡"，前 8—前 7 世纪为色雷斯人塞尔迪部落所建造，迄今已有 2 800 多年的历史。罗马帝国时期，曾拥有极为重要的地位，罗马皇帝图拉真曾下令在这座城市制造罗马帝国使用的货币，是罗马帝国的要塞城市。在查士丁尼大帝时代，索非亚是拜占庭帝国的政治中心之一。809 年，索非亚成为斯拉夫保加利亚国家的一部分，是巴尔干半岛斯拉夫人的聚集区。1382 年，奥斯曼人占领索非亚，并统治了 500 年之久。14 世纪，因圣索非亚教堂而最后将城市名称定为"索非亚"，在希腊语里，"索非亚"意为"智慧"。1879 年，索非亚被定为首邑。1908 年，保加利亚脱离奥斯曼帝国宣布独立，索非亚正式成为保加利亚的首都。索非亚以花闻名，享有"花园都市"的盛名。

25. Cambodia（柬埔寨）——"果名"

柬埔寨（Cambodia），扶南为秦、汉属国。《后汉书》称为"究不事"，《隋书》

首先称为"真腊"（来自暹粒 Siem Reap 对音）。《唐书》称为"吉蔑"、"阁搜索蔑"（都是 Khmer 的对音）。宋代称为"真腊"，元朝称为"甘孛智"，《明史》称"甘武者"，明万历后称"柬埔寨"。"究不事"、"甘孛智"、"甘武者"和"柬埔寨"都是 Camboja 的对音，"真腊"、"真里富"来自"暹粒"（Siem Reap）。

"真腊"这个国名，最早见于我国《隋书》。隋王朝大业十二年（616），真腊国第一次遣使访问中国。《隋书》（卷八十二）真腊传称："真腊国，在林邑西南，本扶南之属国也。……其王姓刹利氏，名质多斯那。自其祖渐已强盛，至质多斯那，遂兼扶南而有之。"柬埔寨的历史从此进入了真腊时代。真腊王朝建立以后，便同我国历代王朝保持着密切的友好关系。《隋书》开始为真腊国立传。此后，《旧唐书》、《新唐书》、《宋史》和《明史》均有真腊传。

"真腊"是柬埔寨语的汉语译音。"真腊"的原形是柬埔寨高棉族的古称 Kamara。柬埔寨的主体民族为高棉族（我国古代译称"吉蔑"），在古代既称 Kamara，也叫 Khmer。Kamara 这个名称，虽然近现代已经很陌生，但仍然存在于柬埔寨语汇中。在柬汉词典中，Kamara 被译作高棉。其实，按其语音，"真腊"才是它的读音。这可以从广东潮州方言"真腊"二字的读音得到印证。由于柬埔寨华侨以潮州人居多数，故柬埔寨地名的汉译绝大部分是潮州音韵。"ka"与潮州音"真"相对，声虽不同，韵却接近。"mara"快读与"腊"相同。这种快读，或者说简译法，是我国人对外国人名、地名常常采取的一种音译方法。Kamara 既是柬埔寨高棉族的古称，也是柬埔寨古代的国名，正如近代柬埔寨曾一度称高棉王国一样。

至于"占腊"一名，应是 Kamara 的异译。《宋史》真腊传记载也甚明确："真腊国亦名占腊。"关于"甘孛智"和"澉浦只"，无疑都是柬埔寨语 Cambodge 的音译。我国史书指出"其国自称曰甘孛智"者始于《真腊风土记》。其后，还译为"橄浦只"、"甘破蔗"、"甘武者"、"甘菩者"等。明万历（1573—1619）后始用"柬埔寨"这个译名，一直沿用至今。

"柬埔寨"（或甘孛智）名称的由来，众说纷纭。伯希和从梵文佛经中查出在印度西北部有国名 Kamboja（甘菩遮），并从我国唐代僧人证观撰的《华严法界玄镜》中知道，"甘菩遮出于维蒲（Kambhu），绀蒲，果名，甘菩遮之妇女面似此果，故以名其国"。

关于 Khmer（吉蔑）和 Cambodia（柬埔寨）名称的中外译名也略有差异，而且有一个演绎的过程。我国古书称 Khmer 为"吉蔑"或"阁茂"，近现代华侨称高棉；泰国人叫 Khamen；阿拉伯人叫 Comar；越南人叫高蛮、高绵；西欧人译作 Khmer。这些应是柬语 Khmer 的同名异译。"柬埔寨"这个名称，在西欧译语中，先有 Kamvuja、Kambuja、Kamboja 等，现在用 Cambodia。

金边（柬埔寨首都），在柬埔寨语中被称为"普农奔"（Phnom Penh），"普农"的意思是"山"，"奔"是一位老大妈的名字。600 多年前，在四臂湾畔住着一位妇女，人们都叫她"敦奔"，就是"奔大妈"。她生活富裕，是一位虔诚的佛教徒。1372 年的一天，阴云密布，雷电交加，大雨滂沱，河水暴涨。待到雨过天晴，奔大妈到河边打水，看见一棵大戈基树在水面上盘旋。奔大妈招呼邻居，用绳索拴住大树，拖上河岸。奔大妈打水冲洗大树上的污泥时，发现树上有一个洞，里面有 4 尊铜铸佛像和 1 尊石神像。那尊神像站立着，一手握大棒，一手执法螺，头上挽着发髻。奔大妈和邻居们认为这是天赐之物，便将佛像和神像恭恭敬敬地迎回奔大妈家中，盖了一座小棚，暂时供奉起来。接着，奔大妈号召邻居们抬土把她家西面的一座小山加高，把戈基树锯成柱子，在山顶建起一座寺庙，把 4 尊铜佛像供在庙里，把石神像供在东山脚下的一个座位上，并请僧侣来住在西山脚下。这座寺庙，人们称为"奔大妈山寺"（瓦普农敦奔），如今称为"塔仔山"（瓦普农）。那个村庄，就称为"金边"（普农奔）。金边市就是在这个村庄的基础上发展起来的。

26. Canada（加拿大）—— "聚居点"

印第安文明影响着加拿大，在加拿大的诸多地名中，有很多是以印第安语命名的。加拿大国家名称 Canada 就来源于印第安易洛魁语的 kanata，意为"棚屋"或"村庄"。据说加拿大的国家名称源于 16 世纪的一次误会。1534 年，法国航海家让·卡尔切率领舰队来到北美洲。他们沿一个海湾向内陆驶去，发现岸上住着印第安人。印第安人热情地接待了他们。法国人问这是什么地方，叫什么名字。印第安人以为在问他们的村庄，便回答"Canada"，后来"Canada"就成了国名。

加拿大原为印第安人与因纽特人居住地。16 世纪沦为法、英殖民地，1756—1763 年，英、法在加拿大爆发"七年战争"，法国战败，而 1763 年的《巴黎和约》使加拿大正式成为英属殖民地。1867 年，英国将加拿大省、新布伦瑞克省和诺瓦斯科舍省合并为一个联邦，成为英国最早的自治领。此后，其他省也陆续加入联邦。1926 年，英国议会通过《威斯敏斯特法令》，承认加拿大的"平等地位"，加拿大开始获外交独立权。1931 年，加拿大成为英联邦成员国，其议会也获得了同英议会平等的立法权，但仍无修宪权。1982 年，英国女王签署《加拿大宪法法案》，加议会获得立宪、修宪的全部权力。

要想知道加拿大是怎样名为"Canada"的，我们必须回溯到 16 世纪。16 世纪时，法国人梦想发现并统治更多的疆域，以扩展他们的贸易范围，并让世界各国信奉他们的信仰。1535 年，当时的法国国王命令航海家杰克斯·卡蒂埃（Jacques Kartier）去探寻"新世界"，以求找到一条通往印度的航道。卡蒂埃尔首次探险来到了圣劳伦斯海湾。这时他并不知道会在这里发现什么，但他希望这是大洋的一个分支，并是他通往远东征程的必经之路，于是他沿圣劳伦斯河逆流而上。然而他并没有到达所期盼的亚洲，却来到了魁北克（Québek），当地的印第安人称它"Stadakona"。"Québek"原意是"峡湾"。原住民用此词来指现魁北克市处圣劳伦斯河口处。当魁北克在 1791 年被划分成上加拿大（Upper Canada）和下加拿大（Lower Canada）殖民地时，"Canada"一词首次被官方启用。上、下加拿大于 1842 年再次统一，成为加拿大省（Province of Canada）。联邦成立时，将新国家定名为 Canada。

1608 年，法国人开始在魁北克建立定居点，随即向内地扩张。1763 年《巴黎和约》签署后，New France（新法兰西）被割让给英国，讲英语的移民从新英格兰大量涌入，定居在 Nova Scotia（新斯科舍）和 New Brunswick（新布伦瑞克）一带。美国的独立战争又迫使 10 来万效忠英王的人从美国迁入。1791 年公布的法案把加拿大分为两部分，讲法语的魁北克为 Lower Canada（下加拿大），魁北克以西讲英语的广大地区统称为 Upper Canada（上加拿大）。

加拿大魁北克省说法语的人主要分布在加拿大魁北克省以及安大略省的东部，在西部的草原省份和美国缅因州也有很多魁北克人移民。他们和新布伦瑞克省说法语的阿卡迪亚人有区别。魁北克人的祖先主要是来自法国北部和西部沿海的殖民者，他们于 17 世纪来到圣劳伦斯河流域建立殖民地，故认为法国是"祖国"。

现代魁北克人属于欧罗巴人种，多为诺迪克类型和阿尔卑斯类型，相貌身材都类似法国北方人。在阿尔及利亚战争之后，魁北克成为法兰西人在海外唯一的大型聚居区，他们以自己的法国文化和魁北克法语为傲，并一直努力区别自己和其他说英语的加拿大人。2006 年 11 月 27 日，加拿大国会通过了时任总理哈珀的"魁北克人是统一的加拿大中的一个民族"（Québéco is form a nation within a united Canada）的动议（266 票同意，16 票反对）。但由于"nation"这一个名词可解作"国家"或者"民族"，故该决议至今尚有争议。

纽芬兰岛（英语：Newfoundland，法语：Terre-Neuve）意指"新寻获之地"。纽芬兰在一战后一度成为独立的国家，直到 1949 年方才放弃独立地位，加入加拿大，是加拿大最年轻的省。加拿大纽芬兰纪念大学（Memorial University of Newfoundland）成立于 1925 年，为纪念在第一次世界大战中牺牲的纽芬兰士兵而建，前身叫纽芬兰专科学校，1949 年发展为纪念大学，成为加拿大及世界著名的教育和研究中心。

加拿大首都是渥太华（Ottawa）。据传"渥太华（Ottawa）"源于印第安语，意为三条河流的交汇处。从地理位置上看，渥太华位于利多河（Rideau River）、哥提诺河（Gatineau River）和渥太华河（Ottawa River）的交汇处，因此而得名。如此说来，似乎存在一定道理，但实际并非如此。渥太华位于安大略省与魁北克省的交界处。据考证，早在 17 世纪时，北美印第安部落将此处作为皮毛、木材的交易场所。"渥太华（Ottawa）"源于爱尔冈昆语中"adawe"一词，意为"贸易、交易"。渥太华是聚居讲爱尔冈昆语的印第安人部落，他们以善于从事交易活动而闻名。

27.　Chad（乍得）——"一片汪洋"

乍得共和国（The Republic of Chad，La République du Tchad），简称乍得（或译查德，阿拉伯语：تشاد，法语：Tchad），是非洲中部的一个内陆国家，北接利比亚，东接苏丹，南接中非共和国，西南与喀麦隆、尼日利亚为邻，西与尼日尔交界。由于乍得地处非洲中心，远离海洋，全年高温炎热，且国土大部分为沙漠地区，所以又被称为"非洲死亡之心"。乍得以"乍得湖"的名字命名。"乍得"在当地语言中意译为"水"，用作湖泊的名称，有"一片汪洋"的意思。

据地质学家考证，"乍得湖"发源在古老大陆上的一个原始盆地里，最初是仅次于里海的世界第二大湖泊，一万多年来，历经地壳运动，沧桑变迁，最终成为今天的内陆湖。这个没有出口的湖泊，位于撒哈拉大沙漠与气候炎热的苏丹热带稀树干旱草原之间，理应和东非的其他湖泊一样是咸水湖，可乍得湖的含盐量只有千分之零点几，比东非各大湖泊的含盐度都低，湖区的西部和南部全是淡水，东部和北部也只是略带一点咸味。在相当长的一段时间里，人们对这种现象感到迷惑不解，因而被传成许多神话或奇谈。

乍得的首都为恩贾梅纳（法语：N'Djamena），是全国政治、商业和文化中心，也是乍政府、议会、各权力机构和司法部门的所在地。恩贾梅纳原名"拉密堡"，

1973 年改名为恩贾梅纳，意为"供行人休息的宁静树荫"。

28. Chile（智利）——"冷"

智利（Chile）这个国名和智利的起源有着不同的说法。据 17 世纪西班牙编年史作家迭戈·罗萨莱斯记述，智利的国名来源于其早期原住民印加人用一个部落首领的绰号加"Chili"（cacique），该首领在 15 世纪时统治当时的印加区域。另一说法是在秘鲁的阿空加瓜用的卡斯马谷，因为在那里有一个镇和谷的命名与"Chili"的命名相似。其他的说法认为"智利"可能来源于词义为"海鸥"或"天涯海角"的词，或从克丘亚语 chiri（冷），或 tchili（雪花）中获得其名字。

圣地亚哥（西班牙语：Santiago；或译圣地牙哥），全名为圣地亚哥·德·智利（Santiago de Chile；意即"智利的圣地亚哥"），是智利的首都和最大城市，也是圣地亚哥首都大区的首府。"Santiago"在西班牙文中即"圣雅各"之意（拉丁语原文是"Sanct-Iacobi"）。

一种说法认为"圣地亚哥"来自西班牙语的"Santiago"。在西班牙语中，Santiago 本是对圣雅各的称呼，后逐渐演化成常用的人名或地名。另外，该词在全世界范围内代表多个城市或事物。比如智利的首都圣地亚哥（或译圣迭戈）、古巴城市圣地亚哥、阿根廷二十三个省级行政区划之一——圣地亚哥-德尔埃斯特罗省、西班牙城市圣地亚哥-德孔波斯特拉、巴拿马贝拉瓜斯省首府贝拉瓜斯圣地亚哥以及多米尼加共和国的第二大城市——圣地亚哥。Santiago 还是一个常见的西班牙语人名或姓氏。

另外一种说法是它来自于西班牙语中的 San Diego。这是因为中世纪圣徒 Diego de Alcalá 被称为圣后，又被称为 San Diego。世界许多名字均源于此：美国加州第二大城市圣迭戈（或译圣地牙哥）、美国加州圣迭戈县（或译圣地牙哥县）和美国海军两栖船坞运输舰圣迭戈号。18 世纪中叶至 19 世纪初，西班牙征服者派遣一大批天主教传教士深入智利并设置传教区，因此留下了大量带有宗教色彩的西班牙语名称。"san"在西语中为"圣"的意思，以"san＋人名"的形式来命名的城市有很多：San Francisco（旧金山，亦有别名"金门城市"、"湾边之城"、"雾城"）、San Diego（圣地亚哥）、Santa Cruz（圣克鲁兹）、San José（圣荷塞）、San Bernardino（圣贝纳迪诺）、San Fernando Valley（圣费尔南多谷）、San Gabriel（圣加夫列夫尔）、Santa Ana（圣安娜）、Santa Monica（圣莫尼卡）、

Santa Barbara （圣芭芭拉）、San Luis Obispo（圣路易斯奥比斯波）等。

29．Columbia（哥伦比亚）——"哥伦布之国"

哥伦比亚本身是根据语音（英语为 Columbia）翻译而来的词汇，哥伦比亚的国名是为了纪念 1492 年发现美洲的哥伦布而命名的，它是用哥伦布（Columbus）的名字加上拉丁语的后缀"-ia"构成的，意思是"哥伦布之国"。

在英语中，很多地名，以后缀"-ia"结尾者，简直是多如牛毛。随便列举几个以 A、B、C 三个字母开头的：Albania（阿尔巴尼亚）、Algeria（阿尔及利亚）、Alexandria（亚历山大，埃及一大港口）、Arabia（阿拉伯半岛）、Armenia（亚美尼亚）、Asia（亚洲）、Assyria（亚述，文明古国）、Australasia（澳洲）、Australia（澳大利亚）、Austria（奥地利）、Babylonia（巴比伦，文明古国）、Bavaria（巴伐利亚，德国之一州）、Bohemia（波西米亚，捷克之一地区）、Bolivia（玻利维亚）、Brasilia（巴西利亚，巴西之首都）、Britannia（不列颠帝国）、Bulgaria（保加利亚）、Caledonia（卡里多尼亚，即苏格兰）、California（加利福尼亚）、Cambodia（柬埔寨）、Colombia（哥伦比亚）、Croatia（克罗地亚）、Czechoslovakia［（分开前的）捷克斯洛伐克］等，数不胜数。

这一现象，其实不单出现在英语中，大概所有的印欧语系语言，如法语、德语、西班牙语、俄语、意大利语、葡萄牙语、拉丁语、希腊语等，也尽皆如此。

"-ia"在英语中的用途并不止于地名一种。依据英语大辞典，后缀"-ia"起源于古拉丁语和希腊语，可构成多种名词，有如下用途：

（1）表示"国、地区、社区"，如 India（印度）、Manchuria（满洲）、suburbia（郊区）及上面所举各例；

（2）表示"……属植物"，如 dahlia（大丽花属）、fuchsia（倒挂金钟属）、magnolia（玉兰属）等；

（3）表示"……纲动物"，如 Mammalia（哺乳纲）、Reptilia（爬行纲）、Amphibia（两栖纲）等；

（4）表示"病、症"，如 amnesia（健忘症）、anaemia（贫血症）、hydrophobia（狂犬病、恐水病）、pneumonia（肺炎）等；

（5）构成以 -ium 或 -e 结尾的拉丁语名词的复数，或以 -ion 结尾的希腊语名词的复数，如 paraphernalia（随身用具）、atria（心房、心耳、前室、前庭）、regalia（王权、王位标志、标记、徽章）等。

圣菲波哥大，原名波哥大（Bogotá），1991 年 7 月 3 日—2000 年改名为圣菲波哥大（Santa Fé de Bogotá）。后城市名称又改回"波哥大"。1538 年 8 月 6 日，贡查洛·希梅内兹·德·奎萨达（Gonzalo Jiménez de Quesada）在原奇布查人的小城 Bacatá（意为"高的田地"）处正式宣布建立了波哥大。奎萨达以他的故乡西班牙格拉纳达的名字将这座新城市命名为圣达菲（Santa Fe），但是很快就有人在这个名字的后面加上了原来由印第安人地名衍生过来的"波哥大"这个名字，因此这座城市的全名是波哥大的圣达菲（Santa Fe de Bogotá）。

30. Cote d' Ivoire（科特迪瓦）——"象牙海岸"

科特迪瓦乱局始于 2010 年 11 月的科特迪瓦总统选举。选举结束后，时任总统巴博和前总理瓦塔拉均宣布获胜，并分别宣誓就任总统，科特迪瓦由此陷入"一国两主"的政治僵局。如果不是 2010 年科特迪瓦国内总统选举结果所引起的乱局，世界上许多人恐怕都不一定熟悉这个国家。但说起"象牙海岸"，更多的人就会想起这个原来法国的殖民地。但科特迪瓦人则非常反感其国家被称为"象牙海岸"。"科特迪瓦"（Cote d' Ivoire），法语意译为"象牙海岸"。那些说英语的人不会法语发音，所以就将其意译为英文的"Ivory Coast"（象牙海岸）。象牙海岸的英文译名在联合国大会的排名上也因此靠后了 6 个字母，一下子就把科特迪瓦排到了很后面。科特迪瓦专门就此向全世界各国照会，宣布不论你们是说什么语，科特迪瓦的国名就叫"Cote d' Ivoire"。

31. Cuba（古巴）——"好地方"

古巴，全名为古巴共和国，其国名源自泰诺语"coabana"，意为"肥沃之地"、"好地方"。1492 年，哥伦布在巴哈马群岛登陆时，听印第安人说南面有一个既大且富的"古巴岛"，古巴这一国名就是沿袭印第安人的称呼而来的。古巴岛的岛屿类型属大陆岛西印度群岛（位于美洲）。

从古巴的历史上看，古巴这个名字的由来与其丰富的资源是不无关系的。在 1492 年哥伦布发现古巴岛前，古巴岛上主要居住着印第安人。据史学家考证，那时人们已掌握农耕技术，且也正是古巴岛肥沃的土地与丰富的资源引起了西班牙殖民者的觊觎，而导致古巴在 16 世纪时沦为西班牙的殖民地。我们可以通过现如今古巴的农业推测出其确实拥有着肥沃的土壤。古巴是现今世界主要产糖国之一，被誉为"世界糖罐"。

古巴的英文为 Cuba，分明是以辅音"k"音起首的国名，却以"c"开头，这是因为古巴曾遭受西班牙殖民统治，而西班牙隶属罗曼语系，有将"k"变"c"的习惯。因此就是"Cuba"而非"Kuba"了。

古巴的首都为哈瓦那（西班牙语：LaHabana，英语：Havana）。哈瓦那建于 1519 年，从 1550 年开始成为古巴的主要城市，1898 年起成为古巴的首都。哈瓦那老城始建于 1510 年，而关于哈瓦那这个城市名字的由来倒是众说纷纭。有一说法为，哈瓦那一词来自当地原始土著居民的语言，有"大草原"、"大牧场"、"停泊处"和"小海港"的意思。它是西班牙在美洲建立的用于征服新大陆的重要基地之一。其位于古巴岛及西印度群岛的最北部，在佛罗里达海峡和大西洋上的一个保护良好的港口入口处，占据着一个狭窄的港口，把守着墨西哥湾通往大西洋的门户，战略地位十分重要。所以倒是"小海港"的意思较为贴近了。而另一个普遍被人们所认同的解释来源于一个美丽而悲伤的故事：一个美丽的印第安姑娘为了等待她出外探险的丈夫，时常登上拉富埃尔萨城堡向远处眺望，结果因思念过度而哭瞎了双眼，最后在听到丈夫的死讯后悲痛而亡。她的丈夫索托则就是那位首先发现北美密西西比河的人，而"哈瓦那"就是这位印第安姑娘的名字，人们为了纪念这位美丽的少女，于是将这座城市以她的名字命名。至今，在哈瓦那的拉富埃尔萨城堡的塔顶上仍安放着这位印第安少女"哈瓦那"的铜像。

还有一种说法就是哈瓦那来自古代印第安民族西博内部落一位酋长的名字，他叫"哈瓦内克斯"。哈瓦那虽然以一位酋长的名字命名，但古巴历史上并没有对这位酋长有过多的记载。不过想必这位酋长也是位立有丰功伟业，受到部落人民尊敬的人，因此这座城市才得以以他的名字命名。

32. Cyprus（塞浦路斯）——"爱神之岛"

塞浦路斯（Cyprus）是地中海东部的一个岛国。这个岛主要由希腊族人和土耳其族人组成，其中希腊族人占大多数。早在前 1500—前 1400 年，希腊人就已经开始移居塞浦路斯，如今塞浦路斯这个岛名和国名，就是出自希腊语。塞浦路斯这个名字的由来有两种说法：一种说法是塞浦路斯意为"铜岛"；另一种说法是，来自一个神话。

早在久远的年代，人们便在这个岛上发现了铜这种贵金属，开采铜矿也已经有数千年的历史。铜的经济价值很高，所以这个岛曾被西方国家视为聚宝盆，于是希腊人就以"铜"作为岛名。另一种说法是，塞浦路斯的名字源自希腊的一个神话。传说古希腊人尊崇 12 个大神，主管爱与美的阿芙罗黛女神就是其中之一。阿芙罗黛有一种人所看不见的武器"神矢"，人一旦被她的箭射中，立刻会在心中燃起爱情的火焰，即使天神也不例外。据说她生在塞浦路斯，所以此岛有"爱神之岛"之称。女神的别名叫库普里斯，人们以库普里斯的变称库普洛斯作为岛名，而库普洛斯又可译为塞浦路斯，这就是塞浦路斯岛名的来历。

33．Czech（捷克）——"起始者"

捷克（Czech）全称为"捷克共和国"（Republic of Czech），是一个中欧地区的内陆国家，其前身为捷克斯洛伐克，于 1993 年与斯洛伐克和平分离。

关于捷克名字的由来，大家众说纷纭，并没有一个明确的答案，而其中最有名的说法是捷克这个名字来自一个传说，这个传说甚至还被编入了捷克教科书，作为其历史的一部分，可见其还是具有一定可信度的。传说 14 世纪，一些斯拉夫人部落为了逃避战乱而寻找新的居住地。一个名叫切赫（Cech）的老者带着他的部落来到了现在的捷克，然后就定居在捷克。他的后人为了纪念他就把这位老者发现的土地称为 Cechy，也就是捷克。而历史事实和这个传说也有着许多相似的地方，这也进一步验证了其来源是经得起历史的推敲的：5—6 世纪，斯拉夫人西迁到今天的捷克和斯洛伐克地区，623 年建立萨摩公国，830 年成立了大摩拉维亚帝国，成为第一个包括捷克族、斯洛伐克族和其他斯拉夫族在政治上联合聚居在一起的国家。9 世纪，捷克和斯洛伐克两个民族同是大摩拉维亚帝国的组成部分。10 世纪初，大摩拉维亚帝国解体，捷克人建立了自己独立的国家 —— 捷克公国，12 世纪后改称为捷克王国。

而另一种相对可靠的说法则是：捷克本并不是一个国家的名字，而是一个民族 —— 捷克族的名字，意为"起始者"，后来才逐渐演变成捷克国家的国家名。最好的证明就是曾与捷克是一个国家的斯洛伐克，其由该地区斯拉夫语族的斯洛伐克人而得名。同斯拉夫、斯洛文尼亚等民族一样，都源于斯拉夫语中"slava"，意为"名望"，即"有名望的民族"，或源于斯拉夫语的"slovo"，意为"文字"，即用"同一文字的民族"。这一点是大家所公认的，而与其毗邻，历史、文化都相似的捷克很有可能也是如此命名的。

说到捷克就不得不提到它的首都布拉格（Prague）。在布拉格街道上，一对对恋人随处可见，一种浪漫的气息笼罩着整个城市。而它名字的由来同样蔓延着一种浪漫的气息。布拉格历史悠久，名字由来已无处可寻，但是美丽的传说却广为人知。它的名字由来和捷克国家名由来的传说息息相关：传说那名叫切赫的老者的女儿——莉布丝公主，爱上了一个农夫，切赫百般阻拦，却仍不能将他们分离。无奈之下只能在城中建了一个农场供他们居住，这个农场正是现在的布拉格广场。因此，莉布丝公主和她的丈夫——农夫培密索尔，正是布拉格最初的创造者，他们以培密索尔的名字命名，建立了霍什米索王朝（Přemyslid）。传说公主具有预言未来的能力（得到7世纪以前考古学发现的证实）。其中一个预言说，她预见到了布拉格的荣耀。一天，她在异象中"看见一个伟大的城市，它的荣耀能达到天上的繁星！我看见它在森林中伏尔塔瓦河畔陡峭的悬崖之上，那里有一个男人，他正在为房屋凿出门槛（prah），在那里要建起一座名叫布拉格（Praha）的城堡。王子和公爵们都要在门槛前弯腰，他们要向城堡和环绕它的城市低头。它将得到尊敬，得到人所共知的荣誉，整个世界都要赞美它"。无论这个传说是真是假，布拉格确实是以9世纪在伏尔塔瓦河右岸居高临下建造的高堡（Vyšehrad）为核心，而逐渐形成的。

还有这样一个传说：古时开始建设城市时，建筑师来到这里勘察，他遇见一个老人，正在锯木做门槛，做得异常认真、仔细，建筑师深受感动，城市建成之后，便命名为布拉格（Prague，来自德语，意为"门槛"）。最后一种说法则显得真实性更高一点：布拉格这个名称来自德语，当地称它为布拉哈，其原因是伏尔塔瓦河在这里流经一个暗礁，水流湍急，酷似越过一个门槛。而布拉格同时也正是进入中欧的一个门槛，是跨越新与旧这条鸿沟的桥梁。

34. Dominica（多米尼克）——"休息日"

多米尼克和巴哈马这两个说英语的国家分别于1973年和1978年独立，它们的正式中文名称分别为多米尼加联邦（Commonwealth of Dominica) 和巴哈马联邦（the Commonwealth of the Bahamas）。这样别扭的名称，在我国的正式出版物和官方文书中一直采用了许多年。然而，这两个官方译名是误译。英文"commonwealth"这个多义词被国人误解，除了上述脱离英国而独立的这两个西印度群岛中的微型国家，还有所谓的"波多黎各自由联邦"（The Commonwealth of Puerto Rico）和 "北马里安纳自由联邦" （The Commonwealth of the Northern Marianas）。前两个政治客体是单一制国家而不是联邦制国家；后二者是在美国联邦制度支配下行使部分内部自治职能，其本身委实无邦可联，只可指称为联系邦。此外，对 "英联邦" 和 "不列颠联邦" 中的 "commonwealth"，也不应机械地加以理解。因为它是个多义术语，表明它是一个国家联合体，由多个独立成员国组成，十分松散。这些成员国有的奉行联邦制，有的奉行单一制。总而言之，以上 5 个名称中的 "commonwealth" 有不同的含义，我们不应该把 5 个根本不施行联邦制的政治客体一概误称为 "联邦"。

The Commonwealth of Dominica 与 The Dominican Republic 虽然都是西印度群岛上的岛国，但并不是同一个岛，更不是同一个国家。The Commonwealth of Dominica 曾是英国属地，The Dominican Republic 曾是西班牙的殖民地。"Dominican" 在西班牙语中是 "星期天、休息日" 的意思。哥伦布于 15 世纪末的一个星期日到此，故名 The Commonwealth of Dominica（多米尼克国），曾译 "多米尼加联邦"，由于英语 "commonwealth" 为多义词，故改译为 "多米尼克国"。

35. East Timor（东帝汶）——"古里地闷"

东帝汶（East Timor）位于东南亚努沙登加拉群岛的最东端，是一个名副其实的岛国。它包括帝汶岛东部和西部北海岸的欧库西地区，以及附近的阿陶罗岛和东端的雅库岛。2002 年 5 月 20 日，东帝汶民主共和国正式成立。东帝汶民主共和国是 21 世纪第一个新生国家。

第一次在人类文字记录中能找到帝汶岛是在 13 世纪。目前可见最早关于帝汶岛的文字记录是由中国人书写的。对于东帝汶来说，《诸藩志》的地位非常重要，因为书中出现了一个名为 "底勿" 或 "底门" 的地名，这是帝汶岛第一次出现在文献史籍中，是帝汶岛在人类历史上留下的最初记号。中国自唐以来的高度繁荣，使人类征服大海成为可能，正是在这一历史大背景下，帝汶岛登上了历史舞台。

《诸藩志》中出现 "底勿" 的地方有两处，其一是《卷上·志国》中 "苏吉丹" 国，云："苏吉丹即阇婆之支国，西接新拖，东连打板，……其地连百花园……底勿……皆阇婆之属国也……" 另一处在《卷下·志物》"檀香" 条目，书中写道："檀香出阇婆之打网、底勿二国。三佛齐亦有之……" 阇婆古国在今天印尼的爪哇岛或苏门答腊岛，或二者兼有。苏吉丹位于今天的印尼加里曼丹岛（婆罗洲）西海岸苏加丹那港。新拖，也作"孙他"，位于爪哇岛西部；打板（《瀛涯胜揽》也称杜板）位于今天爪哇岛锦石西北的图斑。三佛齐（阿拉伯语为 Zabadj，印地语为 Sri Vijaya，因而有多种中文译法）这个名字相对陌生，但它另一个名字室利佛逝（又名佛逝、旧港），是关注东帝汶的人应该比较熟悉的，因为很多资料中都写到帝汶岛早期为室利佛逝王朝所统治。三佛齐国发源于苏门答腊巨港地区，国势鼎盛时期（9世纪左右）统治着整个马六甲海峡及附近岛屿，7 世纪末征服爪哇。以后三佛齐国与印度南部一个泰米尔国家注辇（Chola）为争夺马六甲以及克拉地峡的控制权发生旷日持久的战争，国力因而逐渐衰弱。至 13 世纪《诸蕃志》成书时，在其"三佛齐"的条目中已经找不到关于帝汶的记载了，说明至少 13 世纪室利佛逝已经不再是帝汶岛的控制者了。

汪大渊的《岛夷志略》中关于帝汶岛有相对详细的描述。帝汶岛在这本书中被称为"古里地闷"。书中写道，帝汶岛（古里地闷）在伽罗的东北面，当地山上生长着茂盛的檀木，其他树种较少。

伽罗即重迦罗，《诸蕃志》中为重迦庐，是 Jungala 的音译。Jungala 是 Surabaya 的古地名，即现在的苏腊巴亚，为印尼的第二大城市。这里是整个东南亚华人最大的聚居区，因而又还有一个汉语名字：泗水。

36. Ecuador（厄瓜多尔）——"赤道之国"

"赤道之国"——厄瓜多尔（Ecuador），是很多人所熟知的名字，顺着地球仪中间的那条线，从东往西数，与赤道相关的国家不少于 10 个，但是能够被称为赤道之国的却只有南美洲的厄瓜多尔。除了因为"厄瓜多尔"在西班牙语中是"赤道"的意思，还有一个原因是因为它的首都基多——全世界唯一一个建在赤道上的首都。

人们常说，如果你去厄瓜多尔旅游不到访赤道，就相当于你来中国没有去长城一样。因此，厄瓜多尔人对赤道的认识要比我们早很多。民间传说，早在七八百年前，印第安人在这里建立自己的王国,把太阳尊为"最高神祇"。他们经过多年的反复观察，认定基多城以北的地方是太阳一年两次经过的"太阳之路"，认为基多是地球的中心，于是最初在那里立下标志。1736 年，法国和西班牙的地理测量观测组来到这里，经过三年的测量，确定当年人们确定位置的正确性，并建立起第一座赤道纪念碑——高 10 米以褐色花岗岩砌成四方塔体，顶端树立一个时刻地球仪，其南北两极对应着南北方向，球腰围一道代表赤道白线。200 多年后，联合国教科文组织和世界测量协会对赤道线做了多次复测，发现纪念碑的位置稍有偏差。1982 年，新纪念碑由此落成。

穿过赤道有多个国家，为什么只有厄瓜多尔以赤道命名呢？这与人们对地球形状的认识有关。早在 18 世纪初，科学家对地球形状的看法不一致，有的人认为是一个圆球形，有的人认为是两端高中间扁平的扁圆体。著名科学家牛顿则认为由于地球不停地自转，所以地球赤道地区略微隆起，两极稍微扁平。当时，为了统一认识，也为了测量的需要，组织了两个科学考察组，一个到北极圈附近的拉普尼亚，一个到赤道基多附近，进行实地测量。考察组实地测量结果证明牛顿的见解是正确，这件事当时轰动世界科学界。从此，人们开始把基多地区叫作"赤道的土地"。苏克雷斯赶跑西班牙殖民者时，这里属哥伦比亚共和国。1830 年该国宣布独立时，正式命名为厄瓜多尔共和国（西班牙语中"赤道"的意思）。

除了"赤道之国"之外，厄瓜多尔还有一个名字 —— "香蕉之国"。厄瓜多尔生产的香蕉个大串多、味道甜美，畅销海外，在厄瓜多尔经济中占有很重要的地位。

除了"赤道之国"、"香蕉之国"之外，厄瓜多尔还曾被称为"石油之国"。厄瓜多尔 1973 年加入石油输出国组织，早已成为仅次于委内瑞拉和墨西哥的拉丁美洲第三大石油输出国，石油出口在其对外贸易中位于首位。

37. Egypt（埃及）——"辽阔的国家"

埃及（Egypt）全称为"阿拉伯埃及共和国"（The Arab Republic of Egypt），其国名由来众说不一：第一种说法说，埃及国名源于这一国家的古称 Ga-Ka-Pta，意为"普塔神的住宅"或"土地的守护者"。普塔神是埃及古都孟菲斯的主神，古埃及人奉为创世主或人类之父。第二种说法是其国名源于希腊文名称"Aigyptos"，前1000 年左右的希腊就已经开始使用这一名称了。该称的由来又有多种说法：一说希腊人把"Ga-Ka-Pta"误称为"Aigyptos"；一说"Aigyptos"意为"秃鹫之地"，秃鹫是该国最著名的动物之一；还有一说源于科普特人或科普托斯城（Koptos），后者为埃及早期王朝的中心；第三种说法是源于腓尼基语 Kapthor，意为"岛"（指该国为尼罗河所环绕的地区）。后来这个腓尼基称呼传入希腊，希腊人加上前缀"Ai（a）"（地方、国家），便成了希腊名称 Aigyptos；最后一种说法是阿拉伯人将埃及称为米斯尔（Misr），在阿拉伯文中，"米斯尔"表示"辽阔的国家"之意。640 年，阿拉伯人在离开阿拉伯半岛向外迁移时进入了埃及，当时埃及是一个与半岛相邻的大国。伊斯兰军队远征后，埃及归属阿拉伯帝国，于是，阿拉伯人便将埃及称为"米斯尔国"，并一直沿用至今。

埃及是世界四大文明古国之一，前 3200 年，就出现了奴隶制的统一国家。4 世纪形成封建制度。古埃及人称呼自己的国家为凯姆·特（黑色之国）或巴格·特（橄榄之国）。在分成上下两国的时代，称上埃及为"塞毛（水渠网）之国"，称下埃及为"梅胡（纸草）之国"。1517 年，土耳其人入侵，埃及沦为奥斯曼帝国的一个行省。1798—1801 年，埃及被法军占领。1882 年，英军占领埃及，1914 年沦为英国的"保护国"。1922 年 2 月 28 日，成为独立王国。1953 年 6 月 18 日废除君主制，成立埃及共和国。1958 年 2 月同叙利亚合并后，称为阿拉伯联合共和国，简称"阿联"。1961 年 9 月，叙利亚脱离"阿联"。1971 年 9 月 11 日，埃及改称为阿拉伯埃及共和国（The Arab Republic of Egypt）。

开罗（Cairo），埃及首都。古埃及人称开罗为"城市之母"，阿拉伯人把开罗叫作"卡海勒"，意为"征服者或胜利者"。

38.　Estonia（爱沙尼亚）——"水边居住者"

爱沙尼亚（Estonia）全称为爱沙尼亚共和国（Republic of Estonia）。"爱沙尼亚"在波罗的语中意为"水边居住者"。爱沙尼亚民族的先民是古代波罗的海东岸的波罗的 - 芬兰部落。大约在前 3000—前 2000 年，一些芬兰 - 乌戈尔部落从乌拉尔和伏尔加河一带北上，来到波罗的海东岸的北部地区。前 2000—前 1000 年，又有一些波罗的部落从南方进入波罗的海东岸。前者吸收了后者的成分，逐渐形成了波罗的 - 芬兰部落。

由于芬兰湾沿岸是西欧前往南斯拉夫人地域的通道，因此，5 世纪后波罗的 - 芬兰部落与东斯拉夫人的联系也随之加强。1030—1061 年，爱沙尼亚东南部曾处于基辅罗斯的统治下。此后，波罗的 - 爱沙尼亚部落开始形成一些地域性组织，到 12 世纪在西欧的史籍中已开始出现"爱沙尼亚"和"爱沙尼亚人"的称谓。

前 320 年，古希腊地理学家"皮西亚斯"用 Ostiatoi 来形容爱沙尼亚，这个词的发音与今天的国名相距不远。爱沙尼亚的现代国名（Eesti）来源于古斯堪的纳维亚人，他们称那些住在东斯堪的纳维亚的部族们为 esti。在 98 年，古罗马的历史学家塔西佗在他的著作《日耳曼尼亚志》中用了一个稍微不同的词"aestii"来形容爱沙尼亚。爱沙尼亚人自己广泛应用"Eesti"来称呼这个国家，该名称不早于 19 世纪。

"aestii"这个词可能来自于古斯堪的纳维亚语"esti"，西部斯堪的纳维亚人用这个词形容东部人群。爱沙尼亚人与芬兰人同源，其语言非常相近。作为一个小国，爱沙尼亚在历史上饱受欺凌，曾被丹麦、瑞典、波兰、俄国等列强兼并。俄国"十月革命"后爱沙尼亚独立，但二战初期又被前苏联吞并。前苏联解体后，爱沙尼亚再次独立。

爱沙尼亚首都塔林（Tallinn），旧名日瓦尔（Reval），古称"科累万"，后称"烈韦里"。塔林这个名字源于丹麦语，意为"丹麦地堡"，是在爱沙尼亚被丹麦人占领后，丹麦人所取的名字。塔林位于爱沙尼亚西北部，濒临波罗的海，历史上曾一度是连接中东欧和南北欧的交通要冲，被誉为"欧洲的十字路口"。1154年，塔林被穆罕默德·伊德里西记录在穆拉比特王朝的世界地图中，标记为"凯尔万"（Qlwn）。在东斯拉夫的年代标记为"柯里万"（Kolyvan），源自爱沙尼亚神话中的英雄"卡列夫"（Kalev）。13世纪被利沃尼亚和斯堪的纳维亚人称为"林达尼萨"（Lindanisa），改名源自爱沙尼亚的史诗英雄卡列比波艾克的母亲的名字。1291年塔林被丹麦占领，命名为其古名"日瓦尔"（Reval）。1918年爱沙尼亚独立，遂被称为"塔林"。塔林在爱沙尼亚语中有"丹麦人之城"的意味。

39. Ethiopia（埃塞俄比亚）——"混血"

说起埃塞俄比亚，人们总是会联想到山。大多数埃塞俄比亚人居住在非洲最大的山岳之上。这是一个多山的国家，以致19世纪的西方人往往把它比喻为"非洲的瑞士"或"非洲的西藏"。从其独特的风光或者从其与世隔绝的程度来看，这两个比喻都有道理。

大约30万个世纪之前，一系列猛烈的火山运动把大量的岩浆倾注到非洲大陆东部的岩层上。剧烈的地壳运动劈开阿拉伯半岛与非洲大陆，在东边的"非洲之角"（Horn of Africa）上升的同时，红海诞生了，纵贯今日埃塞俄比亚国土的东非大裂谷也初露端倪。在雄伟壮丽的东非大裂谷中，出现了现代智人的最早祖先。

埃塞俄比亚是个有着3 000年文明历史的古国。从阿拉伯半岛南部移入的含米特人是最早的居民。前975年孟利尼克一世称王。前8世纪，建立努比亚王国。公元前后，在北方的阿克苏姆建立埃塞俄比亚帝国，又称阿克苏姆王国。

所罗门王朝的正式国名是阿比西尼亚（Abyssinia），一般认为这个名字来源于阿拉伯语（Habash），意为"混血"，因为阿拉伯人把埃塞俄比亚人视为闪米特族和非洲人的混血后代。这个词后来被葡萄牙人念成"abassia"，拉丁文写成"habsesinia"，最终演变为"阿比西尼亚"的国名。13 世纪建立阿比西尼亚王国。

16 世纪葡萄牙和奥斯曼帝国相继入侵。18 世纪英国殖民者入侵。1889 年，孟利尼克二世称帝，统一全国，建都亚的斯亚贝巴（Addis Ababa），奠定现代埃塞俄比亚疆域。1890 年，意大利入侵，排挤英国势力，宣布埃塞俄比亚为意大利的"保护地"。1896 年，孟利尼克二世率兵在阿杜瓦大败意军，意大利被迫承认埃塞俄比亚独立。

古代希腊人认为非洲内地住着一种近似猿人的人，这种人叫作"埃塞俄贝斯"。希腊语中，"埃塞俄贝斯"是"晒黑"（埃特）和"脸"（俄比斯）的合成词，即"晒成浅黑色的人"之意。

埃塞俄比亚首都亚的斯亚贝巴（Addis Ababa）坐落在中部高原的山谷中。百余年前，这块地方还是一片荒野，孟尼利克二世的妻子泰图在这里的温泉旁建立一座房子，为建城之始，以后又允许贵族在此取得土地。1887 年，孟尼利克二世正式迁都于此。按照阿姆哈拉语，亚的斯亚贝巴意思是"新花之城"，为泰图王后所起。亚的斯亚贝巴坐落在群山环抱的山麓阶地上，按地形分成上下两个部分。虽接近赤道，但气候凉爽，四季如春，城市周围峰峦起伏、关山重叠。市区风光绮丽，街道随山势起伏，道旁奇花烂漫。到处可见尤加利树，苗条修长，苍苍郁郁，下垂的三角形叶子，颜色略带灰霜，远看像覆盖着白霜的竹子，是这个城市独特的景色。

40. Fiji（斐济）—— "岛屿"

岛国是指一个国家的领土完全坐落于一个或多个岛屿之上。岛国的开发程度高且与大陆国家之间的关系非常密切，甚至拥有类似的文化与政治特性。有时这样的国家其岛国地位会是种优势，除了不容易受外来势力的侵略外，尚可利用其靠海的优势成为该区域的运输与商业中心。澳大利亚可以说是此类国家里面的一个特例，虽然它距离其他的大陆很远，但却因为本身的土地面积庞大，可以被视为是一个独立的大陆，而拥有许多与大陆国家相近的国家特性。

另一种岛国则拥有与大陆国家截然不同的国家特性，除了国土面积大部分都相当小之外，有些甚至分布在广大海洋的中央，这类的国家包括巴哈马、马尔代夫、斐济等。小型的岛国欠缺天然资源与可耕地，因此很难发展出足够规模的农业与工业。

然而，近年来海外观光逐渐成为注目的焦点，给予了这些岛国能进一步发展无污染工业的机会。

以地理上的角度来说，有些岛国是以一或两个较大型的岛屿为中心，延伸国界到周围次要的较小岛屿上，例如英国、古巴和新西兰。而另一类岛国则是以一连串规模接近的岛屿组成，世界上最大的此类岛国当属印度尼西亚。除此之外，菲律宾、密克罗尼西亚也有类似分布。

并不是所有的岛国都与邻国以海为界，在某些岛屿上同时存在个两个以上的国家，彼此之间仍能以陆运连结，例如加勒比海上的希斯潘诺拉岛（Hispaniola Is.）就同时有海地与多米尼加共和国共存，而印度尼西亚与巴布亚新几内亚则共同拥有新几内亚岛。

"-land"与"is-"结合构成"岛、岛屿、孤岛"。世界上群岛的国家很多，有些国家还将"Islands"放到国名里。

The Republic of The Fiji Islands（斐济群岛共和国）是西南太平洋斐济群岛上的岛国。斐济群岛由两个民族构成，即斐济族和印度族，两族人数均等。印度族是移民，斐济族是土著。这个国家人口不足百万，在太平洋岛国中是一个经济比较发达的国家。

The Republic of Marshall Islands（马绍尔群岛共和国）是西太平洋的岛群。1788年，英国商船"斯卡巴勒"号船长马绍尔和"夏洛特"号船长吉尔伯特到此并加以勘探，后以此二人姓氏命名，北部岛群被称为马绍尔群岛，南部岛群被称为吉尔伯特群岛（即现在的基里巴斯）。

The Solomon islands（所罗门群岛）在"群岛"国里面算是个大国了，面积最大，比斐济群岛还要大。1567年，西班牙秘鲁总督的侄子门达纳，从当时西班牙人占领的秘鲁出发，寻找传说中的新几内亚附近的富庶岛屿，次年船队首先来到该群岛的圣伊莎贝尔岛，见丛林中村落座座，土人佩戴的黄金饰物金光灿灿，以为找到了《圣经》故事中所罗门国王购买黄金的 Ophir。他认为这一大群岛屿便是西班牙国王一直派人寻找、传说蕴藏着可与 Solomon 国王财富相匹敌的地方。为了使这次远征和发现能得到西班牙国王的赏识，门达纳就把这群岛屿命名为 Solomon Islands。

下列政区都没有获得独立国家地位，因此在统计国家和地区的时候一般是单列的。

Faroe Islands（法罗群岛）位于挪威、苏格兰和冰岛之间的北大西洋海域，由18个小岛组成。岛上居民绝大部分为斯堪的纳维亚人后裔，语言主要为法罗语，通用丹麦语。Faroe Islands 的多数居民信奉基督教，其首府为托尔斯港（Torshavn）。1035 年 Faroe Islands 成为挪威属地，1397 年作为卡尔马联盟组成部分，受丹麦管辖。二战期间 Faroe Islands 受英国控制。1948 起 Faroe Islands 成为丹麦的自治区。

The Islands of St Pierre and Miquelon（圣皮埃尔和密克隆群岛）是法国在北美的领地。1914 年根据《巴黎和约》，该群岛归法国所有。1946 年改为法国海外领地，1976 年 7 月改为法海外省，1985 年 6 月成为法国海外集体领地。

新西兰的属地被称为群岛的有：The Cook Islands（库克群岛），Tokelau Islands（托克劳群岛）。澳大利亚的属地被称为群岛的有：Norfolk Island（诺福克岛）。

英国的属地被称为群岛的政区也很多。例如：The Cayman Islands（开曼群岛）、The Turks and Caicos Islands（特克斯和凯科斯群岛）、British Virgin Islands（英属维尔京群岛）、Falkland Islands（福克兰群岛，阿根廷称为马尔维纳斯群岛）、South Georgia and South Sandwich Islands（南乔治亚和南桑德韦奇群岛）和 Pitcairn Islands（皮特凯恩群岛）。美国的属地有：The Virgin Islands of the US（美属维尔京群岛）、Northern Mariana Islands（北马里亚纳群岛）和 Midway Islands（中途岛）。

斐济共和国（Republic of the Fiji）是位于南太平洋，瓦努阿图以东、汤加以西、图瓦卢以南的群岛国家，由 330 个岛屿组成（一半为无人岛，而魏提岛和瓦努阿图两个主要岛屿的人口占全国的 87%）。

维提岛（Viti Levu 汤加文），斐济第一大岛。斐济首都、主要港口城市苏瓦即在该岛上。Viti Levu 即是斐济这个国家名字的由来。国家名称是源自汤加文中的"岛屿"，并且转为斐济文中的"Viti"，改为 Fiji 作为斐济的国名。

斐济于 1970 年从英国独立，1987 年发生了两起军事政变。第一次是有人不满政府由当地的印度裔垄断，第二次是要求废除君主立宪，实施共和制，以总统取代总督，其国家名称也从当时的"斐济自治领"改为"斐济共和国"。1990 年改名"斐济主权民主共和国"。1998 年再改为"斐济群岛共和国"。2011 年，恢复原国号"斐济共和国"。

苏瓦（Suva）是斐济的首都，也是斐济最大的城市。1874 年斐济成为英国的殖民地，1877 年，斐济首都由列雾卡改为苏瓦，正式成为斐济的首都。"苏瓦"的外文名是"Suva"，显而易见，它也是音译过来的。

41. Finland（芬兰）——"猎人的土地"

芬兰（芬兰语：Suomi，英语：Finland），全称为芬兰共和国（The Republilc of Finland），简称"芬兰"。

英语"land"可意指"国家"，例如：one's native land（祖国），a distant land（一个遥远的国度）。英语中有一些国家的国名就是由"XXX-land"构成，例如Thailand（泰国）。但是有些由 XXX-land 所构成的国家并不都译成"……国"，例如：Poland（波兰）、Iceland（冰岛）、Ireland（爱尔兰）、Holland/the Netherlands（荷兰）、New Zealand（新西兰）、Finland（芬兰）、Switzerland（瑞士）和 Swaziland（斯威士兰）。

"-land"，在拉丁语中系"土地"的意思，音译为"兰"，譬如：England（英格兰）、Scotland（苏格兰）、Greenland（格陵兰）等。但要注意，有些"-land"不翻译为"兰"，Iceland（冰岛）就是其中的一个例子。当初维京人（Vikings）发现 Iceland 这个岛时，全岛都覆盖着冰雪，于是就叫 Iceland 为"冰岛"。冰岛（Iceland）的名字是意译的。

Finland（芬兰）这一国名来源于瑞典语。瑞典人称其邻国为芬人（Fin）居住的地方（land）。芬兰人自称为 Suoma-laiset，称自己的国家为 Suomi。在芬兰语中，suo 意为"沼泽"，"mi"来源于"maa"，意为"国家、土地"，名称意即"湖泽之国"。芬兰境内约有 6 万多个湖泊，故有此称。

"芬兰"名称源于瑞典语，瑞典人称其为"芬人居住的地方"。还有人说源于日耳曼语，意为"寻找"，转为"游牧"或"美丽的国土"之意。据说是由芬兰语"湖泊"或"沼泽"加上"国家、土地"而成，意为"湖沼之国"。本国人称呼其为 Suomen（苏奥米），来源于芬兰多湖泊与沼泽，Suomen 意为"沼泽"，Finland 为英语的音译。

国名 Suomen（苏奥米）来源于该国最大部族名苏奥米。8 世纪时，在今芬兰境内形成 3 大部落联盟，即西南地区的苏奥米族部落、中部地区的哈梅部落和东南地区的卡班利阿部落。而后在此基础上，于 14 世纪发展为统一的芬兰民族。芬兰独立建国之后，采用三大部族当中最大一支苏奥米部族名称作为国家名称。

芬兰人的民族名称是由邻近的部族人叫起来的。芬兰人的祖先在前 5 世纪的时候，属于芬兰乌戈尔语族，这一语族起源于伏尔加河流域。他们不断向西北方向移动，公元前后迁移到现在斯堪的纳维亚半岛边缘以及东面的平原上。由于这里湖泊众多，沼泽遍地，他们便自称为苏奥米人，他们讨厌人们称其旧名"芬人"。但是，周围的部族仍旧继续把他们叫作"芬人"。

到了 13 世纪，瑞典人征服了这一地区后，在其人名后面加上"兰"（-land，意为"……之国"），把这片土地命名为"芬兰"（芬人之国）。据说，"芬兰"这一名称载入史料的最早记录是在 1229 年。现在这个国家对外就称为芬兰（Finland）。

作为地处北欧这个独特的地理位置（国土面积近 1/3 在北极圈内）的国家，芬兰既是湖泊之乡（有"千湖之国"之称），又是森林王国（森林覆盖近 70%）。

由于芬兰在历史上曾被瑞典统治达六个世纪之久，使得芬兰在语言、文化、风俗方面深受瑞典的影响。如今，芬兰语和瑞典语均为该国的官方语言。瑞典语称芬兰为 Finland。这一名字的由来应该是这样的：当芬兰人的祖先于前 1000 年自芬兰湾南岸驶至现址，周围的日耳曼民族各部落称这些外来者为"芬人"（Finn）。12 世纪，瑞典人占领这一土地就很自然地称它为芬兰（Finland），意为"芬人居住的土地"。

Finland 这一名称最早见于 1229 年的史籍中。据语言学家考证，一说"Fin"此词可能源于古日耳曼语"finden"，原意为"寻找"，转义为"四处走动"。由此可以推论芬兰的先民们可能因多半过着流动性较大的生活而得名；另说源于古斯堪的亚维亚语"finnar"一词，原意为"步行者"、"旅人"，转义为"顺着足迹行"、"猎人"，为此，"Finland"可以解释为"漂泊者或猎人的土地"。显而易见，在欧洲绝大多数属于印欧语系的国家语言中，如英语拼写为 Finland，法语为 Finlande，德语为 Finnand，意大利语、西班牙语为 Finlandia，它们都是毫无疑义地来源于瑞典语名称"Finland"，而汉语名的也是从英语或瑞典语"Finland"中翻译过来的。

赫尔辛基（Helsinki），芬兰的首都，融合了俄罗斯和斯堪的纳维亚文化，其名字没有什么特殊的意思。赫尔辛基的名字的起源也没有定论，比较流行的说法是它旁边的一条河的名字在古代时叫 Helsinga，所以把旁边的城市叫作"Helsinki"。

赫尔辛基坐落在芬兰湾北部的沿海一个半岛上，三面环水，是一座集古典美和现代文明为一体的都市。它既有欧洲古城的浪漫情调，又有充满国际化大都市的韵味。同时，它又是一座都市建筑与自然风光巧妙结合在一起的花园城市。在大海的衬托下，这座港湾城市不论是在海碧天蓝的夏季，还是白雪皑皑的冬季，总是显得美丽洁净，因而获得"波罗的海的女儿"的美称。

42. France（法国）——"自由人"

France（法国），又译作"法兰西"。法国得名于日耳曼族的法兰克人 Franks。

前 5 世纪，今法国境内大部地区为高卢人（凯尔特人的自称）所居住，所以学者将这一地区称为高卢。3 世纪末，散居在莱茵河下游一带的日耳曼族法兰克人（Franks）越过莱茵河入侵高卢。5 世纪末，法兰克一部落首领克洛维占领了北方高卢，成为法兰克王国（Frankreich）的首任国王。因此法国国名就来源于法兰克国名，Frank 在日耳曼语中原意为"自由的"，该国名即为"自由人"的意思，而今"France"是从拉丁文"Francia"演变而来的，他们很崇尚自由，在世界上法国人是最著名的"自由主义者"，"自由、平等、博爱"不仅被法国宪法定为国家箴言，而且还在国徽上明文写出。

法国首都巴黎（Paris）的历史最早可追溯到前 3 世纪末，一个凯尔特人的部落沿着塞纳河来到了西堤岛（le de la Cité），并且选择在岛上定居，他们是巴黎斯人（Parisii）。"le de la Cité"从字面上看就是"城市里的岛"。今天，"西堤岛"正是巴黎市的中心。持续了几个世纪的高卢人与罗马人的冲突在前 52 年结束，罗马皇帝恺撒·朱利安取得了胜利，罗马人统治了这一地区。2 世纪，基督教传入了巴黎。5 世纪，罗马人被弗兰克斯指挥的法国军队打败。508 年，弗兰克斯·克洛维一世国王联合高卢人成立了王国，首府设在原先被称为巴黎斯人部落的这一区域，改称为"巴黎"。古罗马时巴黎的全称是鲁特蒂亚·巴黎西（Lutetia Parisiorum），意为"巴黎西人的土地"，"Lutetia"很可能源于拉丁语的"lutum"，意为"泥土、淤泥"，延伸为"土地"的意思；而 Parissi（巴黎西）是一高卢部族的名称，该名大概源于凯尔特语的"par"，意为"船员"，即指住在塞纳河沿岸的船员、水手，或源于一个意为"边城"的词，所以连在一起就是"船员的土地"。而塞纳河是法国北部大河，自中世纪初期以来，它就一直是巴黎之河。这是因为巴黎是在该河的一些主要渡口上建立起来的，这体现出河流与城市紧密而不可分离的相互依存关系，故"Lutetia Parisiorum"就意为"巴黎人的土地"。

43. Georgia 格鲁吉亚 —— "被上帝隐藏的后花园"

世界上有 200 多个国家，共和制国家最多，还有一些王国、联邦制国家和单一制国家。有的从国名上就可以看出这个国家的国体，有的国家有着很有趣的历史渊源，有的因自己国家地理位置、生产作物以及本国的一些特色而得名。

格鲁吉亚（Georgia）曾经以"外高加索著名的度假胜地"为世人所知。格鲁吉亚被称作是"被上帝隐藏的后花园"，原因是当地还有这样一个传说：当上帝给各个民族划分土地时，贪杯的格鲁吉亚人因酒醉而酣睡，醒来时土地已分配完毕。格鲁吉亚人央求上帝重新分配，上帝问：你们到底为谁喝得大醉呀？聪明的格鲁吉亚人乖巧地回答：为了上帝您啊。上帝闻言大喜，便把自己的后花园划出一块，这就是格鲁吉亚。虽是传说，但至少告诉了我们两个事实：一个是美景，一个是美酒。作为上帝的后花园，格鲁吉亚的国土尽管多位于海拔较高处，但气候十分宜人，以首都第比利斯（Tbilisi）最为舒适。"第比利斯"这个名字在当地语里是"温暖"的意思，来源于那里的温泉，曾被著名旅行家马可·波罗誉为"诗画一样美丽的城市"。关于"第比利斯"的来历也有个故事。据说，沙皇瓦赫唐古·戈尔加萨尔在一次狩猎时，打死了一只野鸭。野鸭落进了近旁的温泉里，没想到水是滚烫的，不一会儿鸭子就被烫熟了。于是，沙皇叫来书记官并吩咐道："记下来，这个地方以后就叫第比利斯。"这座城市便因此而得名。

格鲁吉亚人称其国土为"萨卡特维罗"，称其语言为"格鲁吉亚语"，又译作"卡特维尔"。根据当地传说，格鲁吉亚人的祖先是《圣经》人物雅弗的孙子。"格鲁吉亚（Georgia）"英语由两部分组成：前缀是典型的地理前缀，指"……住的地方"，词的后部分指格鲁吉亚东部"卡特利 - 伊比利亚"的居民，源于东罗马帝国的称呼。两词合起来就是"卡特利 - 伊比利亚居民住的地方"，也就是"卡特利 - 伊比利亚"。

世界各国对格鲁吉亚的译名主要分为三种，以使用数量排列为：大部分以西欧所用名称音译；小部分以俄语音译；而以当地语言格鲁吉亚语音译甚少。西欧、北欧、北美、南美和大洋洲国家采用的译名"Georgia"有三种语源说法：第一种，使用希腊语和拉丁语的词根"农"。希腊文"γεωργος"解作"农夫"，拉丁文解作"农业的"。第二种，罗马帝国战士圣乔治（St. George）的名字。第三种，波斯帝国（前536—638年）称格鲁吉亚为"Gurjhān, Gurzhan 或 Gurjan"。

格鲁吉亚在 1936—1991 年是前苏联的一个加盟共和国，当时当地人民要学习两种语言 —— 格鲁吉亚语（母语）和俄语（外语）。俄罗斯称格鲁吉亚为"Грýзия"，是"乔治"（George）的俄语化拼法（类似"约翰 /John"和"伊凡 /Ivan"）。中文译名方面，台湾以英语音译"乔治亚"，中国大陆则以俄语音译"格鲁吉亚"。

44. Germany（德国）—— "日耳曼人的土地"

Germany（德国），曾用名为 Germania（日耳曼尼亚），本国称呼为 Deutschland（德

意志兰）。"德意志"非英语音译，而是德语音译。日耳曼人自称 Deutsche，称其国家为 Deutschland。Deutsche 来自古高德语"thiude"，意为"人民"，"land"意为"土地"。Deutschland 意为"日耳曼人的土地"。Germania 是拉丁语"日耳曼人的土地"的意思。

"德意志"是德国人的自称，欧洲国家对它的称呼却花样繁多。其中，"日耳曼"就是英语的叫法。公元前，散居在西欧各地和不列颠群岛的凯尔特人，把居住在波罗的海沿岸和北海沿岸的邻居称作"german"，音译为"日耳曼"，意译为"森林中的居民"。后来，罗马帝国继承了凯尔特人的称呼，把波罗的海海滨的居民叫作"german"，并把那个地区叫作"Germania"，意思就是"日耳曼人（森林中人）居住的地区"。以后，英语也借用了这个名称，只是词尾改为"Germany"。而直到现在，意大利人和罗马尼亚人仍把德国叫作"Germania"。此外，其他欧洲国家，如西班牙称它"Alemania"。

德国全称为德意志联邦共和国，英文即为"The Federal Republic of Germany"，然而在德语里，德国人一般称自己的国家为"Die Bundesrepublik Deutschland"。日本与韩国旧时对德国的国名汉字写法，都是"独逸"，日文写作"どいつ（独逸，Doitsu）"，韩国字写作"독일（獨逸，Dokil）"。在法语、西班牙语和葡萄牙语中，德国分别被称为"Allemagne"、"Alemania"和"Alemanha"。这是承袭过去称呼由日耳曼人一支的阿勒曼尼人创建的独立国家的旧称。中国和日本现在多用德意志称呼德国。

Germany 中文直译为"日耳曼"，与"德意志——Deutschland"有所差别。德国在地理位置上是古代日耳曼人的一支——条顿人居住的地方。古罗马帝国时期，罗马大帝尤利乌斯·恺撒以日耳曼尼亚称呼莱茵河右岸的各个部落，即称这块土地为"Germania"，这个词被用来指代日耳曼人的土地。当时的古罗马有两个 Germani 省，Upper 和 Lower。英国也曾经被罗马帝国统治，很多地方的称呼都有罗马的影子，例如 Britain——不列颠，就是由罗马行省 Britaina 变来的。另外，在另一种说法里，Germany 也可能是来源于"germani"这个词。Germani 词意丰富，可以翻译成邻居。另外有一种说法，germani 也可译为"嘶叫者"，由日耳曼人作战时发出的可怕叫声而得名。同时，germani 也有"山地人"的意思，雅利安的词根"gara"或"gari"指的是山。

"德意兰"（Deutschland）一词，与"日耳曼"（Germany）一样同样是由外人所给予的。据说"德意兰"（Deutschland，德意志人的土地，起初为 diutisciu land）一词源自于"Deutsch"，由古高地德语"diutisc"演变而来。diutisc 意思是"大众的，指属于 diot 或 diota 人的"，最早史见于 8 世纪，是生活在法兰克王国东部的古老部落和部族所讲的方言。该词用以区别源自拉丁文及罗曼语族的地方话。"diutisc"一词依序来自原始日耳曼语的"þiudiskaz"（大众的），"þiudiskaz"又来自于"þeudō"，"þeudō"又承继自原始印欧语的"tewtéh"（人）。

860 年，第一位姓名可考的日耳曼诗人 Otfried 在其拉丁文写的一部方言著作中，提到了"theodiscus"，说这是法兰克方言。到了 12 世纪，"theodiscus"的含义才扩大到包括部族民的意思。另外，从 9 世纪以来，还出现了另一个称呼这些部族民的词"teutonicus"，这是从条顿人一词派生出来的，并在很大程度上取代了"theodiscus"。有一种可能性是由于这些部族民中不少是条顿人后代的关系，或者是他们仰慕条顿人的英勇，后来这些拥有共同语言的部族民就把自己的部落和人民称为"teutsch-deutsch"，即"德意志"了。

柏林（Berlin）是一个很古老的城市。这里最初是易北河东北的一片沼泽地，有西斯拉夫人部落的两个聚落点，名字分别是柏林（Berlin）和科恩（Cölln）。直到12 世纪，日耳曼人驱逐了定居在这里的斯拉夫人后，才在施普雷河畔建立两个村镇，并且沿用了其斯拉夫名字。柏林在 1237 年建成，位于施普雷河东岸，是商人的聚居区，科恩位于施普雷河西岸，是渔村。1307 年，柏林和科恩合成为一市，名字定为"柏林"，在阿斯卡家族的统治下成为重要的商业中心。有说法认为该名字起源于神圣罗马帝国艾伯特·冯·熊伯爵（Albert von Bear, 1100-1170）。一说起源于文德语"Berle"，意为"荒地"。还有说法认为起源于条顿语"Bruehl"（沼泽）或"Brljina"（水池）。

45. Ghana（加纳）——"黄金海岸"

加纳共和国（The Republic of Ghana）的国名实际上是沿用古时的一个王国的名字，这个王国由于盛产黄金，所以又被称为黄金国度。但是"加纳"一词具体的含义并没有被明确地论证出来，现在的加纳共和国是沿用了古时在加纳地区的强大王国的国名，历史上曾先后被葡萄牙、英国、荷兰等国家殖民，因其丰富的黄金储藏，被冠以黄金海岸之名。

"加纳"起源于古时强大的加纳帝国。加纳帝国，或称加纳王国，非洲一古代黑人王国，中心约在尼日河中上游地区。加纳帝国的强盛时期约在 9—11 世纪，统治着撒哈拉沙漠以南的西非地区。因为一度垄断了西非的黄金交易（后来被马里帝国取代），日常生活又几乎都与黄金有关，加纳帝国又被称为"黄金国度"。

被称为"黄金海岸"的加纳虽然只有 23.8 万平方千米，但自然资源丰富，主要有黄金、钻石、铝矾土、铁、锰等矿产资源。其黄金储量估计为 17.5 亿盎司（1 盎司＝28.3495 克），已探明储量约为 985 吨。该国是除南非之外，非洲第二大黄金生产国。

1471 年，葡萄牙殖民者入侵，发现这里黄金矿藏丰富，称之为 Mina（米纳），意为"矿藏"。葡萄牙入侵者在此掠夺黄金，因此沿岸被称作黄金海岸。1901 年，该地沦为英国殖民地，被称为"黄金海岸"（Gold Coast）。

Ghana（加纳）本来是非洲西部著名的古代大帝国，为西苏丹索宁克人建立。其版图包括西非尼日尔河上游和塞内加尔河流域，盛产黄金，后被 Mali（马里）帝国所灭。Ghana 是对这个国家的君主的称呼，意为"最高统治者"。但是今天的国家 Ghana（加纳）与这个古国没有任何继承关系，也不在同一个地方。今天的 Ghana（加纳）地处西非南部，濒临 Guinea（几内亚）湾。16—19 世纪，欧洲人在这块海岸大肆掠夺黄金，于是将此地命名为 Gold Coast，意为"黄金海岸"。"黄金海岸"独立后，将国名改为 Ghana（加纳）。

地名的命名通常反映命名时代的特征，可以说每一历史时代都有反映该时代特征的地名。英国殖民地的"Gold Coast"（黄金海岸）1957 年独立后改名为"Ghana"（加纳），就标志着该国殖民时代的结束。

46. Grace（希腊）——"希伦人居住的地区"

"希腊"一词，在希腊文中意为"希伦人居住的地区"。古代最初是指塞萨利亚地区的一小块土地，后扩至中希腊，直至希腊全境。古时候，希腊人自称为亚该俄斯人或达那俄斯人，后来改称为希腊人（Greek），称自己的国土为希腊。希腊是欧洲的文明古国，前 5 世纪为全盛时期。后来先后被罗马帝国、拜占庭帝国和土耳其帝国统治。1929 年土耳其承认希腊为自治公国。1830 年希腊宣布独立并成立希腊王国。1973 年 6 月废除君主制，改为共和国。1974 年 12 月公民投票确立国家政体为共和制。

雅典（Athens）是用智慧女神雅典娜的名字命名的历史古城。相传希腊古时候，智慧女神雅典娜与海神波赛顿为争夺雅典的保护神地位，相持不下。后来，主神宙

斯决定，谁能给人类一件有用的东西，城就归谁。海神赐给人类一匹象征战争的壮
马，而智慧女神雅典娜献给人类一颗枝叶繁茂、果实累累、象征和平的橄榄树。人
们渴望和平，不要战争，结果这座城归了女神雅典娜。从此，她成了雅典的保护神，
雅典因之得名。后来人们就把雅典视为"酷爱和平之城"。

47. Guatemala（危地马拉）——"森林茂密的土地"

危地马拉共和国（Republic of Guatemala）的国名，来源于其首都名（危地马拉城）。

该国名是由当地土著名称"Cuah temallan,cu auh"转化而来的，原意是"腐烂的
树木"，后转意为"森林之地"、"森林之国"。因该国古时山林面积占全国土地
面积的 2/3，或因其首都周围有许多当地纳华语称为朽木的林木，故而得名。危地马
拉是古代玛雅人民住的地方之一，现保留有许多玛雅文化遗迹。

首都危地马拉城（Guatemala City）是危地马拉最大的城市。危地马拉城在南部
火山区的高原上，海拔 1 493 米，气候却异常温和，终年鲜花盛开，绿草如茵，季节
变化小，故有"常青之城"的美称。

48. Guinea（几内亚）——"黑人居住的地方"

几内亚共和国（The Republic of Guinea），简称几内亚，位于西非，西濒大西洋，
西北与几内亚比绍相接，北与塞内加尔、马里接壤，东南与科特迪瓦交界，南与利
比里亚和塞拉利昂相连。首都为科纳克里（Conakry）。

几内亚在有史记载之前就有人居住，最早在沿海定居的是巴加（Baga）人。约
在 3 世纪，在巴马科（Bamako）和西吉里之间的两个曼德人国家，沦为加纳王国的
附庸。

关于"几内亚"一词的来源说法并不统一，大体上共有三种说法：

第一种说法是，"几内亚"来源于几内亚苏苏族"几内（Guinee）"的谐音。几
内亚比绍（Guinea Bissau）濒临几内亚，首都比绍。为与几内亚区分，取名为几内亚
比绍。赤道几内亚（Equatorial Guinea）位于赤道线上，另外地处几内亚湾，因此得名。
巴布亚新几内亚，地处大洋洲，和非洲等国没有多大关系，早期葡萄牙殖民者到达后，
用马来语来命名。

第二种说法是，当来自欧洲的法国航海家首次在现今的几内亚博发省的费尔加

角登陆时，他们首先遇到一名当地的妇女，航海家问她这是什么地方，这位妇女不懂法语，她表现得异常惊慌，用土语说了几声"几内"，表明自己只是个妇女（"几内"一词来源于几内亚苏苏语，表示"妇女"的意思），什么都不懂，让他们问男人去吧！可是这群欧洲人也听不懂当地的土话，误认为这个地方就叫作"几内"，于是这个便迅速传开了，一直流传到今天。中文的"几内亚"，是从英文中翻译过来的，这一词在法语和葡萄牙语中都翻译成"几内"，而不是"几内亚"。

另一种说法是，在非洲西部大西洋沿岸有三个国家，这三个国家的名字都是以几内亚的名称命名的，他们分别是几内亚（Guinea）、几内亚比绍（Guinea Bissau）和赤道几内亚（Equatorial Guinea）。而关于这个几内亚名称的来源，是指在古代马格里布地区柏柏尔人（Berber）对撒哈拉沙漠以南的黑人居住地区的专称，在柏柏尔语中意思是"黑人居住的地方"。几内亚的首都是科纳克里（法语为 Conakry 或 Konakry）。科纳克里在几内亚苏苏语中是"去海那边"的意思。

49. Haiti（海地）——"山地"

在西印度群岛中，有一个岛国，它的名字叫海地（Haiti）。海地原居住着印第安的土著部落阿拉瓦克人，西班牙把该岛据为殖民地，开始种植甘蔗，由于殖民者的奴役、屠杀以及由其带来的天花，阿拉瓦克人在岛上绝迹。于是，西班牙人从非洲运来黑人充当奴隶。欧洲列强都想把它据为己有，当时是资本主义扩张的时期，也是黑暗的原始资本积累时期。当岛上的土著几乎绝迹之后，西班牙就放弃了这个岛。于是欧洲许多人就向伊斯帕尼奥拉岛移民，其中法国人占多数，因此法国就霸占了这个岛。这个岛成为了法国的殖民地，法国将其改名为"圣多明克"。法国人在这个岛上统治的残暴程度和西班牙殖民者相比是有过之而无不及。哪里有压迫哪里就有反抗，因此，法国长期残暴的殖民统治最终导致海地革命的爆发。当时，法国国内正在进行法国大革命，加上白人与混血人种之间矛盾激化，所以法国政府无暇顾及法国的殖民地的统治，长久以来受压迫的黑人奴隶就乘此机会抓紧反抗，最终获得了独立，并建立了"海地"。

"海地"在英文、西班牙文和法文中都是"Haiti"，但是在法文中发音为 [a.iti]。多山，是海地最突出的一个特点，海地全境 75% 是山地，所以叫海地这个名字是很形象的。海地的名字几经变迁，从伊斯帕尼奥拉岛到圣多明克，无不打着殖民统治的深深的烙印，因此，最终独立的时候选择以海地自身的地理特点作为名字，也反映了殖民地人民对于殖民统治的深恶痛绝，以及能够摆脱殖民统治的激动与喜悦。

在 1697 年的《鲁格维克条约》中，该岛的西半部被划为法国殖民地，当地的印第安人把岛的西部叫作"山地"，1804 年，海地（山地）宣告独立，成为世界上第一个黑人共和国。海地的首都是太子港。相传在殖民时代，海上刮起风暴，一艘法国"太子号"轮船驶进港口后平安无事，后来人们便以这艘轮船的名字命名它为太子港（Port-au-prince）。太子港始建于 1749 年，1770 年取代海地角成为法属圣多明克殖民地首府。1804 年海地独立，太子港成为首都。

50．Holland（荷兰）—— "森林"

Holland 一词并不是"荷兰"正式的国名，它的正式名称应为 "The Netherlands"。The Netherlands（荷兰）这个国名比较特殊，它在国际上的官方名字叫 Netherlands，但是其中文的官方称呼却是"荷兰"。Netherlands 意为"低地之国"，因为这里大部分国土都在海平线之下，很多土地都是由围海造田形成的。1580 年，Netherlands 北部摆脱了西班牙的殖民统治。北部 13 省联合起来，组成了"联省共和国"。其中，13 省之最发达的 Holland 省在全世界以从事贸易闻名，久而久之，人们便以 Holland 代指整个国家。

"荷兰"在荷兰语中称 Nederland，Nederland 由 "neder"（低地的）和 "land"（国家、土地）组成，意为"低地的国家"。荷兰全境为低地，约有 1/4 的土地低于海平面，1/3 的土地海拔不到 1 米。历史上 Nederland 还包括今天的比利时、卢森堡。至今，荷兰、比利时、卢森堡皆称低地国家，故英语习惯用复数并在前加冠词即 The Netherlands。欧洲许多国家习惯用 The Netherlands 称呼 Nederland。历史上这个国家还曾叫过巴达维亚共和国，这个名称来自居住在尼德兰地区的巴达维亚民族，不过它使用的时间不长，只在 1795—1806 年作为荷兰的国名。

关于荷兰（Holland）国名的由来，有两种主流说法：一个是："荷兰"（Holland）是从日耳曼语"霍特兰"一词演变而来。"霍特"意为"森林"，"兰"意为"土地"或"国家"，合起来就是"森林之地"的意思。因为古代这里林木参天、绿茵遍地。另一个说法是：由丹麦语 "hollant" 的拼写演变而来，是"潮湿"之意。荷兰（Holland）原为省名，指今荷兰多德雷赫特及其附近地区。16 世纪，为反对西班牙的统治，荷兰联合周围几个省，组成"尼德兰联合省"，而荷兰是最重要的一个省（州），在政治、经济方面都处于领导地位，于是，人们逐渐将"荷兰"和"尼德兰"等同起来，后来"荷兰"就成了这个国家的代称。但是在国际、外交正式场合，还需用"尼德兰"这个国名。

荷兰的正式国名为 Koninkrijk der Nederlanden（荷兰语）。中文所称的荷兰（Holland），严格来说，是指尼德兰王国中一个地区的名称，也就是北荷兰省与南荷兰省两地的合称。在七省联合王国时代，"荷兰"（Holland）是其中土地最大、人口最多的地区，因此被用来代指荷兰王国整体。这是一个常见的俗称，可用于非正式场合中，但在其国内不一定被广为接受，特别是对来自其他省份的居民来说，使用荷兰来称呼他们的国家，并不礼貌。在正式场合中，则使用其正式国名——Nederlanden，英语是 The Netherlands。

阿姆斯特丹（Amsterdam），华人有时也称其为"荷京"，是荷兰首都及最大城市。"阿姆斯特丹"这个词最早于 1275 年 10 月 27 日被记录在册。当年，荷兰伯爵弗洛瑞斯五世免除了通过这座大坝的费用。史料将最早居住在大坝周边的居民叫作"homines manentes apud Amestelledamme"。1327 年，这个名称演化为"Aemsterdam"，英语为"Amsterdam"。

51. Hungary（匈牙利）——"人之裔"

匈牙利人在不同时期有不同的叫法，拜占庭人称其为突厥人（Turk），保加尔人称其为巴什基尔人（Bashkir），斯拉夫人称其为乌古斯人（Onoghur、Oguz）。近代以来，西欧人将"Onoghur"译成拉丁语"Hunganrian"，才有了匈牙利人的称谓，沿用至今。也就是说，匈牙利是西欧其他民族对它的叫法。实际上，匈牙利人自称马扎尔人（Magyar），称匈牙利为"马扎尔奥尔萨格"（Magyarország），称其语言为马扎尔语。

关于匈牙利人的起源，长期以来在国际学术界甚至在匈牙利历史学、人类学、语言学、考古学及音乐学等学界一直存有争论。据匈牙利史学家的总结，在匈牙利，有学者认为中亚西亚是匈牙利民族的摇篮，也有学者认为西伯利亚是匈牙利民族的起源地，不过较为普遍的看法是：匈牙利民族最早起源于伏尔加河区，在卡玛河和别拉雅河与乌拉尔山脉环抱的地带。匈牙利语言学家认为，匈牙利语属于芬兰 - 乌戈尔语系，与其语言亲缘最为接近的是现今居住在乌拉尔山脉的乌戈尔人，他们的具体位置难以确定，只能靠推定，可能是欧亚大陆、乌拉尔山附近的某处。匈牙利音乐学家巴托克和中国音乐学家杜亚雄通过考察匈牙利民歌则认为，"匈牙利人和其他芬兰 - 乌戈尔民族（即芬兰人和鄂毕乌戈尔人）没有一种共同的古老音乐传统"，"匈牙利民间音乐最古老的结构迄今被发现与安那托利亚土耳其民歌和今生活在中国北部的多个少数民族的音乐遥相符合"。这种观点的出现使得匈牙利人源起问题变得更加扑朔迷离。甚至，还有匈牙利文化人类学家认为，9 世纪的匈牙利人在文化上是土耳其文化，而且被他们的同时代人认为是土耳其人或匈奴人。更有甚者，他们的人种结构显示出很强的中亚因素，不同于鄂毕河乌戈尔人（汉迪人和曼西人），即乌拉尔亚种人。需要注意的是，这个时期的匈牙利人已经过上了定居生活。

可见，匈牙利人与芬兰 - 乌戈尔语族有语言上的亲属关系的这一说法并无太大争议，但他们之间是否具有文化或种族方面的姻缘则难以断定。换句话说，匈牙利人的语源得到了一致认同，但该民族的种族和文化源起，或者说匈牙利人定居以前的具体位置仍没有定论。

1989 年 10 月 23 日起，"匈牙利人民共和国"更名为"匈牙利共和国"。2012年该国颁布新宪法，将国名"匈牙利共和国"改为"匈牙利"。

关于匈牙利国名的释义，第一种说法是，匈牙利"Hungary"的词根是"Hun"（匈）为种族名，后缀"gary"（牙利）为"子孙、后代、后裔"之意。匈牙利即匈人之裔。匈牙利简称"匈"，中国古代少数民族——匈奴，在中国史书上也简称"匈"，二者名称完全相符。第二种说法是，10 世纪，居住在匈牙利的马扎尔人开始入侵法兰克王国。在法兰克王国居民眼里，马扎尔人就犹如侵袭他们祖先的匈奴人，他们骑着烈马，从东方的草原蜂拥而来，四处抢掠。人们充满恐惧，把这个骑马的民族称为匈牙利（Hungary），并以此作为国家名称。

第三种说法是，公元前原生息在乌拉尔河流域的一些部落，在匈奴人的压力下，通过南部俄罗斯到达并定居于此。当时有七个部落，其中最强大者为马扎尔人，故七部落总称马扎尔，意为"当地人"。匈牙利人也自称为"马扎尔"，而外人则称之为匈牙利。

"Hungaria"为拉丁文，最早见于 10—11 世纪法国和意大利的著作。在匈牙利的公文中，始见于 1137 年。从词源学看，"Hungaria"与德语"Ungarn"、法语"Hongrie"等含有同一个土耳其词根"Onogur"（氏族名，意为"十部落"）。马扎尔人属芬兰乌戈尔族，"Ugor"（乌戈尔）也是由"Onogur"变来的。

该国首都布达佩斯（Budapest）的历史始于 896 年的马扎尔人。他们最初聚集在多瑙河东岸，并给自己的城市取名"佩斯"（Pest）。13 世纪，国王贝拉（Bela）即位后，在对岸山顶建造了一座"城堡式皇宫"，随后围绕皇宫出现了第二座城市"布达"（Buda）。布达本身分为布达和老布达，古朴静谧的布达和老布达位于整个城市的西部，多瑙河以东的平原上是佩斯，它占全市面积的 2/3。1831 年，匈牙利伟大的改革家 Szechenyi Istvan 伯爵将隔河相望的"双子城"命名为"布达佩斯"，为城市奠定了发展基础。

52. Iceland（冰岛）——"不冰"

冰岛（Iceland）位于北纬 63°24′ 和 66°33′ 之间，紧贴北极圈。然而，"冰岛"却并不"冰"，海湾暖流环绕全岛，即使最冷的冬天也比世界上任何同纬度的地方暖。那么它为什么又叫冰岛呢？

一种说法是冰岛国名同移民有关。从 800—930 年的一百多年间（历史上称为"定居时期"），大批斯堪的那维亚人和一些爱尔兰人、苏格兰人陆续移居冰岛，当满载移民的船只靠近冰岛南部海岸时，人们在一片雾茫茫的海岸上看到一座巨大的冰川，它连绵无亘的冰原雪岭便是这块土地给定居者的第一个印象。因此，人们很自然地把这块新发现的处女地称为"冰岛"。

还有一种说法是冰岛的国名产生于"定居时期"的后期。那时，全冰岛的富饶地区几乎都已有人定居，人们不愿再有更多的移民涌来这里，因此就给它起了一个吓人的名字——"冰岛"。而给冰岛西北面的一个冰雪覆盖的大岛取了一个十分动听的名字——"格陵兰"（Greenland），即"绿色的土地"，以便把移民吸引到那里去。

冰岛史书记载的却是另一种说法。在"定居时期"以前，曾有一位挪威探险家带着畜群在一年夏天来到冰岛。当他一踏上这块土地上时，立刻就被这里美丽动人的景色吸引住了。他放开牲口，任其随意吃草。而他自己则一心一意地捕起鱼来。当漫长的冬季来临时，他的牲畜因找不到饲料而大量死亡，他自己也因这里茫茫的大雪和漫漫长夜而终日苦恼。第二年一开春，在他离开该岛之前，看到冰岛西部海湾里挤满了从北冰洋漂来的浮冰。因此他把这块给他带来不幸的海岛称为"冰岛"。由此，冰岛这个名字就流传开来。

冰岛上有多座火山，几乎整个国家都建立在火山岩石上。1963—1967 年，在西南岸的火山活动形成了一个约 2.1 平方千米的小岛。因此冰岛以"极圈火岛"之名著称，共有火山 200—300 座，其中有 40—50 座活火山。

有火山自然就有温泉，冰岛温泉的数量是全世界之冠，全岛约有 250 个碱性温泉，最大的温泉每秒可产生 200 升的泉水。不仅如此，冰岛多喷泉、瀑布、湖泊和湍急河流，最大河流锡尤尔骚河长 227 千米。因而冰岛有"火山岛"、"雾岛"、"冰封的土地"、"冰与火之岛"等美称。

雷克雅未克（Reykjavik），是冰岛首都和第一大城市。在冰岛语中"雷克雅未克"意为"冒烟的城市"。这个名字源于发现者的命名，9 世纪，斯堪的纳维亚人乘船驶近冰岛，他们站在船头向岛上眺望，看到远处的海湾沿岸升起缕缕炊烟，以为前面一定有人居住，于是便把此地命名为"雷克雅未克"，意即"冒烟的海湾"。事实上这里根本没有农舍炊烟。他们所见到的烟是因岛上散布着许多温泉、间歇泉，它们不断地喷出股股水柱，使人误认是冒烟。受海洋的影响，雷克雅未克的气候比较温和。这里的 7 月份平均温度为 11 度，1 月份为零下 1 度。由于地热资源非常丰富，地区温泉很多，冰岛人早在 1928 年就在雷克雅未克建起了地热供热系统。市内铺设了热水管道，为市民提供热水和暖气，热水到用户家中还能达到 90 度的温度，因此整个城市很少使用煤，地热为城市的工业提供了能源，在这里看不到其他城市常见的烟囱。空气清新、无煤烟困扰，由此该市得到一个美称——"无烟城市"。

53. India（印度）——"婆罗多"

历史上，中国对印度的称呼几经改变。西汉译为"羌独"（汉语拼音：qiang dú），东汉称它为"天竺"。唐代玄奘则仔细探讨了天竺的名称，放弃了"天竺"、"身毒"、"贤豆"这些名称，而根据当地发音，称其为"印度"。而"天竺"、"身毒"、"印度"等译名皆源于印度河的梵文名，其波斯语变音为"ودنہ"（Hindu）、希腊语变为"Ἰνδό"（Indu），龟兹语 Indaka。今日汉语音韵学研究发现，"竺"在古代就读作"du"，豆可读"du"（ou 音与 u 音转变），而"天"、"身"、"贤"除声母不同外，韵母（en 和 an）是可以相互转化的，如限、垠、根、恨。

印度人自称婆罗多。印度曾有过很多国名，对同一名称的来历，也众说纷纭，莫衷一是。根据耆那教传说，教祖里施波德沃的长子叫"波勒德"，他是一位威望很高的国王，因此他的国家便以波勒德的变音"婆罗多"命名。又据《往世书》记载，包勒沃王朝著名国王杜施因德的儿子叫"波勒德"，擅长武功，在继任国王期间，打败了许多雅利安人小王国。《梵书》中曾记载其武功。由于波勒德的原因，其后裔一直被认为是"婆罗多",国祚甚长。因此这个国家便以婆罗多命名。在《往世书》中尚有另外的记载,如"在大海以北和喜马拉雅山以南,有个国家,名叫婆罗多·沃勒施,其名称的由来是由于波勒德的后裔居住的原因"。印度居民的一个古称也叫"帕勒迪"(意即"婆罗多人")。

同世界上的所有文明古国一样,印度也是在部落融合成为社会之后才建立国家的。古印度大部分时间处于小国林立的分裂状态。玄奘在 7 世纪游学印度时,足迹遍及印度。他的《大唐西域记》所记载当时的国家数目达 138 个。即使在莫卧儿王朝和英属印度帝国时期,印度也只是相对统一,各地大小土邦为数众多。印度诗人泰戈尔在一篇关于历史的文章中说,印度从来就不是一个国家,而是一个地理概念。这一论断反映了历史事实。

印度诸语言称印度为"婆罗多"。这一名称最早出现在梵文史诗《摩诃婆罗多》及《莲花往世书》中。《摩诃婆罗多·初篇》有一段讲述国王豆扇陀与静修仙人义女沙恭达罗的爱情故事。二人结婚后生有一子,名婆罗多,婆罗多长大后成为转轮王,他的后代被称为婆罗多族。因此,印度诸语言又名印度为"Bharatavarsa",意思是"婆罗多子孙之国或婆罗多族之国",由此而得出"Bharata"(婆罗多)这个现代的印度名称。印度古人亦称印度次大陆为"瞻部洲"(Jambudvipa),佛经及《西游记》中提到的南瞻部洲即指称或包括此地。

中国人至少在西汉时期就已经知道印度之名。《史记正义》释大水为河,此河系印度河。《史记》之后,《汉书》与《后汉书》等史籍对印度均有记载。《后汉书·西域传》写道:"天竺国一名身毒,其国邻大水,乘象而战。其人修浮屠道,不杀伐,遂以成俗。"除了"身毒""天竺"外,中国古人对印度有"贤豆""捐毒""印都"等众多称谓。显然,它们基本都是"Sindhu"的音译,只是不同时代的不同译者选用了不同的汉字,但在读音上还是十分接近的。因此,初唐训诂学家颜师古云:"捐毒即身毒,身毒则天竺也,塞种即释种也,盖语言有轻重也。"然而,这些译名用字大多缺乏美感,玄奘认识到了中文译名的混乱,他在《大唐西域记》卷二《印度总述·释名》中说:"详夫天竺之称,异议纠纷,旧云身毒,或曰贤豆,今从正音,宜云印度。"中国人经历了七百余年才最终确立了印度的译名。

关于印度的英文名称,则源于印度河。印度河原文"Sindhu",本义为"河流",中国古代音译为"身毒"等。但印度的近邻波斯人在说 Sindhu 时,对其首字母 S 存在发音困难,同时他们的语言中又无送气浊辅音"dh",遂将该名讹读为"Hindu",

而"Hindu"一词在传入希腊后，送气音 H 失去，成为"Indu"或"Indus"。希腊人用印度西部的这条河流的名字来指称整个印度地区。中世纪穆斯林人侵入印度后，又依波斯语称印度为"Hindustan"，意思是"印度人生活的地方"。英国殖民者来到印度后称印度为"India"，显然"India"是从"Indus"演变而来的。西方国家对印度的称呼大致相同，只是词尾稍有变化，如法语为"Indie"，德语为"Indien"。

印度这个国家的首都有时称"新德里"，有时也称"德里"，这是因为德里本是一个古都，后来在古都旁边扩建了一座新的城市，将这个新城区称为新德里，以区别于老德里。新德里和老德里中间隔着一座印度门（the Indian Gate），印度门以南为新德里，印度门以北为老德里。

关于"德里"一名的来历，有种种不同的说法。有些学者认为，德里是根据孔雀王朝的一位国王"德鲁"的名字演变而来，它是"德鲁"的变音；另有学者认为，前 10 世纪，这个城市就以因陀罗·婆勒斯特而闻名，国王阿恩格巴尔曾把它改名为拉勒高德，并且建立了许多铁柱，由于铁柱立得不稳，虽然经过加固，但仍松弛不牢，"不牢"印地语读为"梯里"，因此，这个城市便以"梯里"（即德里）而得名。

事实上，老德里和新德里已完全联在一起，印度老百姓说起首都时也通常是称"德里"，而非"新德里"。所以，称印度首都为"德里"似乎更符合现实。"德里"一词来自波斯语，意思为"门槛"，或者"门口"，也有人认为是"山冈"、"高地"、"尽头"或"流沙"，这些说法来自于古代印地语。独立后的印度宣布成立印度共和国，定都新德里（New Delhi）。

54. Indonesia（印度尼西亚）——"千岛之国"

印度尼西亚（印尼语：Republik Indonesia，英语：The Republic of Indonesia），由约 17 508 个岛屿组成，疆域横跨亚洲及大洋洲，别称"千岛之国"。印度尼西亚是世界上最大的群岛国家。它疆域辽阔，风光秀丽，物产丰富，历史悠久，曾经历了漫长而曲折的民族融合和国家统一的发展历程。它曾遭受外国殖民主义者长达三个半世纪的侵略和统治，直至 1945 年获得独立后，印度尼西亚这一国名才真正得以被世界承认。

直到近代以前，在现如今印度尼西亚的领土上，只存在过大大小小的封建王朝，而未形成过统一的国家。而且，在 19 世纪中叶之前，当时的世界上既无印度尼西亚这一地理概念，更不用说存在印度尼西亚这样一个国家了。

印度尼西亚一词源自希腊语的"印度"（Indus）及"岛屿"（nèsos），指印度各岛。此名称自 18 世纪即已存在，早于独立的印度尼西亚。据文献记载，最早出现印度尼西亚这一名称是在 1850 年，它是由一位叫罗甘的英国学者提出的。罗甘在其学术著作中使用的"Indonesia"一词，是由拉丁文的"indo"和希腊文的"nesia"两词组合成的，"indo"意为"印度"，"nesia"意为"群岛"，两者合起来即意为"印度洋上的群岛"。罗甘当时是将它作为一个地域概念提出的，其范围西至非洲东海岸的马达加斯加岛，东部涵盖今日印度尼西亚大部分领土，以马鲁古群岛为界，北部包括马来半岛、菲律宾，直至我国的台湾岛。罗甘认为，从语言学和民族角度看，这一区域各名族的语言属同一语族，即印度尼西亚语族，它是奥斯特罗尼西亚（Austronesia）语系（也称南岛语系）四个语族之一。奥斯特罗尼西亚语系的另三个语族为密克罗克尼西亚、美拉尼西亚和波利尼西亚语族。显然，罗甘使用的 Indonesia 这一地域概念，其范围大大超出现今印度尼西亚领土的范围，因此绝非是作为印尼国名而提出的。在荷兰统治期间，荷兰殖民者依仗武力，先后在印尼实行垄断贸易制度、贩卖奴隶制度、实物定额纳税制、强迫供应制及强迫种植制等殖民政策，从印尼人民身上榨取了大量利润。荷兰殖民者疯狂地掠夺和剥削，激起了印尼人民的愤怒和反抗。英勇的印尼人民和荷兰殖民主义者展开了无数次斗争，其中最著名的是 1684—1707 年奴隶出身的苏拉巴蒂领导的东爪哇人民反荷大起义和 1825—1830 年民族英雄劳十尼哥罗王子领导的爪哇人民反荷大起义。这两次起义最后虽然都被镇压下去，但它们却给荷兰殖民者以沉重打击，大大鼓舞了印度尼西亚人民争取独立的决心和勇气。因此，在印度尼西亚被荷兰殖民统治时，其政府一直使用荷属东印度来指称印尼，而从未采用过印度尼西亚这一名称。

其实，将印度尼西亚作为国名使用最早始于 1922 年。当时印度尼西亚国内民族独立运动高涨，而在荷兰留学的荷属东印度的学生成立了"印度尼西亚协会"，由此也将他们的国家称为印度尼西亚，并提出来争取印度尼西亚独立的口号。自那时起，印度尼西亚才开始作为国名而广泛使用。1945 年印尼宣布独立时，在其独立宣言中正式采用印度尼西亚作为国名，从而使这一国家名称具有了法律地位。

当然，其实除了印度尼西亚这一名称外，印尼人也常用"Nusantara"（中文译作努山打拉）来称呼自己的国家。而"Nusantara"是由印尼文的"nusa"和"antara"两个词组成的合成词，"nusa"意为"群岛"，"antara"意为"之间"，即指在亚澳两大洲之间，这两个词合起来便是"在亚洲和澳洲之间的群岛"。当然，从地理位置上来说，使用这一名称来指称印度尼西亚是非常贴切的，因此印尼独立时也曾有人提出将其作为国名，但是最终未被采纳。而对于 Nusantara，它的出现也是有一段历史缘由的，它还有一部分定义是指整个印度尼西亚国度，它从加里曼丹岛一直延伸到巴布亚省边界的马老奇，包含了加里曼丹内陆和苏拉威西岛在内，奇怪的是，其并未包含马来西亚、泰国、菲律宾、新加坡和文莱的国土，因为这个原因，中文世界的汉字使用者将"Nusantara"当作印度尼西亚的昵称，译为"千岛之国"，而在 1920 年，出生于荷属东印度的作家欧内斯特·道弗斯·德克（1879—1950）拒绝使用带有民族色彩的名称，转而使用了"Nusantara"这个词语来称呼这个国家，但在他的作品中，Nusantara 的疆域有所不同，是指从沙璜一直延伸到马老奇的整个印尼群岛，这个定义与 14 世纪满者伯夷王朝所指的 Nusantara 有明显的不同。在帕拉帕誓言中，Nusantara 是用来作为王国以外的异域国度的统称，但不可否认的是，帕拉帕誓言所指的 Nusantara 与现在的印尼是有所不同的，它其中包含了现代印度尼西亚的原型。然而事实上，满者伯夷王朝的版图要比现代的印度尼西亚共和国大得多，所以说也有可能是 Nusantara 历史上的歧义使得它最终未被选为国名。但是至今印尼的作家和记者们仍经常使用此词作为印度尼西亚的替代词。

英语中除了用"-lands"表示岛国和群岛之外，"-nesia"也有"岛、群岛"之意，音译为"尼西亚"，比如"印度尼西亚"，以及太平洋三大尼西亚 —— 美拉尼西亚、密克罗尼西亚、波利尼西亚。印度尼西亚（Indonesia）在亚洲大陆东南，由 13 000 多个大小岛屿组成，其名称由希腊文"indos"（水）和"nesia"（岛）两字组成，意为"海岛或岛国"。Indonesia 的意思就是"大海上的群岛"。

Melanesia（美拉尼西亚）是西南太平洋的岛群，在澳大利亚的东北。Melanesia 这一名称源出希腊文，意即"黑人群岛"，该群岛上居民皮肤色黝黑，头发细软而卷曲，属黑色人种。"Melas"意思是"黑"，"nesia"即"岛"。Melanesia（美拉尼西亚），即"黑人群岛"。

Micronesia（密克罗尼西亚）的名称来源于希腊文，"micro"意为"小"，"nesia"意为"岛"，"Micronesia"的意思就是"小岛群岛"，因这组岛屿与美拉尼西亚群岛所属岛屿相比要小得多。Polynesia（波利尼西亚）来源于希腊语，"poly"意为"多"，"Polynesia"意思就是"多岛群岛"。波利尼西亚拥有大小岛屿 2 000 多个，这组岛屿数量最多，占据的海域也最为辽阔。16 世纪，葡萄牙探险家巴罗斯首次使用这个名称，但当时仅指亚洲和澳大利亚之间的若干岛群。

印度尼西亚首都雅加达（Jakarta），位于爪哇岛西北部海岸，面积661平方千米，是全国政治、经济、文化中心和海陆空交通枢纽，以及亚洲南部与大洋洲之间的航运中心。早在500多年前，雅加达就已成为输出胡椒和香料的著名海港，当时称"巽他格拉巴"，意即"椰子"。这就是为什么至今仍然有不少华人称雅加达为"椰城"的原因。在16世纪初，渔村已发展成为小镇，加上附近地区居民达十万之众，印尼各地和外国商人纷纷来此经商。1522年，葡萄牙人来到"椰城"，后来向当时西爪哇巴查查兰国王提出要求，要在"椰城"建立贸易站。但在葡萄牙人的贸易站建成之前，中爪哇淡目王国的总司令法达西拉于1527年6月22日率军击败了葡萄牙人的舰队。为纪念这一胜利的时刻，法达希拉特将巽都达格拉巴改名为查雅加达（JaYaKarta），寓意为"伟大胜利之城"。

而在1596年，荷兰人入侵这座城市，并建立了贸易站和壁垒，并且成立了"东印度公司"。1610年，东印度公司在印度尼西亚设置总督府，并任命比德尔·坡施为首任总督。他用2 700盾在雅加达购得一片土地，建筑房屋、仓库和堡垒。1619年，荷兰和英国殖民者因争夺雅加达而发生火并，结果，英国办事处被摧毁，市区化为灰烬，荷兰人占领了雅加达。1621年，雅加达改名为八达维亚，成为荷兰侵略印度尼西亚和亚洲各国的大本营。1629年，荷兰人的堡垒遭到当地人和英国人的袭击，荷兰人从马鲁古调集16艘舰船和1 000名官兵进攻该城，城市遭到毁灭性的破坏。后来荷兰人在旧城废墟上建起新城来，并且从此将其称为八达维亚。在荷兰人统治期间，该城区不断向南部和东西两部扩展，到1945年时，人口已达到75万左右了。因此，印尼独立后，印尼政府也恢复其城市原名，并简称其为雅加达，同时将6月22日定为建城纪念日，这便是印尼首都雅加达的由来。

55. Iran（伊朗）——"雅利安"

身份认同，是指个体对自身的种族、国家、宗教信仰、社会地位、性别、职位等所属的归属确认，亦即对自己和他者的确定。此个体可以是个人，也可以是一个民族国家。就民族国家而言，其自身的统一性以及它相对于其他民族的独立性造就了它的身份，赋予了它在国际社会中的主题地位。这种统一性和独特性来源于共同的文化和国内的政治、经济体制。从国家层面看，文化包括信念、价值观、规范、宗教信仰和意识形态等，构成了该国或该民族比较稳定的政治文化价值体系，从而塑造民族国家这一国际行为体的身份归属——我们是谁。该理念决定了"我们"的敌人、对手和朋友的身份。这是"我们"最基本的世界观，指导形成"我们"与其他国家和民族之间的交往方式。

伊朗拥有丰富的文化和古老的文明，是一个具有强烈身份感的国家。从伊朗民族的起源来看，雅利安人是现代伊朗人的真正祖先。"Iran"（伊朗）是"Aryan"（雅利安）一词的转译，意为"雅利安人的国家"。"Aryan"本义为"高尚的人"、"贵族"，历史上指集居在伊朗高原上的印欧语系东支的雅利安部落。今天的欧洲除了保加利亚、匈牙利、芬兰、俄罗斯有属于阿尔泰语系游牧民族的后裔和混血外，其他几乎都是雅利安民族的后裔。因此，从民族起源上讲，伊朗人与大部分的欧洲民族是同源的。在中东地区，伊朗是不折不扣的少数派。人种上，伊朗是中东地区唯一的雅利安人后裔，而阿拉伯人和犹太人都是闪族人后裔。

提到伊朗，人们自然容易想到雅利安人。"伊朗"这一名称是从"雅利安"一词演变而来的。古代雅利安人从东迁往波斯，占据了伊朗高原或其东南部地区，并在这里创造了波斯古代文明。自从 1935 年 3 月 21 日波斯改名为伊朗之后，伊朗人便把伊朗高原称为雅利安人的故乡。"伊朗"就是"雅利安人家园"的意思。

伊朗人，或者说波斯人，自古以来并没有把自己的国家称为波斯，如同中国历朝历代有其名号一样，波斯的各个朝代都有自己的名称，如安息、萨珊、巴列维等。世纪历史之父希罗多德将这个国家称为波斯（Persia），据称来自于伊朗南部一个叫"法尔斯"（Fars）的地区，这里的人被称为法尔斯人（Farsi）。由于古代波斯语中 f 与 p 通用，也许更由于希腊人的发音方法，Farsi 便成为 Parsi。

19 世纪，随着语言学的发展，特别是比较语言学的发展，欧洲人突然发现印度的梵语和伊朗的阿维斯陀非常相近，而且欧洲语言追根究源与这两种古老语言有着密不可分的关系，甚至可以说欧洲语言的词汇和语言都来自这两个语言或其祖辈，而欧洲语言与欧洲人所信仰的基督教的原始语言闪米特语言却相差甚远，于是欧洲人提出了一个印欧语系的概念。进一步研究，欧洲人又发现，印度的《吠陀》和伊朗的《阿维斯陀》中都自称为"雅利安"（Aryan）。于是欧洲人认为，印欧语系或者其中某些民族就是这个"雅利安"人的后代。为了保险起见，语言学中将这个"雅利安"语系作为印欧语系的一支来看待，称之为"印伊语系"（Indo-Iranian 或 Indo-Aryan）。

随着宗教学和神话学研究的深入，学者们又发现，欧洲人在接受基督教之前所信仰的密特罗教（Mitraism）原来源于雅利安人对太阳神密特拉（Mitra）的崇拜，而伊朗和印度的神话体系又紧密地缠绕在一起。于是欧洲学者越来越认为印度和伊朗的雅利安人是他们的祖先。不仅如此，伊朗神话中还说，雅利安人的故乡叫 Iranwich（《阿维斯陀》中为 Airyanem vaejo），词义为"雅利安人的家园"，中古波斯语称之为 Iranshahr，即"雅利安人的都市"。

从词源上看，"伊朗"（Iran）来源于"雅利安"（Aryan），而"波斯"（Persia）来源于地名"法尔斯"（Fars）。根据伊朗的神话传说和古籍，伊朗语族阿维斯陀语称伊朗人为阿伊利亚人（Airiya），古波斯语称伊朗人为阿利亚人（Ariya）。随着语言的变化，帕提亚时期的巴列维语称伊朗人为雅利安人（Aryan）。到萨珊王朝（也作萨桑王朝，224—651）时期巴列维语便将"伊朗"简化为"Ir"或"Er"，当用它来表示民族群体时需要加上词缀"an"，于是就变成了"Iran"或"Eran"。伊朗本土称为"伊朗沙赫尔"（Iranshahr）。"伊朗"这一名称已有四千多年的历史了。这就是今天"伊朗"的来源。

"波斯"一词来源于拉丁语，由伊朗西南波斯湾岸边的法尔斯之名转化而成。由于中古波斯语中"f"与"p"两音通假，"Fars"自然也可以读成"Pars"，写法几乎一样。伊朗人所称的"波斯人"（Farsi）专指法尔斯地区的人。居鲁士一世（前640—600）创建古波斯帝国之后，这个帝国就被希腊人称为"Persia"，这就是"波斯"的来历。波斯人从此就不是"Farsi"或"Parsi"了，而是"Persian"。

伊朗政府于 2010 年 2 月宣布，凡是不把海湾称为"波斯湾"的飞机一律不准在伊朗降落。这是伊朗与阿拉伯国家就海湾称谓问题所做的最新博弈，双方一向紧张的关系升级，口水版"海湾战争"再度爆发。

"波斯湾"（Persian Gulf）亦称"阿拉伯湾"（Arabian Gulf）。阿拉伯语为"BahrFaris"，波斯语为"Khalij-eFars"。沿岸国家有伊朗、伊拉克、科威特、沙特阿拉伯、巴林、卡塔尔、阿拉伯联合酋长国和阿曼。

伊朗官方发布命令称，"波斯湾"的说法必须贯彻到所有飞抵伊朗的航班。从波斯湾南部国家飞往伊朗的航线一律要在电子提示板上使用波斯湾的名称。第一次违反规定，将被处罚停止使用伊朗领空 1 个月；如果再违反，伊朗有关方面将命令其迫降在伊朗，并彻底取消使用伊朗领空许可。

伊朗与阿拉伯国家之间关于海湾称谓的口水战由来已久，同一水域，在伊朗被称为"波斯湾"，而被阿拉伯国家称其为"阿拉伯湾"。早在 2004 年，美国《国家地理》将"波斯湾"印成"阿拉伯湾"的事件就已惹怒了伊朗有关部门，伊朗随后展开了一系列为"波斯湾"正名的活动。而后，伊朗海关出狠招，禁止标有"阿拉伯湾"字样和图样的商品进出口。

就在 2010 年 1 月，伊斯兰团结运动会国际联合会，因伊朗方面坚持此次运动会以"波斯湾"的名义举行，并坚决反对去掉获奖者奖牌上刻印的"波斯湾"字样，而取消了伊朗对原定于 2010 年 4 月计划在德黑兰举行的第二届伊斯兰国家团结运动会的主办权。此次伊朗的禁飞威胁，着实为这场持续已久的"波斯湾"保卫战的升级放了一枪。这不但是阿拉伯人与波斯人从历史上延续至今的角逐，也是双方政治经济利益中长期摩擦的体现。

在波斯帝国的鼎盛时期，希腊人都将这块水域称呼为"波斯湾"，这个名字一直延续至今。联合国也一直保持这个说法。

仅一地名，本无足轻重，伊朗之所以对此十分敏感，是因为其认为波斯文明历史悠久，在海湾地区，乃至中东地区独树一帜，"波斯湾"的称呼古已有之，而改称"阿拉伯湾"意在宣扬泛阿拉伯主义，削弱伊朗的历史地位和影响力，实难接受。而伊朗同阿联酋之间在海湾水域存有岛屿归属争端。伊朗认为，改变海湾称呼有为该岛屿属阿联酋寻找证据之嫌。这个决定很可能遭到伊朗周边阿拉伯国家的强烈抵制。而对于那些并不关心这个名字之争的第三方，简单地称呼"海湾"的折衷办法也行不通了。

德黑兰（Tehran）是伊朗首都——伊朗最大城市。伊朗以历史久远，文化灿烂而闻名于世。在伊朗众多的古老城池中，德黑兰只是默默无闻的"小兄弟"。817 年出生的穆罕默德·伊本·哈马德的传记，第一次提到"Tehran"。"ran"是表示"地方"的词尾。"Teh"之意，则各家解说不一。或曰"Teh"意为"低地"，或曰意为"温暖之地"，或曰意为"下面"（under），"ran"意为"土地"（land）。大致说来，"德黑兰"意为"暖坡"（warm slope），或"地下城"（a place built under ground）。在德黑兰发现的最古老铭刻，可追溯到 1230 年。而提到"德黑兰"这个名字的最早铭文，可追溯到 1480 年。

56. Iraq（伊拉克）——"低地"

伊拉克（Iraq），全名为"伊拉克共和国"，其国名由来，说法不同。在历史的不同时期伊拉克都有不同的统治帝国，包括历史记载的苏美尔王朝、古巴比伦王国、亚述帝国，以及中国古代历史文献记载的西域三十六国之一的大食国。

"大食国"的由来。大食（读音作 tà shí），不可读作食物的食。源于古波斯，出自唐、宋时期阿拉伯地区大食帝国，今中东伊拉克与伊朗地区，属于以国名汉化为氏。大食，即唐、宋时期对阿拉伯地区诸王朝的统称，为古波斯语"Tazi"或"Taziks"的译音，最早是汉朝中叶对原古安息国（今伊朗）的部族之称。自7世纪中叶起，唐朝文献已将阿拉伯地区各族人统称为大食、多食、多氏、大寔，到10世纪中叶以后的宋朝文献中，多称作大食。亦有史籍中称其为塔什、塔孜、塔兹者。随着7世纪阿拉伯哈里发帝国的向东扩张，使伊朗、中亚地区讲波斯语的人民逐渐改奉伊斯兰教，因此，中国把讲波斯语的所有穆斯林教徒也视为阿拉伯人，并将一些与之相邻的民族称为大食人，因而大食的涵义在南北朝末期至北宋王朝初期随之扩大。汉武帝曾派张骞出使西域，带回许多有关中亚、西亚包括"条支国"的资料。《史记》中提到张骞第二次出使归来后同皇帝谈起条支国。7世纪前，中国人称阿拉伯国家为条支，主要是指现今的伊拉克。唐朝时，总称其为"大食"，其中，建都叙利亚的以白旗为标志的倭马亚王朝被称为"白衣大食"，而建都伊拉克的巴格达以黑旗为标志的阿巴斯王朝则被称为"黑衣大食"。

许多阿拉伯地理学家留下了大食国方面关于中国的珍贵记载。到大蒙古国蒙哥汗八年（1258），成吉思汗的孙子孛儿只斤·旭烈兀率领蒙古大军一举攻陷了阿拔斯王朝的首都巴格达，阿拉伯帝国彻底灭亡。孛儿只斤·旭烈兀率军返回中原时，掠挟了大批的阿拉伯俘虏作为随军奴仆，当时即称其为"大食奴"，并以"大食"称呼之，大多安置于窝阔台汗国属地帕米尔地区，后演变成其姓氏称呼。至元朝中叶，大部分大食氏族人分别逐渐融合于汉族、蒙古族、回族之中，多改称谐音汉字单姓为大氏、答氏、达氏、石氏、时氏、食氏、史氏、塔氏等，世代相传至今。

据《阿拉伯通史》的注释，"Irāq"这个名称大概是从古波斯语（帕莱威语）借用的，本义是"低地"。关于"伊拉克"这个国名的确定过程没有找到相关资料，但是"伊拉克"这个名字在当地语言中有丰富的含义。

在阿拉伯语中，伊拉克的含义是"陡崖"。伊拉克位于美索不达米亚平原上，但平原的西南边缘和阿拉伯沙漠交界的地方有石灰岩峭壁，高达7米左右，其中很长一段和幼发拉底河平行。这些峭壁和平原形成鲜明的对比，于是人们便称这片地区为"伊拉克"，并成为国名。

在古代伊拉克这片肥沃的平原上，幼发拉底河与底格里斯河及其汇合成的阿拉伯河连成的水网，布局形如人体的血管。所以，古阿拉伯人将其称为"伊拉克"。取自当地居民很早以前就使用的地名伊拉克·阿拉比的前半部分，单就"伊拉克"一词本身来说，有"低地"、"耕耘的土地"之意。由于这一地区的北部横亘着亚美尼亚高原，东部和西部分别为伊朗高原和阿拉伯高原环绕，形成宽仅 100 千米，长有 600 千米的细长的伊拉克低地，故获得这一称号。

伊拉克首都巴格达（Baghdad）跨底格里斯河，西距幼发拉底河三十余千米，早在 4000 多年前即为一要邑。波斯语中"巴格达"意为"神赐之地"。在中国史籍中被称为"黑衣大食"的阿拉伯阿巴斯王朝（750—1258），最初定都在安巴尔。这个王朝的第二位哈里发曼苏尔（754—775）认为安巴尔不适合做京都，于是亲自勘察，选中了位于底格里斯河右岸一个叫巴格达的小镇，决定在这里建立新都。经过 4 年施工，新都建成，命名为"马迪纳·萨拉姆"，即"和平之城"。整座城市呈圆形，故称为"团城"。762 年，阿巴斯王朝定都于此，命名为"马迪纳·萨拉姆"，但习惯上依然称之为"巴格达"。

57. Ireland（爱尔兰）——"西边之地"

Ireland（爱尔兰）在爱尔兰语中为"Eire"。爱尔兰位于欧洲西部爱尔兰岛西南部，东北与英国的北爱尔兰毗邻。公元前，古罗马人称其为"Hibernia"，古希腊人称其为"Ierne"，凯尔特人称其为"Erin"。爱尔兰这一名称一般认为来源于凯尔特语"iar"，意为"后面"，转义为"西边"。北欧维京人来此后加上"-land"，得今名"Ireland"，英语沿袭此名。

爱尔兰的历史最早可追溯到前 6000 多年，它是一个具有上千年文化历史的国家。大约在最后一次冰川结束后，人们开始迁往爱尔兰生活。爱尔兰人是凯尔特族的一个分支。前几世纪他们就来到了爱尔兰，征服了当地的居民，其中有一些就是前凯尔特祖先的后裔。最后的一次凯尔特人入侵使这个岛国确立了一种稳定的文明。爱尔兰以乡村文明为其主要特色，城市的形成还是 10 世纪斯堪的纳维亚人入侵爱尔兰之后的事情。从社会结构上看，它属部族性，每个部族都以同一血缘关系结合在一起，组成最基本的单位。

爱尔兰是多民族的混合体，包括早期的盖尔人、伊比利亚人、诺曼人等。其中，伊比利亚人是早期爱尔兰的主要居民。之后，随着诺曼人的入侵，维金人占领了爱尔兰。12 世纪，英国再次征服了爱尔兰，所以爱尔兰的血统是一个复杂的混合体系。

历史上最早记载都柏林（Dublin）的是在前140年，希腊天文学家和地图学家托勒密提起都柏林。在前1世纪，爱尔兰岛上出现了最早的居民。一些专家认为，都柏林起源于斯堪的纳维亚，所以，有了后来的北欧海盗的到来。

都柏林原意是"黑池"的意思，该城市的名字在现代爱尔兰语中译为"殖民地"的意思，并且它紧挨着位于黑色池塘的都柏林城镇。爱尔兰被称为大西洋上的"绿宝石"，首都都柏林，则是绿宝石中一抹黝黑的点缀。都柏林历史由来已久，它是在8世纪时期由维京人建立。"都柏林"的名字来自古爱尔兰语，意思是"黑水潭"。在11世纪之前，都柏林人用石头垒墙来加固城防，用于抵御外来的侵犯。

58. Israel（以色列）——"与神角力者"

在以色列，官方语言称为"希伯来语"，民族称为"犹太人"，宗教称为"犹太教"，国家称为"以色列"。在《圣经》中，读者经常读到希伯来人、闪族人、以色列人和犹太人这四个名词。这些名词非常相近但又有其区别。物以类聚，人以群分。人根据血缘、语言、习俗、宗教、地缘等，产生这种或那种群体的认同感。

Zion（锡安）与Zionism（犹太复国主义）——"Zion"汉译作"锡安（山）"。Zion是耶路撒冷一山名，也是圣城耶路撒冷的别名。Zion根源于希伯来语"tsiyon（小山）"。Zion山上建有大卫及其子孙的宫殿及神庙，古犹太人曾以它作为政治和宗教的中心。《圣经》常用Zion指耶路撒冷，以后Zion泛指犹太人的故土，象征犹太或犹太民族的愿望。

前587年犹太王国亡于新巴比伦时，人们把竖琴挂在柳树上，宁可缄口，也不肯为敌人唱锡安之歌。并发誓说：若为敌人弹琴，愿这手枯干；若忘了锡安，而为敌人歌唱，便愿喉舌僵硬，不能再唱。

表示"犹太复国主义"或"犹太复国运动"的"Zionism"（锡安主义）一词是奥地利一犹太出版商在其1890年的刊物《自我解放》中针对犹太民族主义所创的词。

对于犹太人而言，犹太复国主义就是"锡安主义"。现代犹太复国主义作为一场民族自我解放运动或思潮，自然不可能切断它同历史上这一宗教文化渊源在文化上的先天性联系。"锡安主义"（Zionism）最核质的内涵，从语义上看，最初源于流散犹太人回归"锡安"或"以色列地"的民族愿望。在这里，"锡安"作为耶路撒冷的同义词，进而泛指整个"以色列地"。于是出现了现代词汇里的"锡安主义"这一概念。

　　"回归锡安"这一说法最初在前 6 世纪，即犹太人的第一圣殿被毁约 50 年后开始出现。据希伯来《圣经》所述，当时的波斯统治者居鲁士对流亡归来的犹太人说："在你们中间凡作他（指上帝）子民的，可以上犹大的耶路撒冷，在耶路撒冷重建以色列上帝的殿。"在希伯来《圣经》里，同样也记载了几次"回归锡安"的运动。但实际上，这种民族整体性的回归渴望只是在第二圣殿被毁的情势下，才成为古代犹太人宗教中的主流趋向之一，并在犹太教中的弥赛亚（所谓"弥赛亚"即末日的"救赎者"，源于希伯来语"受膏者 Mashi'ah"一词）信仰及末日论思想中得到宗教力量的诠释性支持。因此，除了思乡背景外，"回归锡安"更带有某种乌托邦的性质。（刘精忠，2010：15-16）

　　"犹太复国主义"这个名词在 19 世纪 90 年代才出现，但是返回锡安山（在耶路撒冷）这一奋斗目标及其概念在整个犹太史上却一直存在。

　　1882 年，一些犹太移民在巴勒斯坦建立了第一个犹太定居点 Rishon Le Zion（里雄莱锡安）。两年后，东欧犹太人的移民组织 Hibbat Zion（锡安热爱者）成立。

　　1896 年，奥地利维也纳记者和剧作家西奥多·何慈尔发起锡安主义运动（又称"犹太复国主义运动"），号召全世界犹太人回归故土，恢复本民族的生活方式。1897 年 8 月 29 日在瑞士巴塞尔，他召集了第一届"世界锡安主义大会"，大会决议建立"一个得到公众承认的、有法律保障的家园（或国家）"。"犹太国民基金"和"巴勒斯坦土地开发公司"等相应机构成立，帮助世界各地的犹太人向巴勒斯坦移民。

　　锡安主义运动的发展推动了第二次回归浪潮（1904—1914），约有四万名犹太人返回定居。1917 年，英国外长贝尔福发表《贝尔福宣言》："英王陛下政府赞成在巴勒斯坦建立一个犹太人的民族国家，并将尽最大努力促其实现"。1920 年，国际联盟委托英国管辖巴勒斯坦。1922 年英国将托管地划分为两部分：东部（现约旦）为阿拉伯人居住地，西部为犹太居民区。

　　"锡安"一词无处不在，以色列国歌中就有"锡安"："藏于我心深处的，是犹太人的灵魂。朝向东方故国的，是凝望着锡安的眼睛。纵然两千年颠沛流离，希望仍未幻去，锡安与耶路撒冷，啊，我们会以自由之身重归故里。"

　　"众所周知，在人类文明发生的历史长河中，犹太民族在精神意义上的巨大贡献源远流长、不可或缺。近代以前，犹太人作为一个民族性整体，曾经三次遭到集体流放，散居在不同的地域与文化之间。同样不可思议的是，19 世纪以来的现代犹太复国主义运动竟然奇迹般地重建了一个新的犹太国家。"（刘精忠，2010：1）

从犹太复国主义思潮的多样性上可以看到诸多不同的立场和主张，如"政治犹太复国主义"、"文化的或精神的犹太复国主义"、"宗教犹太复国主义"、"辛迪加犹太复国主义"、"法西斯犹太复国主义"、"马克思主义犹太复国主义"，以及"工党犹太复国主义"，等等。（刘精忠，2010：7）

犹太复国主义者认为，散居世界各地、使用不同语言的犹太人属于同一民族，不应与其他民族融合和同化。解决犹太人问题的主要途径不是消除产生反犹太主义的阶级根源，而是与非犹太人分离，单独建立一个国家。Zionism 很大程度上是对19 世纪时在欧洲及穆斯林世界十分猖獗的反犹主义的一种回应。自以色列立国之后，"Zionism"这个词常用于指对以色列国的支持。Zionism 以犹太民族回归巴勒斯坦、重建民族家园并复兴以色列为目标，本质上乃是根植于犹太民族古老回归愿望的民族主义运动。

以色列的国歌名为《希望之歌》，采用犹太民族传统曲调谱成。这首歌原为犹太复国主义者的颂歌，在 1897 年第一届世界犹太复国主义者大会上首唱。以色列建国后将其确定为国歌。

"Zionism"也可用来形容复兴以色列的意识形态活动，鼓励犹太人移居以色列的活动。"Zionism"这个名词亦会用作形容有千年历史的《圣经·旧约》与犹太人和以色列国的关系。在一些情况下，Zionist（锡安主义者）会被用作泛指所有犹太人。Christian Zionism（亦称"Gentile Zionism"），意为"基督教锡安主义"，指支持锡安主义的基督徒。

犹太民族的悲惨命运，催生出了现代的犹太复国主义。犹太复国主义是现代的民族主义运动，目标是建立一个现代的民族国家，作为犹太民族的家园。随着运动的发展，宗教犹太复国主义和反犹太复国主义都有支持者。所谓"反犹太主义"一词最早是由一个德国政治煽动家于 1873 年出版的一本小册子《犹太教对德意志的胜利》中杜撰出来的。（刘精忠，2010：48）

"历史上，犹太人与穆斯林并非天敌。《古兰经》承认犹太民族是一个"有经典的"优秀民族，对犹太人背井离乡深表同情，但对犹太教持否定与批判态度。犹太人与穆斯林之间的关系以和谐相处为特征，双方关系恶化始于西方国家对穆斯林世界的侵略，锡安主义成了外部世界染指中东地区的工具。"（吴成，2011：50）

巴勒斯坦与以色列冲突直接起因于犹太人的复国运动。Anti-Zionism（反锡安主义）就是"反犹太复国主义"、"反犹太复国运动"。美国一改革派犹太领袖直斥

犹太复国主义运动是一种"Ziomania"（锡安狂想症）。（刘精忠，2010：312）

"对于犹太民族来说，锡安主义是摆脱民族压迫、民族杀戮的根本途径，其目的是要争取民族独立。对于其他民族来说，它们把锡安主义看成了实现对外战略，或建立某种霸权，或取得某种利益的工具。"（吴成，2011：55）

Semite（闪米特人）与 **Anti-Semitism**（反犹太主义）——Semite 闪米特人（旧译"闪族"），又称闪族人，近代主要指犹太人和阿拉伯人，古代包括希伯来人、巴比伦人、腓尼基人、亚述人等。Semite 为基督教《圣经·创世纪》中 Noah（诺亚）之子 Shem 的后裔。Shem 亦译"歇姆"、"塞姆"。闪米特人的概念源自古希伯来人在《圣经》中对各种族由来的记载，凡文化与语言上跟希伯来接近的种族即被认为是 Semite 的子孙。

Semite 是起源于阿拉伯半岛的游牧人。生活在中东、北非的大部分居民，就是阿拉伯化的古代 Semite 的后裔。尽管阿拉伯人、犹太人都是 Semite，但 Semite 现在则主要用来指"犹太人"，Semitic 意思则是"犹太人的"，Semitist 指"亲犹太人的人，亲犹太主义者"，Semitism 意为"亲犹太人主义"。

虽然犹太人与阿拉伯人同属闪族，但通常"反闪族主义"指的是反犹太主义。反犹太主义的历史久远，可以说是人类历史上有过的所有仇恨中持续时间最长，散布范围最广，后果最惨烈的一种以一个民族为其对象的仇恨。19 世纪中叶，欧洲掀起一片反犹太人的暴潮，此词即在这个时候出现。Anti-Semitism（反闪族主义）亦译"反犹太主义"、"排犹主义"或"仇犹情绪"，作为一个专门术语的出现是在 1879 年，由德国一位名叫威廉马尔的政治鼓动家所创。他用希腊字"anti"与"Semitism"结合，造出这个为后人广泛使用的词，后来则泛指一切敌对犹太人的言论及行动。

Hebrew（希伯来人/语）与 **Hebraism**（希伯来精神）—— 若把古代世界分为四个文化圈，中国是东亚文化圈的代表，印度是中南亚文化圈的代表，希腊是欧洲文化圈的代表，希伯来则是中东地区文化圈的代表。希伯来民族为世人留下一部辉煌巨著——《圣经·旧约》。

英语"Hebrew"，在希伯来语中是"Ivri"，意为"渡过"。Hebrew（希伯来人）意思是"渡河而来的人"。"Ivri"的复数形式是"Ivrim"。以色列民族的先祖亚伯拉罕是从幼发拉底河迁居到当时被称为"迦南"（Canaan）的巴勒斯坦，因此他们被当地人称为"从大河那边过来的人"，即希伯来人。

Hebrew（希伯来人）尤指古以色列人和犹太人。Hebrew 用作形容词时为"Jewish"，名词 Hebrew 用作单数时，可指《希伯来书》（《圣经·新约》中的一卷）。

从广义上讲，"希伯来人"是一个称呼希伯来人的种族名词。希伯来人是闪族人中的主要支派，因此所有希伯来人也都是闪族人。《圣经》分为《旧约》和《新约》。《旧约》是希伯来人的经典。"希伯来"这个名词在《旧约》中几乎总是其他民族对以色列人的称呼。历史学家们使用"希伯来人"一词来指称《旧约》中那些族长们（如：亚伯拉罕、以撒等人）的后裔，其时间即从那些族长们生活之时直到他们在前 2000 年末期征服迦南（今巴勒斯坦）为止。之后，这些人就被称作以色列人，直到他们由巴比伦流亡返回迦南。此后这个民族便称为犹太人。希伯来人、以色列人、犹太人从源流上讲含义是相同的，但希伯来不曾成为正式的国名，而以色列、犹太都曾是国家的称号。前 11— 前 10 世纪，以色列王和犹太王建立并统治南北统一的以色列 - 犹太王国，定都耶路撒冷。前 935 年，王国分裂，北部为以色列王国，南部为犹太王国。

希伯来人后来为了逃避饥荒而南迁埃及，后又在他们的领袖摩西的带领下离开埃及回到迦南。希伯来人出埃及时，在西奈山接受了犹太教"十诫"（The Ten Commandments）。这是犹太人历史上的一个重大事件。此后，"希伯来人"一词就很少在《圣经》中出现了，取而代之的是"以色列人"。

希伯来语是犹太人的民族语言，是世界上最古老的语言之一。希伯来语属于中东闪含语系闪语族的一个分支，没有元音字母，只有 22 个辅音字母，其文字从右往左书写。许多文学作品和文献是用这种语言创造出来的，今日则主要保留在《圣经》、死海古卷和大量犹太教法典及文献之中。

希伯来语原属亚非语系闪米特语族，为犹太教的宗教语言。在过去的 2500 年，希伯来语主要用于《圣经》及相关宗教方面的研究，然而自 20 世纪，特别是以色列复国以来，希伯来语作为口语在犹太人中重新复活，后成为以色列国的官方语言。

前 70 年，罗马人毁掉了犹太人的都城耶路撒冷，犹太人被逐出家园，流落到世界各地。他们使用寄居国的语言，致使希伯来语逐渐消失（但作为书面语继续存在）。19 世纪后半叶，有一个犹太人决心复活希伯来语，他是立陶宛犹太青年埃里泽·本·耶胡达（本·耶胡达在希伯来语中的含义就是"犹太人之子"）。耶胡达认为在现代世俗世界同化的压力下，犹太民族作为一个民族，生存面临着大问题，而共同的语言和共同的家园，是犹太民族存在的必要条件。为了保证民族延续和民族复兴，犹太人必须重说希伯来语。1884 年，他开始编辑一份周报，进一步宣传他的思想。同时，为了证明古语能够新生，供现代社会使用，他着手编纂一部字典，并积极扩展词汇量。1890 年 12 月，他组建了一个希伯来语委员会（即今希伯来语研究院）以发展这项事业。

犹太人到世界各地后，语言、风俗逐渐和当地居民同化，但他们坚持信仰本民族的宗教，以此维持民族的独立性，仍然用自己的希伯来语字母书写文字，在意大利、西班牙的犹太人，语言被同化，用希伯来字母书写的叫"拉丁诺文"；在德国、波兰的犹太人语言为"意第绪语"。意第绪语属于日耳曼语族，全球大约有三百万人在使用，大部分的使用者还是犹太人，而且其中主要是阿肯纳西犹太人在操用此语。"意第绪（语）"这个称呼本身可以来代表"犹太人"（跟德语的"犹第绪"来比较），或者说是表示"德国犹太人"的称呼。在"意第绪（语）"称呼早年（13—14 世纪）的发展阶段，它也是被当作"德国犹太人"的意思。有时候"意第绪"，亦如它以后所表示的意思，也被视为一种语言的表示法——"意第绪语"来看待。

1923 年 9 月 29 日，英国托管当局承认了希伯来语的地位：阿拉伯语、英语和希伯来语为该地区的官方语言。虽然希伯来语在 1948 年 5 月以色列国建立前后还经受了多次挑战，移民数往往超过了原有居民数，然而希伯来语作为存活语言的地位从未动摇。现在，希伯来语是以色列国的正式语言，有 500 万人使用。

"Jesus"（耶稣）就是希伯来语"救世主"（弥赛亚 mashiah）的希腊译法。"希伯来语"主要用于《圣经》以及相关宗教方面的研究。自从 20 世纪，特别是以色列复国以来，"希伯来语"作为口语在犹太人中重新复活，渐渐取代阿拉伯语、犹太西班牙语和意第绪语。1948 年，以色列建国后将"希伯来语"定为官方语言之一，另一种官方语言是阿拉伯语。

"民族通常指的是具有共同血统、共同宗教、共同语言、共同文字、共同文化习俗、共同历史遗产和共同地理疆域的一类人"（王恩铭，1997）。作为民族立身之本的语种，其实也不一定与民族有什么对应关系。全世界最大的犹太人群体，即德系犹太人通用的意第绪语（依地语），后来恰恰被犹太复国运动所大力排拒。

Judas（犹大）、Judah（犹大后裔）、和 Jew（犹太人）——Judas（犹大），亦译"朱达斯"、"犹达斯"。在《圣经》中，前后共有八个人叫"Judas"这个名字，出卖耶稣的是第八个。他的全名是"Judas Iscariot"。耶稣被害后，犹大后悔莫及。出卖耶稣次日是逾越节，犹大在耶路撒冷城郊一紫荆树上自缢。后人称此树为"Judas tree"（犹大树），以"Judas"喻指"叛徒"，以"Judas kiss"喻指"背叛行为"。

犹大是犹太人的祖先以色列的第四个儿子，因此，"Judaist"可用来指"犹太教徒"；"Judaize/Judaise"意为"犹太化"。"Judah"是"犹大的后裔"，亦译"朱达"。身为犹太人，无论是世俗的，还是传统的，都不可能回避犹太教与犹太复国主义之间的相关问题。

犹太人原指犹大支派（以色列人12支派之一）或犹大王国的人民。全体犹太人本来统称希伯来人，自进占巴勒斯坦起至举族被掳往巴比伦为止，又称以色列人。以色列的《回归法》界定犹太人的身份是按母系相传为标准，凡是母亲是犹太人的，其子女都会被以色列承认为犹太人，有权移民以色列。

Jew（犹太人）源自希伯来语"jehudah"一词的希腊文与拉丁文译名，最初只是希腊、罗马人对犹太人的蔑称，后逐渐为世界通用，失去贬义，凡以色列民族留存下来的后代均称为"犹太人"。"犹太人"与希伯来人、以色列人一脉相承，沿用至今，成为对这个民族的统称。

Judea（犹底亚）实指以耶路撒冷为中心的巴勒斯坦中南部丘陵和旷野地带，以往多译为"犹大地区"或"犹太地区"。

由于犹太人在许多世纪以来的流散，世界犹太人在近代以前产生了三个主要分支，分别是：中东的"东方犹太人"（或"米斯拉希"犹太人），主要分布于地中海盆地周围；西班牙或葡萄牙裔的"塞法迪犹太人"（塞法迪即希伯来语"西班牙人"之意）以及阿什肯纳滋犹太人，即欧洲基督教国家的"西方犹太人"。到19世纪初，犹太人人口约250万，"西方"分支约占2/3。其中，东欧的犹太人又占了90%以上，3/4的东欧犹太人处在俄国的统治之下，其余则在奥匈帝国和奥斯曼帝国势力范围以内。东欧犹太人在13世纪发展异常迅速，增加到大约950万，而东方犹太人仍保持在100万左右。19世纪末，大约一半犹太人生活在俄国境内，另有约250万多一点在欧洲东部（刘精忠，2010）。犹太人在世界各地经过近二千年的流浪，和当地人的通婚，使得犹太人的肤色变得多种多样，有白种犹太人、黄种犹太人、黑种犹太人，以及印度和拉美的亚肤色的犹太人。

以色列是世界钻石业的中心。有一种说法，英文中"Jewel"（宝石）一词便是"Jew"（犹太人）转变而来，尽管这个提法并不一定准确，但犹太人最早开发了宝石的首饰用途确是事实。2005年年末，在死海附近进行挖掘工作的以色列考古学家发现了距今2 500年的女性饰品，其中就包括一条由130颗宝石和黄金制成的项链。查阅历史，犹太人有长达3 000多年的钻石贸易史。据犹太版《圣经》记载，钻石当时被称之为"透明的石英"。犹太民族与钻石结下了不解之缘，世界各地的钻石商主要都为犹太人。

Judaism（犹太教）——Judaism（犹太教）是犹太人所信奉的神教。犹太教只是一个民族性的宗教，信仰人口并不多，但起源于犹太教的两个宗教 —— 伊斯兰教和基督宗教，在世界上有很大的影响。犹太教在犹太人的生活和历史中有过重要的影响。12 世纪初，曾有少数犹太人到我国开封，设立"会堂"，称为"一赐乐业教"（希伯来语"yisrael"的音译，即"以色列"的音译），我国古代民间对之俗称"挑筋教"。历史上，犹太人曾面对多次毁灭性的灾难和迫害。犹太人由于两千多年一直分散在世界各地，语言、文字已经分化，只是靠着统一的宗教维系其单一的民族性。

犹太教是现今世界上最古老的宗教之一。在古代多神教的世界上，犹太民族的先民带着别具一格的神教信仰登上历史的舞台。在随后的历史发展中，犹太民族与宗教的演变几乎融为一体，无法分割。从教义基础到宗教节日，从唯一真神到特选子民，犹太教都是集宗教和民族为一体的宗教。在我国的犹太研究中，人们往往自觉或不自觉地用"犹太教"和"犹太宗教"来分别对应"Judaism"和"Jewish religion"这两组概念，其中的原因在于："religion"这一说法只是西方文化在近代出现的一个概念。鉴于不同文明或文化体系在人类认知与创造方式上的差异性或多元性，无论是在近代以前的中国文化，还是犹太文化中，都不可能找到在内涵上与之完全对应的词汇。"犹太教"在近代以前实际上几乎包含了全部犹太文化或文明，而并无一个犹太人的"宗教"这一概念。

事实上，犹太教也是以民族命名的宗教，这在世界著名宗教中绝无仅有。这也意味着，犹太教是犹太民族的宗教，犹太民族是犹太教的信徒。从历史上看，作为一名犹太人首先是属于一个族群或民族，而这个族群或民族的祖先与上帝立有圣约，要尊奉上帝的律法。犹太人作为信奉祖先宗教的民族，其属性和特质是该民族自形成之初便被"命名"而固定下来的。犹太教是一个民族的宗教，犹太人是一个宗教的民族，他们首先是由于传统的犹太人自我概念，其次由于较有限的历史因素而形成的社会宗教统一体。在历史的发展中，犹太教没有成为通常意义上的多民族宗教。反之，少数派的地位一直是各地犹太人的共同命运，同时也成为维系他们的另一条纽带。犹太教的传统始终维系着犹太民族直至现代，由此而形成犹太教与犹太民族血肉相连的紧密关系。"犹太民族和犹太教的这种独特性，在长期流散，备受歧视的逆境中，经常不得不与不同的民族和宗教共处，又被迫与不断变化的文化环境相适应，他们为此要做出自我调整，在坚持宗教文化传统的同时，吸收不同的异族文化，

从而在其独特性的基础上呈现多样性的面貌。"（刘精忠，2010）

犹太人世代"回归锡安"的愿望就是犹太教独特性之所以得以延续的源泉。要实现这点，所谓"救赎"首先就是宗教对圣地的诉求，而以色列地就是犹太人终极创造性的源泉。换言之，没有以色列地，犹太教就成了无根之木、无源之泉，放弃"回归锡安"的信仰，也就等于放弃民族认同。"最根本的救赎就是让犹太教成为'以色列地'的犹太教。"（刘精忠，2010）

在犹太文化背景中，相对于西方学者使用的"Judaism"这一概念，人们更多地提及"Yahadut"这个词汇。希伯来语中其实并没有"犹太教"这个单独的词，只有"Yahadut"这一抽象名词，意为"犹太人的一切，犹太属性和犹太文明"，亦可译作"犹太教"。由于犹太人与犹太教的特殊关系，"Yahadut"这个词的词义是宗教及由它衍生出的民族文化、生活方式等等。"这与犹太人的思维是一致的，当他们提到'Yahadut'时，指的是浑然一体的概念，没有把宗教信仰、民族文化、生活方式等剥离开。"（刘精忠，2010）很显然，从"Judaism"这个词的词根意义上来看，"Judaism"这种指称虽然不够精确，但远较汉语的"犹太教"要贴近得多。"其实，在犹太文化背景下，中文里刻意在'犹太教'与'犹太宗教'之间做出这种内涵上的区别，也确实是一种源于认识变化的无奈之举。"（刘精忠，2010）

以色列为古国名。约前二千年代中叶，闪米特族游牧部落哈卑路人进入巴勒斯坦，他们是希伯来人或以色列人的祖先。他们征服原住的迦南人，成为两个部落联盟，南为犹太，北为以色列。约前12、13世纪，逐渐形成两个奴隶制城邦。前10世纪，犹太国王大卫和其子所罗门在位时，两邦统一，定都耶路撒冷城，称为以色列-犹太王国。耶路撒冷为著名的古城，是伊斯兰教、犹太教和基督教的圣地。在所罗门统治年代（前973—前935年），疆土扩张，北起亚述，南迄埃及，占有全部巴勒斯坦。前935年，国势衰落，南北分裂，北为以色列王国，定都撒马利亚；南为犹太王国，定都耶路撒冷。前722年，以色列被亚述所灭。前586年，犹太被巴比伦所灭。

以色列国位于地中海的东南方向，它北靠黎巴嫩、东濒叙利亚和约旦、西南边则是埃及。以色列在1948年宣布独立建国，目前人口已超过700万，主要来自犹太人族群，也是世界上唯一以犹太人为主体的国家。

以色列国徽为长方形盾徽，蓝色盾面上有一个七杈烛台。据记载，此烛台为耶路撒冷圣殿中点燃祭坛的物件。烛台两旁饰以橄榄枝，象征犹太人对和平的渴望。烛台下方用希伯来语写着"以色列国"。

以色列历史悠久，是世界主要宗教犹太教、伊斯兰教和基督教的发源地。以色列最初是指一个民族而非地名，可查最早的记载出现在前 1211 年。在过去三千年的历史中，犹太人视以色列为自己的民族和精神生活的核心，称之为"圣地"或"应许之地"。以色列在犹太教中具有特别的含义，包括圣殿遗迹和相关的宗教礼仪，都是现代犹太教传统的重要基础。

以色列是不同于其他任何民族的一个民族，因为它是世界上唯一的一个民族，从其最初之始，就既是一个民族，也是一个宗教社团。（刘精忠，2010）

从性质上讲，新兴的以色列国家本质上是犹太复国主义者创立的一个现代世俗主义民族国家，而非历史上那种宗教国家性质的一个"犹太教国家"。这个现代犹太国家成功地实行了一种现代意义上的民主政治体制，但与此同时，它也同时宣称自己是一个"犹太国家"。"显然，这样一个'犹太国家'只能是文化和现代民族意义上的'犹太国家'，而非宗教人士想象中的那种历史意义上的'犹太宗教国家'"。（刘精忠，2010）

Israel（以色列）在希伯来语中意为"与神角力者"（contender with God）。Israel 这个词可有多种释义：①以色列（雅各的别名）；②犹太民族、犹太人、希伯来民族、希伯来人；③希伯来人的故土；④以色列王国（古巴勒斯坦北部的奴隶制国家）。

Sabra（源自希伯来语"sabrah"）意为"土生土长的以色列人"。以色列人的名称是在希伯来人征服迦南的过程中出现的。据《创世纪》载，希伯来人的第三代祖先原名雅各。一天夜里，雅各与天使角力，获胜。天使说："你的名，不要再叫雅各，要叫以色列，因为你同神角力，都得了胜。"从此雅各便以"以色列"为名。后来，雅各娶妻纳妾，共生了 12 个儿子，并发展成 12 个部落，统称"以色列人"。2 世纪后，犹太人流散世界各地，"以色列人"与"犹太人"混用，泛指雅各的子孙后代。

关于以色列国名的由来，有两种说法。一为："以色列"一词为希伯来语，（希伯来文：לְאָרְשִׂי תֵנִידְמ 意为"与神角力者"，阿拉伯文：لد يىارس إقْلَوْد），国名来源于《圣经》。《圣经》中说，雅各是犹太人的第三代祖先，因与天神角力取胜，神赐名"以色列"。意为"神的战士"，或"与神角力者"，犹太人的祖先雅各与神（天使）角力并取胜，神（天使）将雅各的名字改为以色列。

跟天使角力为什么会被称为"与神角力者"呢？因为在古代犹太人的宗教文献中"神"既可以指上帝又可以指天使。关于雅各与神角力一事在《圣经》里用了个

"神"字来记载，雅各与神角力，这导致不少国人误认为与雅各角力的是上帝。他的后裔便自称为"以色列人"，"以色列"国名也由此产生。二为：阿拉伯学者认为，以色列一词是迦南语，是伊斯哈克之子、易卜拉欣·海里勒之孙雅和布的别名，由"以色"（奴仆）和"列"（伊尔神，即唯一的神）组成，意为"伊尔神的奴仆"。历史上有关以色列名称的最早记载，是指一个民族而非地名，是在前 13 世纪埃及王梅伦普塔哈的战争胜利纪念碑文上，作为被征服的民族之一而出现的。现今的以色列国，是西亚巴勒斯坦境内建立的犹太人国家。犹太人的远祖是古代闪族的支脉希伯来人，前 12 世纪，希伯来各部落从埃及入侵巴勒斯坦南部地区，开始在这里定居。前 1 世纪，罗马帝国征服了犹太人，建立了马卡比王朝，屠杀犹太人 100 多万，余者大都被赶出巴勒斯坦，散居世界各地。1897 年，"世界犹太人复国主义组织"成立。1947 年 11 月 29 日，联合国大会通过巴勒斯坦"分治"决议。1948 年 5 月 14 日以色列国正式成立。

关于以色列的首都一直以来都有争议。1948 年 5 月 14 日，以色列国在特拉维夫宣布独立。在第一次中东战争期间，阿拉伯人封锁耶路撒冷长达 8 个月之久（1948 年 5—12 月），因此特拉维夫随即充当了以色列的临时首都。当 1949 年 12 月宣布耶路撒冷为首都时，由于国际上对于耶路撒冷的地位有所争议，大部分大使馆尚留在特拉维夫。1980 年联合国安理会通过 478 号决议以后，已经迁往耶路撒冷的大使馆又纷纷迁回特拉维夫，目前，除了巴拉圭和玻利维亚以外，所有驻以色列的大使馆都设在特拉维夫或其周边地区。

对特拉维夫来说，其名称同样也有自己的来源：特拉维夫在希伯来语中的含义是"春天（aviv）的小丘（tel）"。那鸿·索科洛夫在将西奥多·赫茨尔的著作《新故土》（德语：Altneuland）书名翻译成希伯来语时，特意使用"特拉维夫"这个名词，他认为"春天"是万物复苏的象征，隐喻古代的以色列，国家有复国的希望；而"小丘"在希伯来语中有一个不常用的含义，在考古学中表示"堆积的废墟"，因此是古代以色列国毁灭的象征。索科洛夫采用的这个名称取自《旧约·以西结书》的第 3 章第 15 节。1909 年，特拉维夫进行首次大规模住宅区的建设时，这一地区被取名为"Ahuzat Bayit"。同年年底，Menachem Sheinkin 提议将新社区正式命名为"Tel Aviv"，且得到多数市民代表的支持。

虽然耶路撒冷是以色列的宗教中心，而特拉维夫则是一个民风开放的沿海城市（所谓"祈祷在耶路撒冷，游乐在特拉维夫"），不过，在特拉维夫仍然有大约 500

座犹太会堂，其中大约 350 座正在使用。

在希伯来语中，"Yelushalaim"这个名词可以理解为"yelusha"（遗产）和"shalom"（和平）的合成词。另一个比较普遍的解释是它将《圣经》里两个城市的名字结合在一起——耶布斯（Jebus）和撒冷（Salem，意"和平"）。"撒冷"这个地名出现在《创世纪》14 章，是大祭司麦基洗德的住处，他为来到这里的亚伯拉罕祝福。"耶路"的意思是"基石"或者"城市"，"撒冷"为"和平"，因而耶路撒冷有"和平之城"之称。

阿拉伯人习惯把耶路撒冷称作"古德斯"。在阿拉伯语中，"耶路撒冷"的名称意思是"圣地"、"圣城"，在词前加冠词特指"圣城耶路撒冷"。同样，意为"房屋、住宅"，意为"神圣的（人）、圣洁的（人）"，两词合起来组成则特指圣城耶路撒冷，字面意思也是"圣人之家"，即圣地。被犹太教、基督教和伊斯兰教三大宗教共同尊称为圣城的耶路撒冷，只有不足 1 平方千米，主要分为穆斯林区、基督教区、犹太教区和亚美尼亚人区 4 个区。

59．Italy（意大利）——"日落之地"

Italy 为英文，Italia 为意大利文。"意大利"这一国名的中文是从英语翻译过来的。如按意大利语翻译，则应是"意大利亚"。

意大利（Italy）古时被称过"艾诺利亚"、"艾斯佩利亚"、"威大利亚"，后因语言变化，称"意大利亚"，意为"小牛生长的乐园"。

关于意大利国名的由来有两种说法：一种说法是，在远古的时候，意大利南部的卡拉布利亚地区被人们称为"Vitlia"。"Vitlia"的意思是"小牛生长的乐园"。随着时间的流逝，当地的居民根据读音的习惯把字母"V"省略了，这样就成了"Italia"。前 7 世纪的时候，这个名字传遍了整个亚平宁半岛。前 6 世纪，罗马共和国把亚平宁半岛正式命名为"Italia"（意大利亚）。另一种说法是，意大利的名称是由该国的一个古代部落的名字演变而来的。希腊人从海路到达意大利亚平宁半岛的普利亚地区附近后，把这里的"Vituli"（维图利）部落称为"Italoi"。"Vituli"这一名称的原意为"牧羊场"。后来罗马人沿用了"Italoi"这个名称，并用它作为意大利半岛上很多部落的共同称呼。因此，"Italia"（Italoi 的拉丁写法）这个名字产生了。1870 年实现统一，"Italia"一词正式成为统一王国——意大利王国的国名，1946年 6 月 2 日成立了意大利共和国。

"意大利"这个名词第一次出现是在希腊作家 Erodoto 的作品中。根据当时一位叫安条克的历史学家，"Italia"从前只用来称呼现在南意大利部分的地区，本指亚平宁半岛南部古布鲁蒂姆地区（拉丁文为"Bruttium"，即现在的卡拉布里亚），再不久，"Italia"已经可以视为意大利部落"Oenotria"的同义词了，也可以适用于其他地区。希腊人逐渐使用"意大利"这个名称来称呼一个更广大的地区，但是直到罗马人征服整个半岛以后，"意大利"这个名词才使用于整个亚平宁半岛。原意后来引申为"居住此地之人"（希腊语为"Italiótai"）。

根据词源学考证，"italiós"为希腊语化的埃特鲁里亚语，同源词亦见于同时期其他记载，对此意大利词源学家、哲学家瓦罗（Varrone）与天文学家、哲学家伽利略均有所考证。但仍有专家对结果质疑，认为其词另有所源。语源学家——乔万尼·赛梅拉诺，因论证印欧语系源于某种闪米特语而闻名——以语言学角度考证并提出该词源自阿卡德语"atalu"，意为"日落之地"。

60. Jamaica（牙买加）——"泉水之岛"

Jamaica（牙买加）是加勒比海地区的一个岛国。牙买加之所以被称为"Jamaica"，是源自于 Arawak 语言的"Xaymaca"一字，这个单词有"充满树木与水的大地"的涵义。虽然 Arawak 这种语言已灭绝，但其少数词语用语如 Barbecue（烧烤）、Potato（马铃薯）、Carnival（嘉年华）、Tobacco（烟草）、Canoe（独木舟）等，依然在英语中沿用。

西班牙对牙买加土著居民实行奴隶政策，导致在不久之后，岛上的阿拉瓦克人（Arawak）因战争、疾病和奴役而灭绝。为补充劳动力，西班牙自 1517 年开始从非洲向牙买加贩奴，导致黑人逐渐成为当地的主体民族。1538 年，西班牙人建立西班牙城，作为牙买加首府。

牙买加本岛在前 5 世纪便已成为印第安人阿拉瓦克族居住地。"牙买加"在印第安阿拉瓦克族语言中意为"泉水之岛"。因岛上水草丰茂，地下水源丰富得名。别称为"蓝山之国"、"泉水之岛"。

1494 年哥伦布第二次到美洲时发现了这个岛并登陆上岸。由于那一天是圣雅各日，于是将它命名为"圣雅各岛"。但这个地名没有传开，所以这个美丽的海岛继续使用印第安语名称。1509 年，西班牙宣称牙买加为其殖民地，改名"圣地亚哥"（Santiago）。1538 年，西班牙人建立西班牙城，作为牙买加首府。

1670 年，按照《马德里条约》，西班牙正式将牙买加等地割让给英国，英国人立刻将牙买加这个岛作为其海盗行为的基地，在 1692 年卢瓦尔港被地震毁灭之前，牙买加一度成为加勒比海海盗的"首都"。此后，英国人修建了金斯顿城，逐渐将其建设成为牙买加的中心城市。1872 年，金斯顿正式成为牙买加首府。虽然牙买加经历了一系列灾难，但仍然十分美丽，旅游业发达。所以"牙买加"这个寓意着丰美水草与泉水充足的国家名字也就沿用了下来。

作为牙买加的首都，金斯顿市（Kingstown）有着传奇般的历史。其名字的含义为"国王之域"。金斯顿以前被称为皇家港，是世界著名的天然深水良港，曾是"新大陆"上人口最多的城市。英国人掌控了这个重要港口后，开始收编海盗来对抗当时强大的西班牙海军。一时间，这里成为当时世界上最大的海盗船队集结地，被称为"人类历史上最邪恶的城市"。

61. Japan（日本）——"日出之国"

日本（Japan），其国名取"日出之国"之意。许多外国期刊上称呼日本为"Nippon"，但它并非是正式用语。"Japan"才是正式对日本的称呼。"Japan"是西方对日本的称呼，词源首推马可波罗来中国的时候，在北京看到有人搬运大量的金条，很震惊地问，金子来自哪里？答曰：金邦（JinBang）。马可波罗就以"金邦"（JinBang）作为这个国家的称呼，传入英国逐渐演化为"Japan"。

日本古称"倭国"。关于"倭国"的称呼，至今在日本有不同的考释。有说"倭"是"多山之地"或"山峡"的意思，这是日本人根据日本群岛的地形特点而命名的。有的说倭国原来的政治中心在九州肥后的"山门"，以后就由此演变成"倭国"的国名。还有说"倭"的国名，乃由中国或朝鲜传入。至于日本的现代国名，一般人认为是在 7 世纪，因为其国内不愿以"倭"作为国名而改称"日本"的。

日本首都东京的英文拼写为"Tokyo"。在日本，"东"的音读念"to u"（u 在此表示长音）"京"音读"kyo u"（u 在此表示长音）。所以他们在念的时候只发长音。"u"对于外国人来说听不出来。于是索性把英文写作"Tokyo"了。另一种则认为东京不是"Tokyo"翻译的，日本人本来就叫东京，发音是"toukyou"，"Tokyo"是音译的日本人对东京的发音。"京"就是首都，东京是相对于京的位置，日本古代的首都是京都。日本明治维新时期，庆长八年（1603），德川家康受封为征夷大将军，在江户建立了幕府政权，在之后的 260 多年里，德川家族统治日本全境。后来，于日本明治二年（1868），日本明治天皇从京都迁都到其东部江户，并改江户为东京。

62. **Kazakhstan**（哈萨克斯坦）——"自由、独立之国"

哈萨克斯坦共和国（The Republic of Kazakhstan）位于欧亚大陆中心，在不同的历史时期中，诸多拥有着独特文化的国家都曾在如今的哈萨克斯坦的土地上建立与发展。

公元前几个世纪，斯基台游牧文明曾在中亚大草原上盛行。如今仍能发现这段时期的一些工艺品，其中最著名的要数由青铜和金制成的被称为"动物风格"的家居物品和人身饰物了。以其优雅和美丽著称的"金王子骑士"坟墓是在离阿拉木图市较近的伊塞克驻地附近发现的。

在以后的几个世纪里，这个叫作"匈奴"的强悍部落在哈萨克斯坦草原上发展壮大了起来，极大地影响了当时的政治走向。由伟大的军队首领——匈奴王阿提拉领导的军队击溃了罗马帝国。

1221 年，由成吉思汗统领的游牧部落占领了中亚地区。这次侵占对哈萨克民族的发展有着深远的影响。哈萨克正成长为一个独特的民族，并形成了由三个部落族群组成的部落联邦——哈萨克汗国，其中每一个部落族群都由可汗统领。

15 世纪下半叶，不同游牧部落之间的合并开始了。这些部落文化和传统不同，但有着相似的生活方式。"Kazakh"（哈萨克）由土耳其语的"自由、独立"而来，充分地折射出该民族一员的追求自由的精神。

63. **Kenya**（肯尼亚）——"鸵鸟"

"肯尼亚"这个词，出自班图语。班图尼格罗人，又称班图人，是非洲最大的民族团体，其人口占非洲总人口的 32%，目前是赤道非洲 10 国和南部非洲 10 国的主要居民，共包括数百个族体。肯尼亚（Kenya）国内的第二大民族卢希亚族，占肯尼亚国全国总人口的 16%。卢希亚族是班图人的一个分支，主要族群居住在肯尼亚境内。

在班图语中，"肯尼亚"，即"鸵鸟"，最早出自当地人对于非洲第二高峰——肯尼亚山的称呼，即把肯尼亚山比喻成鸵鸟。肯尼亚山位于肯尼亚中部赤道线上，而肯尼亚共和国，直接延续了这座非洲第二高峰的名字。肯尼亚山是仅次于乞力马扎罗山的非洲第二高峰，基库尤人则称这座山为"Kirinyaga"或"Kere-Nyaga"，意为"白色山脉"。

肯尼亚的首都是内罗毕（Nairobi）。内罗毕的命名来自于当地马赛族语"Enkare Nyirobi"（冰水）。这是由于，虽然内罗毕地处非洲且位于赤道附近，但是位于海拔 1 660 米的高原之上，其气候与酷热非洲的印象大相径庭。

64．Korea（朝鲜）——"高丽"

朝鲜半岛本是一个统一的国家。二战后，根据《波茨坦协定》，由苏美军队以"三八线"为界对朝鲜分割占领，使朝鲜半岛人为地分成了两部分。1948 年 8 月，南半部宣布成立大韩民国，简称韩国。同年 9 月，北半部成立朝鲜民主主义共和国，简称朝鲜。

第二次世界大战结束后，朝鲜半岛分成了朝鲜和韩国两个国家，但它们的英文名字都使用"Korea"一词。据悉，当今韩国越来越多的语言学家、历史学家、地名学家以及政治家们对这一译法纷纷提出异议，要求将"Korea"改成"Corea"。韩国最大的网站开展过网上调查，显示 70% 以上的韩国人同意更改国家英文译名，以"Corea"代替"Korea"。

与此形成呼应态势，2002 年底，朝鲜中央广播电台播送了一篇评论文章，也建议将朝鲜的英文译文更改为"Corea"，并提议朝鲜、韩国及海外朝鲜族学者尽快在朝鲜、韩国或第三国召开特别会议，就国名外文名称的纠改问题进行深入探讨，以便取得共识，采取联合行动。2003 年 8 月中下旬，朝鲜方面在平壤举办了一个研讨会，专门就国名英译变更问题交换意见，来自朝鲜、韩国和海外的一批朝鲜专家和部分议员出席了这个研讨会。与会者列举了大量史实，为国家名称的外语词形的正确书写提供了依据。

从历史上看，这并非"标新立异"，只不过是"恢复历史本来面貌"而已。因为在朝鲜半岛遭日本殖民统治前，英语中对这个半岛名称的译写一直是"Corea"而不是"Korea"，这并不奇怪。根据英语的传统正字法，只能这样书写。在早年版本的《不列颠百科全书》中，就是以这个名称给朝鲜半岛立条的，在其他地理、历史文献记载中，也是这个写法。19 世纪，半岛最后一个王朝——李氏朝鲜王朝，在同日本、美国、英国、意大利和其他国家交换的外交文件中，用的同样是"Corea"。在那个时代，英、美等国在外交文书和其他公私文件中也均用"Corea"。以"Korea"正式、全面代替"Corea"的使用，仅仅是日本殖民统治开始后的产物。

当然，所谓"Korea"，并非是日本人的"发明"。在欧洲各种语言文字中，"朝鲜"一名的转写，历来有两种词形，形成两套转写系统。在日耳曼语族的各种语言中，一律以"K"开头，而在罗曼（拉丁）语族的各种语言中，全部以"C"开头。英语虽然属于日耳曼语族，但对于"朝鲜"的转写，由于历史因缘，过去都是取法罗曼语族的正字法规则，于是写作"Corea"。而欧洲另外一种重要语言德语，却写作"Korea"。日本侵略朝鲜，使整个朝鲜半岛成为其殖民地后，就刻意改"Corea"为"Korea"。到底什么原因推动日本人在地名转写上采取这种动作，人们的说法不一：或认为日本为了使自己的英语名（Japan）在以字母排序时挤在前面而特意如此变动；或认为是向德语靠拢（日本人素来"以德为师"）；或认为是求与日语地名的罗马字母转写法（字母 c 在其中从不单独使用，一律以 k 取代）并轨、一致。

在印欧语系罗曼语族的四大语言——法语、西班牙语、葡萄牙语和意大利语里，朝鲜半岛及其两国的称呼，一概以大写字母 c 开头：法语作"Corée"；西班牙语、意大利语作"Corea"；葡萄牙语作"Coréia"。目前以这些语言为官方语言的国家、地区，总数为五六十个。在罗曼语族其余语言里，用语同样以大写的 c 起首，概无例外（如罗马尼亚语与摩尔多瓦语均作"Coreea"）。

就英语而言，世界上一大批以辅音"k"音起首的国名，几乎全部写作以字母"c"开头，如柬埔寨（Cambodia）、喀麦隆（Cameroon）、加拿大（Canada）、克罗地亚（Croatia）、科摩罗（Comoros）、刚果（布）、（Congo-Brazzaville）、刚果（金）（Congo-Kinshasa）等。直接采用其他语种的国名，如科特迪瓦（Cote d'Ivoire）、哥伦比亚（Colombia）、哥斯达黎加（Costa Rica）、古巴（Cuba）等，更不在话下，而以字母"k"开头的却一个没有（现用的寥寥几个，如哈萨克斯坦、肯尼亚、科威特等的英语名，均直接来自其他语言的转写，不在计算之内）。唯有 Korea 是个"异数"，并且是由"中途"造改而成——本来是"Corea"，后来屈从殖民统治者的用法，硬是改"k"为"c"。

平壤（Pyongyang），正式名称为平壤直辖市（朝鲜语：평양직할시），是朝鲜民主主义人民共和国的首都和最大城市。平壤位于朝鲜半岛西北部地势低洼的地段，因地势平坦而得名"平壤"。城市西北部是低矮的山岭，东部是丘陵和平原。大同江和它的支流普通江流经市中心。因古时遍布柳树，平壤又称"柳京"。

65. Kuwait（科威特）——"小城堡"

科威特（Kuwait）全称"科威特国"（The State of Kuwait），其国名是由城市名而来。

12 世纪，科威特这块地方被人们称作"古赖因"，意为"小犄角"。这是因为科威特湾好似月牙弯中的一汪碧水，月牙两端犹如一对牛角的缘故。

1614 年，当地哈立德家族的埃米尔穆罕默德·本·欧赖仪尔，在现在科威特市区近海处修建了一座城堡，并命名为"欧赖仪尔科特"。"科特"这个词在科威特和伊拉克南部地区的方言中意为"城堡"。至 18 世纪后半叶，当地人又修建了一堵城墙，并在墙外挖了一道护城壕沟。于是科威特成了一座三面围墙，一面濒海的城池。科威特人凭借这座城池成功地抵御了来自邻近部落的袭击，保护了自己。因此，科威特人特别珍爱自己的城堡，将它称为"小城堡"。在阿拉伯语中，城堡"科特"的缩小名词就是"科威特"。如今，科威特被称为"波斯湾的金色小城堡"。

据科威特建筑学家解释说，凡是被称作"科特"的建筑必须傍水，科威特城正好位于海边，符合这一条件。后来，科威特成了独立国家，"科威特"便顺理成章地用作了国名。"科威特"既是国名，又为首都名，也是省名，还是省会名称。一名四用，这在世界地名中极为少见。

66. Kyrgyzstan（吉尔吉斯斯坦）——"吉尔吉斯人之国"

吉尔吉斯共和国（柯尔克孜语：Кыргыз Республикасы，英语：The Kyrgyz Republic），通称"吉尔吉斯斯坦"，是中亚的一个内陆国。1991 年从前苏联独立，首都为比什凯克。

吉尔吉斯族名，无论是书面记载还是口头传说，在语源学上都有几种不同的解释。一般认为它来源于圣神的数字"40"（kirk/qirq）。按当地民间传说，"40"这一数字等同于"联盟"、"权利"和"美丽"和突厥字"qiz"组合起来的数字的概念（在突厥语中，"qiz"是"女孩"的意思，但是这里是早期族名"Ghiz,Oghuz"的残留形式）。中世纪时，中国和伊斯兰教作家们对这种"数字解释"也进行过论述。例如，《元史》把吉尔吉斯人的起源与 40 名古代汉族少女联系起来，她们生活在突厥语名为乌斯的谷地。16 世纪的波斯著作《历史概要》的作者赛福鼎·阿克希甘第写道，他那个时代的"吉尔吉斯人起源于 40 位乌古思人，他们是在赛尔柱速檀桑伽时代从乌兹根逃亡到忽毡山区避难的"，以此解释吉尔吉斯族名的各种企图有一个共同特征，即试图孤立其组分部分，并在突厥词语构成和词汇构成的基础上对它们做出解释。所以吉尔吉斯斯坦应该是他们的"族名"加上"斯坦"组成的。"斯坦"是波斯语，是"区域"的意思。所以吉尔吉斯斯坦的意思是"吉尔吉斯人的区域"。

1990 年 12 月，吉尔吉斯最高苏维埃议会（Supreme Soviet）投票同意将国名由吉尔吉斯苏维埃社会主义共和国自治州改为吉尔吉斯共和国。1993 年，国家正式改名为吉尔吉斯共和国，并将原首府"伏龙芝"恢复为原名"比什凯克"（英文译名：Bishkek），并定为首都。

"比什凯克"是吉尔吉斯族人自古以来对该市的称呼，其吉尔吉斯语的意思是"搅拌马奶的棒子"。1878 年，俄国人将该地称为"必茨伯克"（俄语：Пишпек），1926 年，吉尔吉斯加入前苏联，成为其中一个加盟共和国 —— 吉尔吉斯苏维埃社会主义共和国。比什凯克亦成为此加盟共和国首府。为纪念在吉尔吉斯出生的前苏联和吉尔吉斯共产党军事家米哈伊尔·伏龙芝，当地政府将"比什凯克"改称为"伏龙芝"（俄语：Фрунзе）。随着吉尔吉斯于 1991 年脱离前苏联独立，吉尔吉斯斯坦政府于同年 2 月 7 日恢复比什凯克的地名。

67. Laos（老挝）—— "万象之国"

老挝（Laos）的全称为"老挝人民民主共和国"。我国台湾地区、马来西亚和新加坡称其为"寮国"，老挝是中南半岛上唯一的内陆国家。在历史上，老挝曾经是真腊王国的一部分。在我国的一些古籍中，老挝曾有着许多的名字：南掌、兰章、澜沧、缆掌、老挝、老抓、老丫、潦查等。在越南的古籍中还称其为"哀牢"，日本称其为"罗宇"。老挝是个有着深远历史的国家，它曾数次被其他民族和国家侵略，长期处于严酷的剥削和压迫之下。老挝人民在艰苦的环境中顽强地进行着解放斗争。在反抗法国殖民统治的过程中，老挝一派被称为"巴特寮"。

"老挝"的"挝"现在读"wō"，但在过去是读作"zhuā"，意为"用指或爪挠、敲打"。我国古籍曾将"老挝"称为"老抓"。老挝这一国家名主要是以民族的名称演化而来的。老挝有三个主要的民族：老龙族、老听族和老松族，它们被称作老挝的三大民族集团。其中老龙族是最大的一个民族集团，其人口约占老挝人口的 69%，主要分布在大城市中，它包括了老挝的佬族、傣族、普泰等 17 个壮侗语系的民族。这些民族的人民主要讲老挝语或与之相近的语言，他们属于哀牢族系，并且居住在湄公河流域的平原地区。"老龙"一词的意思是"居住在谷地的老挝人"。他们最早来自百越中的越裳，社会地位最高。他们还征服了老听族，使其成为他们奴隶。其文字是在万象方言的基础上，于 14 世纪末开始使用的书面语言。公元初年左右，老龙人的祖先被赶离东亚南部地区，在 14 世纪前，和一些从属于高棉吴哥王朝的小公国的孟—高棉族居民杂居。14 世纪，吴哥王朝衰落，促进了老龙人在政治上和民族上的团结一致，并建立了中世纪的澜沧王国。19—20 世纪，老龙族人民团结起来，开展了反抗法国殖民主义者的民族解放运动。1975 年，老挝人民民主共和国成立，老龙人为独立而进行的斗争促进了老挝境内人民的团结。老龙族不仅分布在老挝，泰国、越南、柬埔寨和缅甸也有一些该族居民。由于老龙族是老挝的主体居民，所以"老挝"这一名称也由此衍生。

在不同时期，老挝有着不同的叫法：周朝至汉朝时被称为"掸国"；唐代时中部及北部存在一堂明国或叫"道明国"，国王是高棉人，即是所谓的"陆真腊"或"文单国"；7—9 世纪属真腊国，是所谓"陆真腊"；9—14 世纪属吴哥王朝；高绵衰弱后东南亚北方有一庸那伽国，是佬族与其他泰人对抗高棉的国家；13 世纪，老挝也称为"老抓"、"老丫"，是挝家与潦查的老族小国。

老挝有着悠久的历史，从 1—14 世纪中叶，在今日老挝疆域内曾先后出现过三个古国，即科达蒙（此名为老挝人所称，很可能是我国史籍中的堂明或道明）、文单（或称陆真腊）和澜沧（亦译南掌，意为"万象之邦"）。1353 年，孟骚（今琅勃拉邦，澜沧的政治中心）的统治者法昂统一了今老挝全境，建立了澜沧王国，也称南掌王国，形成老挝历史上第一个多民族的封建国家。老挝语中"澜沧"是百万大象之义。因为在历史上，曾有数以万计的大象生活在老挝的土地上，至今仍有大象出没。因此老挝有一雅称——"万象之国"。

在中国历史上，老挝也曾被称作"哀牢"，这是由于它的发源地为哀牢山，也就是今天的云南保山县。此外，中国台湾、新加坡和马来西亚称老挝为"寮国"，其主要原因是对"Laos"音译的不同，譬如他们也称"老挝人"为"寮人"。"老"与"寮"在老挝语中其实是同一个意思。正是对于其英文翻译的差异，造成了我国大陆地区及港台地区对于老挝国名的不同称法。

在 20 世纪的民族解放斗争中，老挝一派也被一些国家和地区称作"巴特寮"。其中，"巴特"意为"国家"，"寮"是老挝主要民族佬族的别称。1950 年 8 月 13 日，以苏发努冯为领导的老挝抗战政府举行成立大会，会议发表的宣言末尾提出"巴特寮"一词，"巴特寮"既指在第一次印支战争中老挝共产主义力量从法国统治下解放的老挝解放区，也指老挝苏发努冯亲王为首的共产主义组织。巴特寮的前身是老挝争取独立统一的老挝伊沙拉运动，在巴特寮的发展过程中，组建起老挝人民党，即今天老挝人民革命党的前身。

万象（Vientiane）是一座历史悠久的城市，始建于前 4 世纪。老挝气候属于热带和亚热带类型，境内大象很多，万象人口中大部分是华侨，当地华侨音意参半，称其为"万象之邦"。由于说起来顺口，听起来悦耳，"万象"这个名称便渐渐沿用下来。不过，老挝首都"万象"这个名称的含义与"大象"并没有什么联系。在当地语里，"万象"的含义是"檀木之堡"。据说，万象这个地方曾经生长着许多珍贵的檀木，其名称由此而来。现在这个地方已很难见到檀木了，这是因为在外国统治时期檀木已被砍伐殆尽。1560 年，塞塔提拉于将首都从琅勃拉邦迁至湄公河中游的万象。在新都，他大兴土木，修建了王宫、城墙以及著名的塔銮（Vientiane），意译为"永珍"（"永"是"城市"的意思，"珍"是"庙宇"的意思，合起来为"庙宇林立的城市"）或"月城"，意为"月亮之城"（古代的万象，是一座半圆型城市，建筑物多呈白色或黄色，周围是翠竹林，远望如一弯新月）。

68. Latvia（拉脱维亚）——"铠甲"

拉脱维亚共和国（Latvijas Republika，英语：Latvia），简称"拉脱维亚"（Latvija），是一个位于北欧波罗的海沿岸的国家。国名源自民族语，意为"铠甲"、"金属制的服装"。东欧波罗的海沿岸地区的居民自称拉特维什人，该名称起源于古族名拉特加尔人。他们主要居住在拉脱维亚，多信基督教新教各派，部分信天主教。

大约从前 3000 年开始，拉脱维亚人的原始祖先定居在波罗的海东岸。波罗的海人同罗马人和拜占庭人做琥珀和宝石生意。到 900 年，有四个不同的波罗的海部落定居于拉脱维亚，他们是 Curonians、Latgalians、Selonians 和 Semigallians。而"拉脱维亚"一词则来源于其中一个古波罗的海的部落——Latgalians，这些部落的人成为当今拉脱维亚人种族之核心。10 世纪，他们建立早期的封建公国。

首都里加（Riga）是拉脱维亚最大城市，是波罗的海地区重要的工业、商业、金融和交通中心，15 世纪前里加一直由日尔曼十字军骑士团统治。从 16 世纪起，它先后被波兰、瑞典、俄国统治。1940 年，里加并入苏联。1991 年拉脱维亚独立后，里加又成为首都。

69. Lebanon（黎巴嫩）——"白山之国"

黎巴嫩共和国（The Republic of Lebanon），简称"黎巴嫩"（Lebanon），位于

亚洲西南部、地中海东岸，1943 年 11 月 22 日，黎巴嫩摆脱法国委任统治宣布独立，成立黎巴嫩共和国。

黎巴嫩别称叫"白山之国"。从黎巴嫩的地形图上可以看出，黎巴嫩的国土基本上都是山地，只有靠近海岸附近的地区才有平原低地。具体来说，按地形可分为沿海平原、沿海平原东侧的黎巴嫩山地、黎巴嫩山东侧的贝卡谷地和东部的安提黎巴嫩山。黎巴嫩山纵贯全境。有人说这块国土是黎巴嫩山中之国，所以以黎巴嫩这座山的名字命名为其国家名。"黎巴嫩"一词在希伯来语中是"白色的山岭"的意思。黎巴嫩山由石灰岩构成，呈现淡白色，且高山上又常年积有皑皑白雪，这"白色的山岭"中的白色是指山上的积雪或山石的颜色。

那么为什么黎巴嫩会选择山脉作为其命名的依据呢？这其实和其特殊的地理条件有关——山是水的发源地。另一个以山脉命名的国家——叙利亚，其名来源于黎巴嫩山脉的古称"叙利昂"或国名"叙利安纳"，意即"叙利亚山之国"。其实叙利亚和黎巴嫩有很多的相似性和可比性——它们共同拥有黎巴嫩山脉，只不过叙利亚的名字来源于黎巴嫩山脉的古称，而黎巴嫩的国名则是直接取自黎巴嫩山脉。

在中东有条非常重要的约旦河，其一支就发源于黎巴嫩的哈斯巴利河。黎巴嫩是多山的国家，因"白色的山岭"而得国名，一方面显示了山对黎巴嫩的重要意义，另一方面显示了有山才有水。

除了"白山之国"，黎巴嫩还有另外一个别称，那就是"雪松之国"。在黎巴嫩，最突出的特点就是可以看到参天雪松。雪松树是黎巴嫩的象征，也是黎巴嫩的国树。黎巴嫩的国旗上的图标就是雪松。黎巴嫩人热爱雪松的坚强不屈和它的不畏严寒。雪松主要集中在黎巴嫩北部的雪松山。那里的雪松林被《圣经》描绘为世界上最古老的森林。传说所罗门国王曾用这里的雪松木在耶路撒冷建造他的神殿。所以这片雪松林被黎巴嫩人民誉为"神圣的森林"。

贝鲁特（Beirut），位于地中海边狭长的平原上，背依连绵起伏的黎巴嫩山，既是地中海东岸最大的优良海港城市，又是黎巴嫩共和国的重要门户和货物集散地；既是中东商业、交通、金融和文化中心，又是东西方的连结点和出入中东的大门。黎巴嫩是阿拉伯世界中一个名副其实的西方式国家，首都贝鲁特号称"东方巴黎"。

贝鲁特，作为地中海东海岸最古老的城市之一，其历史漫长而又曲折，最早可以追溯到腓尼基人时代，而其取名也来自于腓尼基人。令人惊讶的是，早在前 2000 多年，腓尼基人就定居在此地了，并且创立了他们自己的文字——腓尼基字母，英语中的 26 个字母，其源头是腓尼基人语言的字母。

在腓尼基人居住的时代，贝鲁特还有一个名字，叫作"阿什特里特"，意思是"爱和美的女神"。腓尼基人非常精明，由于背靠高耸的黎巴嫩山，他们只能向浩瀚的大海求生存。没有发展农业的条件，他们就发展了手工业和商业。他们是高明的手工业人，也是远走四方的商人。所以在那个时代，贝鲁特非常繁荣。然而这样一个繁荣的地方，却有个致命的劣势——水资源匮乏，由此无法解决饮用和灌溉农田用水的问题。因此即使在繁荣的社会，再聪明的居民，没有水资源他们无法过上幸福的生活。这也是为什么后来的人们将"阿什特里特"改名为"贝鲁特"的原因——为了凸显出人们对水资源的强烈需求和渴望。

与其国名相似，贝鲁特也得名于其独特的环境。"贝鲁特"在古叙利亚语、腓尼基语和希伯来语中，是"多井之城"的意思。该城是古代居民在一片不毛之地、水源缺乏的地方建的。当时为了解决饮用和灌溉农田的用水问题，人们在沿城墙边缘地带挖了许多水井，久而久之，人们便习惯称这个地方为"贝鲁特"，最后终于取代了"阿什特里特"这个名字。当下，在贝鲁特市内仍可以看见一些古井的遗迹。

70. Liberia（利比里亚）——"自由之国"

从"利比里亚"（Liberia）中文音译过来的名称中，我们很难得知这个国名真正的意思，但是其英文名称"The Republic of Liberia"清楚地告诉我们，这个国家是个自由之国。

利比里亚与美国之间存在着"特殊关系"。可以说，利比里亚是由美国一手建立起来的。美国政界和宗教界通过建立利比里亚这个国家来解决美国种族问题，其核心是通过强迫性的遣返，将黑人运到非洲，从而达到将黑人从美国社会中分离出去的目的。在 18 世纪之前，有很多著名人士（包括托马斯·杰弗逊、詹姆斯·麦迪逊、詹姆斯·门罗等）有这种想法。黑奴在当时的世界扮演的角色只是一种商品，黑奴毫无尊严可言。

18 世纪末、19 世纪初发生的几起与奴隶制度有关的事件，以及美国黑人数量的大幅增加加速了这一设想变成现实。1816 年 12 月 4 日，亨利·克莱、伊利亚斯·考德威尔、罗伯特·芬利等 20 多人在美国首都华盛顿的一家小酒馆里举行会议，决定成立美国殖民协会（The American Colonization Society, SAC）。1817 年 11 月，美国殖民协会选派牧师塞缪尔·伯吉斯等人去非洲西海岸找合适的殖民地点。1818 年他们回国提交报告，称在西非海岸建立非裔美国人的殖民地是可行的。1820 年 2 月 6 日，86 名美国黑人、2 名美国政府代表和 2 名美国殖民协会代表乘"伊丽莎白"号离开纽约港，驶向塞拉利昂。"伊丽莎白"号同 1620 年英国第一艘运载清教徒驶向北美的船只"五月花"号的方向刚好相反，所以这艘船被称为"利比里亚的五月花"号。1821 年美国政府又派遣人员前往非洲考察殖民地，但未能与当地居民达成得到一块土地的协议。同年 12 月，政府代表斯托克顿与美国殖民协会代表伊莱·艾尔斯软硬兼施，用手枪迫使德伊族的彼得王（King Peter）签订契约，售出梅苏拉多角。

　　1847 年之前的利比里亚还是附属于美国的殖民地。1822 年 11 月到 12 月，格利和阿什曼一道为殖民地起草一部宪法，即《格利宪法》，宪法将殖民地命名为"利比里亚"（Liberia），即"自由之国"，将梅苏拉多角上的居住地称为"蒙罗维亚"（Monrovia），以纪念当时的美国总统詹姆斯·门罗（James Monroe）。1852 年 2 月，美国国会批准了《格利宪法》。由此可以看出，利比里亚仍然是附属于美国的。

　　到现在为止，我们看到的"自由之国"并没有对黑人赋予很大的自由权利。但是相比那些被奴役的黑人，这里的黑人有更多的选择权利。最早移民利比里亚的黑人靠务农维持生活，但是由于热带地区土壤贫瘠，很多人难以通过务农为生。大多数有能力从事贸易的人都弃农经商去了。一些移民通过经商积累了资本，购置了船只，往返于大西洋或沿海，成了富商。殖民地的教育也已起步，学校和教堂也逐渐建立。黑人逐渐在这片土地上获得自由。

　　1832 年之后，美国几个州也相继建立自己的殖民协会，并在非洲各地建立殖民地。1832 年，马里兰州殖民地协会成立，并在帕尔马斯角购得土地，建立以哈珀为中心的马里兰殖民地，称为"利比里亚的马里兰"（Maryland-in Liberia）。1834 年，美国殖民协会纽约州分会在克莱逊（Port Cresson）建立殖民地。1835 年，宾夕法尼亚州教友派信徒青年协会在圣约翰河河口建立大巴萨殖民地。1836 年，美国殖民协会宾夕法尼亚州分会在格林维尔附近建立密西西比殖民地。1838 年，密西西比州殖民协会在锡诺河口建立殖民地。此后，路易斯安那州、佐治亚州等都以马里兰州为榜样，纷纷成立自己的殖民协会，并在利比里亚海岸建立了独立的殖民地。

　　1839 年 4 月 1 日，除马里兰殖民地外，所有殖民地联合成立以蒙罗维亚为中心的利比里亚联邦（The Commonwealth of Liberia），并一致通过《利比里亚联邦宪法》。利比里亚联邦的建立是利比里亚历史上一个重要的里程碑，是迈向独立的重要一步。然而，由于利比里亚联邦是由美国殖民协会一手创建的，并没得到国际的认可，许多外商以利比里亚是非主权国家无权征税为由拒绝纳税。

1845 年，利比里亚在巴萨湾捕获一艘未交进口税的英国商船，船长向英国求援，英国派出炮艇在大巴萨港捕获利比里亚货船，时任利比里亚总督的约瑟夫·罗伯茨向英国政府提出抗议，并呼吁美国殖民协会请求美国政府介入。美国政府就这一事件做出答复，请求英国政府注意美国在殖民运动中的特殊利益，请求英国承认利比里亚的主权。针对美国政府的请求，英国政府表示不能将一个由慈善协会建立的商业性实体作为一个主权国家来对待，因而无须遵守其法律。面对英国的挑战，利比里亚联邦立法委员会要求美国殖民协会允许利比里亚成为独立的主权国家。1846 年 1 月，美国殖民协会董事会宣布："此时，将自制政府的一切权力，包括对一切外交关系的处理权力，转入利比里亚人民手中是'适当的'。"同年 10 月 7 日，利比里亚立法委员会一致通过了这一决议。1847 年 7 月 16 日，利比里亚联邦召开制宪会议，通过了独立宣言和宪法，制定了国旗和国徽。同年 7 月 26 日，利比里亚共和国正式宣布脱离美国殖民协会。至此，利比里亚成为真正的独立国家。

首都蒙罗维亚（Monrovia）是利比里亚最大的城市，也是最重要的港口，该市经济主要依赖其港口，而这个港口主要是由美军于第二次世界大战期间扩建的。1824 年，为纪念当时积极支持殖民运动的美国总统詹姆斯·门罗，而将此地命名为蒙罗维亚（Monrovia）。1847 年，利比里亚宣布独立，定都蒙罗维亚。"蒙罗维亚"直接音译还是能保持其原本的意义——纪念美国总统"门罗"。

71. Libya（利比亚）——"希腊神话女神"

亚非欧统治者一再想把利比亚作为自己的殖民地，或者国家或帝国的省份。这种外国人长期统治的结果是：这个国家充满了令人难以忘怀的腓尼基人、希腊人、罗马人、拜占庭人、奥斯曼人和意大利人留下的历史遗迹。尽管利比亚的早期历史使这个国家充满已逝帝国的残留遗迹，但阿拉伯人的持续进攻给利比亚民众的影响更持久。古代利比亚居民是柏柏尔人、图阿雷格人和图布人。前 7 世纪左右，迦太基人入侵。前 201 年，利比亚人在反抗迦太基统治的斗争中曾建立统一的努米底亚国。前 146 年，罗马人入侵。7 世纪，阿拉伯人打败拜占庭人，征服当地的柏柏尔人，带来了阿拉伯文化和伊斯兰教。16 世纪中期，奥斯曼帝国攻占的黎波里塔尼亚和昔兰尼加，控制了沿海地区。1912 年 10 月，利比亚在意土战争后成为意大利的殖民地。

"利比亚"是希腊神话女神的名字，它还曾是地中海沿岸整个非洲陆地块的名称。

后来，"阿非利加"之称取代了"利比亚"。当时"利比亚"成了北非意大利属地的名称，现在则只是作为利比亚共和国的名称。"利比亚"一词是意大利殖民主义政策的产物，1911 年，意大利人把奥斯曼帝国北非省份占领，将其命名为"利比亚"。"利比亚"一词正式使用是从 1929 年开始的。

首都的黎波里（Tripoli）的名字来源于希腊文字，"tri"意为"三，三的"，而"polis"意为"城镇"。的黎波里在公元前就已是一个繁盛的古城，于前 7 世纪由腓尼基人建立，后来由昔兰尼统治，不久却被迦太基人驱逐。故其在不同的时代，有着不同的名字。后来此城长期被罗马人占领，成了他们在非洲的一个省份，名为"Regio Syrtica"。3 世纪，它被改名为"Regio Tripolitana"。通观整个罗马统治时期，最早在利比亚设立贸易点的是腓尼基人，来自提尔（位于今黎巴嫩）的商人与柏柏尔人建立贸易关系，并签订条约来保障他们之间关于原材料开发的合作。到前 5 世纪，腓尼基人最大的殖民地迦太基，将霸权延伸到了几乎整个北非沿岸，一个被称为"布尼"的独特文明应运而生。布尼人在利比亚的据点包括奥亚（即之后的的黎波里）、Libdah（即之后的大莱普提斯）和塞卜拉泰。该地区的这些城市被称为"的黎波里斯"（Tripolis，"三城"），这就是利比亚首都的黎波里名字的由来。的黎波里是指这样三个城镇，即萨布拉塔（塞卜拉泰）、莱普提斯和欧伊亚。

作为罗马帝国的一部分，特别是在 2 世纪，的黎波里塔尼亚变得繁荣起来。这一地区的富庶取决于三个因素：农业的发展、海上商业活动的频繁，以及跨撒哈拉贸易的发展。最后，从非洲内陆到地中海沿岸的贸易占到了重要的地位，使得欧伊亚的沿海港成为了一个颇具影响力的商贸中心。黄金、象牙、奴隶和供罗马马戏场搏斗的异域珍禽，全部从乍得地区带到了欧伊亚，用来换取罗马的奢侈商品。之后，当骆驼作为横跨撒哈拉地区的一种交通工具而被广泛使用的时候，贸易往来也就更频繁了。这也就促进了欧伊亚和莱普提斯的繁荣发展。除了贸易往来以外，塞弗留斯·赛维鲁的统治——这个首位本土出生的黎波里塔尼亚的人成为了罗马皇帝，对这一地区的地位有着很大的影响。这位来自莱普提斯的非洲皇帝，统治罗马的时间是 193—211 年。他不论是在罗马人中还是在故乡的黎波里塔尼亚人中都广受欢迎。由于塞弗留斯·赛维鲁积极拉拢地中海两岸的社会精英，欧伊亚、萨布拉塔（塞卜拉泰）和莱普提斯逐渐变得兴盛起来。297 年后，的黎波里塔尼亚的名字简称为"的黎波里"。之后，在奥古斯都的统治下，欧伊亚被授予了一些特权，这使得它成为了一个重要的商贸中心。同时，萨布拉塔（塞卜拉泰）和莱普提斯的地位渐渐地衰退了。随着欧伊亚对其他两个邻市的支配地位的逐渐提升，最后的黎波里便开始独自称为"欧伊亚"了。经过一段时间后，约在5世纪，欧伊亚被叫作"的黎波里"。这个名称同阿拉伯语言略有偏差，但一直沿用至今。

72. Liechtenstein（列支敦士登）——"发光的石头"

列支敦士登（Liechtenstein）是一个欧洲中部的内陆小国，官方语言为德语，是世界上仅有的两个双重内陆国之一。列支敦士登的德语称谓是"Das Fuerstentum Liechtenstein"，意为"发光的石头"。德语中，"Lichten"是"发亮的、闪光"的意思，"Stein"是"石头"的意思，这两个词构成列支敦士登的国名，列支敦士登市镇建筑物以浅白色的大理石作为建筑材料，整个国家的建筑物都很漂亮，大理石在这里被誉为"漂亮的石头"，这也是这个国家的命名原因之一。但列支敦士登的国名起源于18世纪初，来自奥地利维也纳的古老家族列支敦士登的大公约翰·亚当，他一步步买下采邑，并建立公国。1699年先买下平原下地区，1712年又买下平原上地区，包括首都瓦杜茨，这为后来建立独立公国迈出了重要的一步。

1719年1月23日，当时神圣罗马帝国皇帝查理六世将这两个地方合并成立一个独立的小型大公国，赐名"列支敦士登"，即国家元首大公的姓氏。而以人名命名的国家并不止列支敦士登一个，目前以人名命名的国家还有：菲律宾、尼加拉瓜、哥伦比亚、玻利维亚、毛里求斯、马绍尔群岛、塞舌尔、安哥拉、圣马力诺等。列支敦士登也是现存为数不多的独立公国中的一个。

公国是指国家的元首，被称为"大公"。公国最早起源于查理曼帝国分裂之后，贵族们瓜分了诸侯国，并且保有自己的封号，在自己的土地上建立国家，有侯爵统治的侯国，也有公爵统治的公国。而公国的王位都是世袭的，即国家元首是世袭的。和我国历史上的诸侯国不同的是，虽然它们都依附于王国，例如列支敦士登依附于瑞士王国，其货币、军队、海关协议、外交事务都交于瑞士管理。但公国作为独立的国家，有自己独立的主权，这是不容侵犯的。列支敦士登从1719年以国家元首姓氏命名，到1806年宣布独立主权，经过了近百年的时间，经历了法国和俄国的侵略。

因为国家元首是公爵，所以这个国家也被称为列支敦士登公国。但列支敦士登不是大公国（Magnus Dux），大公国和公国的概念不同。大公国的国家元首是大公，大公和公爵是不同的，大公的等级比公爵要高，大公多由王室子女担任，有大公或女大公，而列支敦士登的国家元首是公爵，因此被称为公国，而非大公国。但现在对于公国和大公国的概念区分不是很明显，所以很多人把公国和大公国混用，现在唯一一个自称为大公国的国家是卢森堡大公国。

列支敦士登的首都是瓦杜茨（Vaduz）。瓦杜茨原来是一个古老的村镇，始建于1322 年，1499 年毁于瑞士罗马帝国之战，16 世纪初重建，1866 年成为首都。瓦杜兹最著名的建筑是瓦杜兹城堡，是这座城市的象征和骄傲，是现今最古老的皇室家族的住宅，也是这个城市的命名依据。

73. Luxembourg（卢森堡）——"小要塞城堡"

卢森堡（Luxembourg）这个位于欧洲的国家，是欧洲大陆仅存的一个大公国，其国土面积很小，所以有着"袖珍王国"的称呼。

古代卢森堡属高卢地区，臣民属比利时部族，前 1 世纪时被罗马恺撒军团征服。5 世纪法兰克人侵入，卢森堡成为法兰克王国的一部分。法兰克王国分裂后，卢森堡被划分到洛林王国。10 世纪时，这里是神圣罗马帝国封给阿登伯爵西格弗里德的领地。963 年，阿登伯爵的弟弟西热弗鲁瓦，在阿尔泽符河畔的古罗马大道上选中一个峻峭而又曲折的峡谷，在那里建立城堡。邻近有个守护台，是 3 世纪加利安皇帝在位时兴建的，法兰克人叫它"卢西林堡胡克"，意即"小要塞城堡"，西热弗鲁瓦也就给自己的要塞取了这个名字，这便是"卢森堡"名称的由来。

大公国是以大公或者女大公为国家元首的国家，大公地位是世袭的，掌握国家最高权力。大公国出现于欧洲中世纪封建割据时期。9 世纪末，东斯拉夫人以基辅为中心，建立起统一的封建大国基辅罗斯，其最高统治者为罗斯大公。13 世纪时，东欧各封建领地曾一度建立联合的封建国家立陶宛大公国。立陶宛大公是最大的封建主，卢森堡大公国和安道尔大公国是实行君主立宪制的国家。实际在翻译上，任何以君主为元首的城邦或微型国家，在中文或日文都可以称为大公国或公国。

首都卢森堡市地处德、法之间，地势险要，历史上一度是西欧的重要军事要塞，曾有过三道护城墙、数十座坚固的城堡以及 23 千米长的地道和暗堡，被誉为"北方的直布罗陀"。

74. **Macedonia**（马其顿）——"异邦人"

马其顿（Macedonia）在希腊语意思为"异邦人"。4 世纪之前，马其顿隶属于古希腊，坐落于古希腊北部山区。古希腊是城邦制国家，雅典和底比斯是古希腊核心城市，在雅典人和底比斯人眼里，马其顿介于文明人与蛮族之间，是完完全全的"异邦人"。

1991 年，马其顿共和国脱离前南斯拉夫获得独立。马其顿独立成国后，继续沿用南联邦时期的"马其顿共和国"这个称谓，但内涵已完全不同。在南联邦里，马其顿共和国是六个联邦主体之一，其时空范围局限在一个国家之内。说穿了，它不过是南联邦的六个"省级"单位之一。挣脱了南联邦之后，马其顿共和国一下子站在了世界上，成了巴尔干半岛上的国家之一。对于这种变化，最不满意的国家是马其顿的邻国希腊。在希腊看来，没了南联邦这个时空框架，马其顿与历史上作为古希腊文明一部分的古代马其顿帝国国名重合，在地理位置上与希腊北部的马其顿省重合，而这些都是对希腊历史和领土的"侵犯"。于是，希腊坚决反对这个新邻国使用"马其顿共和国"的称谓。希腊将独立后的马其顿称为"前南斯拉夫马其顿共和国"，或者干脆用"斯科普里"这个首都名来指代这个新诞生的国家，同时还竭力阻止国际社会承认"马其顿共和国"。正是在希腊的压力下，1993 年 4 月，马其顿只能用"前南斯拉夫马其顿共和国"的称谓加入联合国。全球大约有一半的国家在双边或多边关系中承认马其顿的宪法国名，即"马其顿共和国"，而另一半则坚持使用"前南斯拉夫马其顿共和国"或用"斯科普里"来指代它。马其顿的国名问题至今仍是马其顿和希腊两国之间矛盾的焦点，对于谁拥有权利使用"马其顿"这一古老名称的问题，两国从政府到民间都展开了声势浩大的论战，立场针锋相对。

75. **Malaysia**（马来西亚）——"山岳之国"

马来西亚（Malaysia），简称"大马"，全称马来西亚联邦。其国名与其英文名字的读音几乎相同。其名字的由来说法不一，最多的说法是由所处的地方——"马来半岛"（Malay Peninsula）改变而来的。以下是其他几种说法：一是以古印度使用的达罗毗荼语中的马来语作为语源的国名，该半岛由马来（山）构成，此后，马来半岛这个称呼延续下来，现国名"马来西亚"是由马来半岛的地名和地

名结尾词 "-ia"（……之国）构成，其意为 "马来半岛之国"、"山岳之国（山国）"。二是因居住在马来地区和加里曼丹地区居民的马来人而命名的，意为 "马来人之国"。三是 "马来" 二字在马来语中是 "黄金" 的意思。马来半岛因盛产黄金，被称为 "黄金半岛"，也即 "黄金" 之国。四是源于希腊文，意为 "黑色的土地"，也有人说它来源于中古时期的末罗瑜国。

马来西亚首都吉隆坡（Kuala Lumpur）坐落在马来半岛西南沿海，是马来西亚政治、经济、金融、商业和文化中心，也是全国交通和电信枢纽。何以称 "吉隆坡"？溯其源，当初吉隆坡建城时，其最早的街区建筑在两条小河的交汇处，每逢山洪暴发，河水四溢，水中挟带大量泥沙和其他杂物，使得这块地区变得一片泥泞。人们根据这个特点，遂把新建的城市命名为 "吉隆坡"。"Kuala Lumpur" 中的 "Kuala" 意为 "河口"，"Lumpur" 意为 "泥泞"，合在一起即为 "泥泞的河口"。当然，随着时间的推移及城市的发展，吉隆坡早已不是旧时的泥泞模样，已经变成了一个清洁整齐的现代化都市，但 "吉隆坡" 这一城名却被长久保留下来。

76. Maldives（马尔代夫）——"岛屿缀成的花环"

"马尔代夫（Maldives）" 这个名字，来自古代印度的语言——桑斯克里特语（Malodheep），意为 "以岛屿缀成的花环"。这个由 1 200 多个珊瑚小岛组合而成的美丽国度，星罗棋布于印度洋上。目前只有200个小岛有人居住，其余都是无人荒岛。

马尔代夫人的起源有个美丽的传说：狮子国（斯里兰卡）的一名叫科伊马拉的王子娶了一位公主，他们的船来到岛上，被岛上居民挽留，科伊马拉登基为王。国王和王后生下一子，叫卡马敏加，后继承王位统治 12 年，然后改信伊斯兰教。国王死后，他们的女儿与首相结婚，他们的儿子与当地一位姑娘结婚。他们被尊为马尔代夫人的先人。

古代的马尔代夫被称为 "溜山"。14 世纪初叶，汪大渊曾到此地，在所著《岛夷志略》作 "北溜"，当时尚无国王，只是一个渔港，出产椰子索、鱼干、贝壳等货物。与乌爹、朋加拉等地商人交易，一船贝壳交换大米一船有余。"北溜" 其实就是马尔代夫现在的首都 "马累"。

为什么叫 "北溜" 呢？马累的英文是 "Male"，发音比较像北溜。我国古代人民用音译法来进行命名。郑和《海图》所谓官屿是也。苏继瘎引伸其说云："本书北溜一名，似以藤田主张视其为马尔代夫都会马累（mal）之对音为最合。缘方音 m

音一与 p 音可互转，m 可读成北。"

《明史》作"溜山国"，永乐十年（1412）三宝太监郑和出使溜国，永乐十四年（1416）溜山国王亦速福遣使朝贡，此后三次朝贡。明宣德五年（1430），郑和再次出使溜山国。随郑和出使的马欢在所著《瀛涯胜览》有专章《溜山国》。溜山国的国王、头目、和国民都信奉伊斯兰教。气候炎热，土地贫瘠，无麦，少米，有牛、羊、鸡、鸭。民以渔业为生，兼种椰子树。

马累（Male）也是一个珊瑚礁岛，据说是"花环"的意思。马尔代夫的由来也是如此，意为"以岛屿缀成的花环"。马累应该是世界上最小的首都了，面积只有 2.5 平方千米，人口约 6 万。这里没有刻意铺整的柏油马路，放眼望去尽是晶亮洁白的白沙路。炫目的白色珊瑚礁和多半漆成蓝绿色的门窗形成强烈的色差。房子通常筑得又高又窄，据说是为了避免恶魔入侵。由于曾受英国管辖，因此部分建筑带有浓厚的英式气息。在这个袖珍国中，汽车似乎是多余的，人们不是骑单车就是走路。

77. Malta（马耳他）——"避风之港"

马耳他（Malta）全称"马耳他共和国"，位于地中海中部，它在意大利的西西里岛的南边，由马耳他岛、戈佐、科米诺（即凯穆纳岛）、科米诺托和菲尔夫拉岛五个小岛组成。马耳他正好处于地中海中部，地理位置十分重要，所以有"地中海心脏"的称呼，也是历来兵家争夺的地方，历史上常被周围强大的邻国侵占。

马耳他海岸曲折，为天然良港，港口水深隐蔽。"马耳他"这一名称的来源便与马耳他列岛的大港湾有关。前 10 世纪左右，称雄地中海的腓尼基人在经商航海时无意中发现了位于地中海中部的马耳他列岛。腓尼基人称该岛为"马莱特"（Malet），意即"避风之地"。因它海岸曲折，港湾隐蔽，自古为来往船舶避风停泊的理想地。到了古希腊人当政的年代，古希腊人因这里出产的一种蜂蜜而称该地为"蜜地"，发音正是"Melite"。这一地名后被罗马人继续沿用，之后几经讹传，便变成了今天的"马耳他"。

马耳他首都是瓦莱塔（Valletta）。"瓦莱塔"得名于马耳他骑士团总团长拉·瓦莱特。12 世纪，为了夺回被伊斯兰教徒占领的基督教故乡耶路撒冷，在罗马教皇的呼吁下，欧洲发动了十字军东征。马耳他骑士团前身——圣约翰骑士团，直隶罗马教皇，沿路负责欧洲赴耶路撒冷朝圣者的医疗护理和军事保护。后来地中海沿岸的中东、北非重新成为基督教世界。15 世纪时，伊斯兰教的奥斯曼帝国（土耳其）崛起，占领了中东和东罗马帝国首都伊斯坦布尔，接着横扫地中海，把许多北非国家从当时的地中海霸主西班牙手上夺回。圣约翰骑士团也从中东节节撤退到希腊爱琴海上的罗特岛，又退往克里特岛。1530 年，西班牙国王和德国皇帝将马耳他分封给骑士团。奥斯曼帝国势不可挡，水路一直打到法国南部如马赛，陆路一直进攻到奥地利首都维也纳。奥斯曼帝国于 1565 年在首都伊斯坦布尔誓师，远道而去大举进军马耳他，打算三天内消灭马耳他骑士团，但最终梦想破灭，马耳他骑士团也伤亡惨重。随后马耳他骑士团将首都迁往马耳他出海口 —— 当时与奥斯曼激战的军事堡垒，并以瓦莱特命名。

78. Mauritius（毛里求斯）——"王子的名字"

毛里求斯共和国（Republic of Mauritius），是非洲东部的一个岛国，位于印度洋西南方。在 1505 年以前，岛上还是荒无人烟。当葡萄牙人马斯克林登上该岛的时候，只见一群蝙蝠扑扑棱棱地飞起来，于是他干脆把小岛叫作"蝙蝠岛"。1598 年，荷兰人来到这里，以莫里斯王子的名字纳桑毛里斯（Maurice Van Nassau）给岛命名为"毛里求斯"，我国台湾地区译为"模里西斯"。荷兰人统治了毛里求斯 100 多年。1715 年，法国人占领了毛里求斯岛，改称它为"法兰西岛"。100 多年以后，英国打败法国，将岛的名字又改回"毛里求斯"，并于 1814 年正式将该岛划归为英国殖民地。毛里求斯人通过各种方式求得自治，终于在 1961 年 7 月，英国同意毛里求斯自治。1968年 3 月 12 日，毛里求斯正式宣告独立。

79. Mexico（墨西哥）——"墨西卡人的国家"

墨西哥（Mexico）的国名全称为"墨西哥合众国"。墨西哥，是从当地阿兹特克族的守护神"墨西特里（印第安语）"的名字演变而来的。阿兹特克人是墨西哥的一支印第安人部落。阿兹特克意为"鹰之人民"，在阿兹特克人的生活中，宗教占有十分重要的地位，居民相信灵魂永存，并相信存在至高无上的主宰。对阿兹特克人来说，"太阳"是最重要的存在。他们相信世界曾经四度被创造、四度遭到毁灭。每一次创造时，都会产生新的太阳，照亮全世界。所以阿兹特克人相信，目前的世界是"第五太阳世界"。他们崇拜自然神，如太阳神、月神、云神、雨神、玉米神等，主神威济洛波特利（Huitzilopochtli）被视为太阳神和战争之神，"墨西特里"即为其战神和太阳神的别名。阿兹特克人也因此称自己"墨西卡（Mexìcâ）人"。

据传，太阳神曾指示他们一直往南迁移，直到看到一只老鹰站在仙人掌上啄食一条蛇，那个地方便是能够定居的富足之地，并且未来会兴旺发达。于是其首领便率领全族来到墨西哥谷底，竟真的见到这种情形，便认定其为太阳神指定的地方，并把那里作为持久的居住地。他们先后建立了羽蛇神庙、特拉洛克水神庙以及无数座金字塔，取名为"特诺奇蒂特兰城"，这也就是所谓的"墨西哥"的起源。去掉"特里"改为"哥"，既是为了表明他们对于太阳神的信奉，亦表明该地是太阳神所指定的地方。兹特克人在 12 世纪后期从北方迁居墨西哥盆地，1325 年建立特诺齐蒂特兰城，后渐向外扩张，征服周边部落，形成强大帝国。14—15 世纪征服邻族，疆域扩展，达到瓦哈卡和特万特佩克，北部及至圣路易斯波托西，东南达到危地马拉，盛极一时，号称"阿兹特克帝国"。墨西哥国名便源于此，"墨西哥"的意思就是"墨西卡人的国家"。

墨西哥于 1521 年沦为西班牙殖民地。1821 年 9 月 16 日宣告独立，1824 年后建立联邦共和政体。1917 年定国名为"墨西哥合众国"。其实墨西哥正式的名字是"墨西哥合众国"，也就是英文的"The United States of Mexico"，不难看出其与美国国名"The United States of America"十分相像，该名是仿效美国的全名"美利坚合众国"而定下的国名，反映出独立初期墨西哥领导人希望建立类似美国的联邦政体。事实上，他们也是这样做的，墨西哥与美国一样实行总统制、共和制，总统担任国家元首和政府首脑，由选民直接选举产生。墨西哥外交政策的重点是发展与美国的关系，这不仅因为两国有 3 000 多千米漫长的边界相连，而且在经济上有特殊的利害关系。然而 2010 年，时任墨西哥总统的卡尔德龙认为，墨西哥不需要仿效其他国家，并提出希望能够在自己卸任前将墨西哥联合众国简化为"墨西哥"。

关于"扶桑国"的纪事最早出自《梁书》，对于古代扶桑国到底是哪个国家，至今仍存在争议，有两种说法：一是日本，另一种说法则是墨西哥。尽管扶桑现在可以指日本，但是中国国史的一些学者更倾向于墨西哥。据《梁书》记载，有如下几方面的判断：首先《梁书·扶桑国传》中有记载："文身国，在倭国东北七千余里……大汉国，在文身国东五千里……扶桑国者，齐永元元年，其国有沙门慧深来至荆州，说云：扶桑在大汉国东二万余里，地在中国之东，其土多扶桑木，故以为名。"也就是说"扶桑国"在日本东北方向 32 000 里（1 里＝500 米）之外，据我国东部有 34 000 里，因而符合此地理特征的必然为美洲地区，不可能是日本。第二则与墨西哥的特产植物棉花相关，它恰好符合书中"扶桑叶似桐，可为衣，布，棉"的特征，中国那个时候还未引进棉花，所以会认为是扶桑也属正常。另外，在墨西哥还曾发现过许多汉人古碑、古钱、雕刻等。这也就是说，早在那时，中国与墨西哥便已有过交流。并且邓拓先生根据梁朝和尚编撰的《高僧传》曾断言，慧深不仅是中国人，而且是一位曾一度远游美洲的中国僧人。亨莫茨更是指出慧深便是古墨西哥阿茨特克人的神凯察尔科阿特尔的原形。更有一些学者在附近地区找到了近似"慧深"、"释迦"的音的族名或地名。另外，在前苏联科学院出版的《美洲印第安人》中证实的古墨西哥有金、银、铜的冶炼却无炼铁迹象，与《梁书》中记载的扶桑国矿产特征完全吻合，甚至连印第安人子孙充当奴隶的年龄的相关记载也相吻合。并有考古资料表明，在墨西哥越万滔的地方发现许多泥质雕像、衣饰等，这些出土的文物经过专家的仔细比较，发现这些在遥远的美洲大陆上的古代遗物竟然与古代中国的文物有着惊人的相似。综上所述，墨西哥很有可能就是"扶桑国"。

首都墨西哥城（Mexico City, Ciudad de Mexico），作为首都与其国家同名，其来源也大体相同。"墨西哥"在阿兹特克人的传说中是太阳神"墨西特里"居住的地方，二者皆由"墨西特里"演化而来，意为"太阳和月亮之子"。

80. Monaco（摩纳哥）—— "神殿"

摩纳哥公国（Principality of Monaco）是位于欧洲的一个城邦国家，也是世界第二小的国家（仅次于梵蒂冈）。

摩纳哥（Monaco）的名称来源有三种说法：①与某一神教有关系；②与"好客"、"安静"、"安全"等含义有关，推测是腓尼基人对此良港的命名；③来源于腓尼基语或希腊文"monoikos"，其中一种意思是"隐士"、"僧侣"，与该城所建神庙有关。

大约前 6 世纪，来自希腊福基斯（Phocaea）地区的福基斯人于该地区附近建立起了希腊殖民地 —— 摩诺伊可（Monoikos）。根据希腊神话，大力士海格力斯曾经经过这里，因此福基斯人在此建了一座神庙祭祀海格力斯，称为"Monoikos"。在希腊语中，"Μόνοικος"指的是独栋的房屋或神殿，"Monoikos"也就逐渐转化为该地的地名。

摩纳哥首都为摩纳哥城（Monaco-Ville）。整个城市建在阿尔卑斯山脉伸入地中海的一个悬崖上，因而有"悬崖顶上的首都"之称。城市中最古老的建筑物是古城堡，古老的大炮架设在城垛之上，城堡各角落均设有瞭望台。现在的王宫就是在古城堡的基础上扩建而成的。

81. Mongolia（蒙古）——"勇敢"和"朴素"

蒙古（Mongolia），是我国北方的一个内陆国。据文献记载，蒙古族属于东胡系，是由室韦部落的一支发展而来的。大约在 7 世纪以前，蒙古族就居住在额尔古纳河一带，后来西迁到了鄂嫩河上游不尔罕山（大肯特山）和克鲁伦河一带。在我国唐代史籍中称为"蒙瓦"，《辽史》中称为"萌古"。11 世纪，他们结成了以塔塔尔为首的联盟，强大一时，因此，"塔塔尔"或"鞑靼"（音同"达达"）曾一度成为蒙古草原各部的通称。后来西方通常就将蒙古泛称为"鞑靼"。在我国宋、辽、金时代，还把漠北的蒙古部落称为"黑鞑靼"，漠南的蒙古部落称为"白鞑靼"。

到 12 世纪，蒙古族已经散布在今鄂嫩河、克鲁伦河、土拉河等三河的上游和肯特山以东一带，并分衍出乞颜、札答兰、泰赤乌等许多部落。此外，在蒙古草原和贝加尔湖周围的森林地带，还有塔塔尔、翁吉剌、蔑儿乞、斡变剌、克烈、乃蛮、汪古诸部落。它们大小不等，经济文化发展亦不平衡。游牧在草原上人的被称作"有毡帐的百姓"，主要从事畜牧业，而居住在森林地带的被称作"林木中的百姓"，主要从事捕鱼业。

13 世纪初，成吉思汗统一蒙古诸部落后，逐渐融合为一个新的民族共同体，"蒙古"也就由原来一个部落的名称变成为民族名称。在汉文史籍中就统称他们为"蒙古"。元朝灭亡后，蒙古分裂为许多部落，后来，按照所居地域逐渐形成为三大部分，即分布在内蒙古自治区和东北三省的蒙古人称为漠南蒙古，亦即科尔沁部；分布在今蒙古国境内的蒙古称为漠北蒙古，亦即喀尔喀部；分布在新疆、青海和甘肃一带的蒙古称为漠西蒙古，亦即卫拉特部，也称为厄鲁特（额鲁特）蒙古。

蒙古一名最早出现于《旧唐书》，称"蒙兀韩"，为民族名。也有说《魏书》中有关蠕蠕的记载里出现的"木骨闾"一词即是蒙古，证明其名早在 3—4 世纪时即已存在。自唐以来，汉语文献中所用的蒙瓦、萌古、蒙兀、萌骨、蒙古里、萌古斯、蒙古子、盲骨子等多种名称，都是"蒙古"的同名译名。直接称为"蒙古"一词，始见于无名氏《炀王江上录》，这是女真人对蒙古人的称呼。唐朝末年，蒙兀所属的北狄室韦清部落之一"塔塔儿"为"鞑靼"，这些室韦部落也自称"鞑靼"。至元忽必烈时"鞑靼"一词逐由"蒙古"取而代之。在很长的时间里，蒙古族各部落没有统一的民族名称，13 世纪初，蒙古部首领成吉思汗最终统一大漠南北各部，并借统治部族的族名，统称作蒙古人。其国名是由这一民族名称转来的。

"蒙古国"是以本民族的名称而得名的。"蒙古"一词是由"勇敢"和"朴素"两个词素结合而成的。另有人认为，蒙古高原的鄂嫩河上游原有座蒙山，附近有蒙河，生息在这一带的部落即称"蒙古"。也有人认为蒙古一词由"mong"（我们的）和"gol"（火）组成，意思是"我们的火"，因为蒙古是一个游牧民族，每到一地，大家同煮共炊，并推选一名有经验的长者当炊头儿来掌管此事，故有此称。

蒙古人民共和国的首都为乌兰巴托（Ulan Bator），旧名"库伦"，意思是"城圈"。又名"乌尔嘎"，意即"宫殿"。它是 1649 年以活佛哲布尊丹巴建立的喇嘛庙为中心发展起来的。1924 年 11 月，改名为"乌兰巴托"。这个名字的意思是"红色英雄城"。

82. Myanmar（缅甸）—— 遥远之郊外

缅甸联邦共和国简称为"缅甸"（Myanmar），是东南亚国家联盟成员国之一。西南临安达曼海，西北与印度和孟加拉国为邻，东北靠中国，东南接泰国与老挝。首都为内比都。因国内佛塔林立，佛教文化极其浓郁，缅甸也被誉为"佛塔之国"、"佛教之国"等。缅甸的国名有多个版本，比如汉语的"缅甸"以及英语"Myanmar"、"Burma"等。对于"缅甸"、"Myanmar"以及"Burma"的来历和含义，有关学者众说纷纭。

"缅"字表示"遥远的"，而"甸"在古代指"郊外的地方"。所以"缅甸"的意思是"遥远之郊外"，这就是古代中国西南人对这片土地的称谓，元朝时成为中华人士对其最广泛之称谓。

缅甸自古以来就是中国的友好联邦，与我国的云南省和地处青藏高原西南部的西藏自治区接壤，两国边界线长达 2 100 多千米。两国人民一直以来和睦相处，友谊深厚。缅甸人民亲切地称呼中国人为"胞波"，意思就是"同一母亲生的兄弟"。由于地邻的关系，大多数的中国国民，尤其是边民，对缅甸这个国名并不陌生。根据地形判断，缅甸位于中缅边境的山间谷地之内，四周被大山包围，唯有中间有一片草坪之地。为了突出该区域的特点，故又在"缅"字的后面加上"甸"，就成为了"缅甸"。在"缅"字后面加上一个"甸"，加重了"边远"的含义。王婆楞的《中缅关系史》叙述道："如当时西南各属中之中甸、骠甸等，以名见于史籍者百余，皆缅甸命名之义也。"现今，一些学者认为"缅甸"一词来源于对缅文的翻译。"缅"字源自缅文"Myan"，或是源自掸、傣各族称缅族的名称"Man"。"甸"字，来源于缅文的"Taing"，是"国家、地区"的意思。

　　缅甸文中，"Myanmar"一词，现可考证的来源有以下几种：①源自孟文说。据记载，3世纪末至4世纪初，生活在缅甸南部的孟族人民，在吸收了原本属于梵文的南印度文字精华的基础之上创造出了孟文。在孟文里，缅族人被称为"Mir mar"。在缅族人统领国家以后，在该词的基础之上创建了"Myanmar"一词。关于此词的出处，最早可以追溯到1102年的孟文碑铭——《江喜陀王建宫碑》。在我国《史记》的《西南夷列传中》，也可以查到关于对缅族的这一称呼。②源自梵文说。"Myanmar"源于梵文"Myammar"一词，在发展演变过程中，拼写发生细微改变而已。也有学者称"Myanmar"一词由另外一个梵文"Mranmabama"缩略、演变而来，意为"坚强、勇敢"。③源自缅文说。"Myan"在缅文中的意思是"迅速、机敏"，"Mar"是"健康、强壮"的意思。缅甸人用"My-anmar"自称，意为"机敏强壮的民族"。

　　在缅甸独立初期的教科书里，无论"Burma"（有时作"Bama"）还是"Myanma"，两个单词都只涉及缅甸平原与缅族人，而不包括其他少数民族。后来对"Burma"和"Myanma"（后衍生为"Myanmar"）两个词进行语法区分，其中"Myanma"一词扩大到包括全体缅甸公民，而"Burma"则维持其最初的意思。

　　19世纪中叶，英国通过两次战争吞并了缅甸王国，为了抹杀缅人的民族性，先是将缅甸西北山区以"不同俗"为由归入英属印度，接着大规模输入印度劳工，到后来干脆直接把缅甸变成英属印度的一部分。将缅甸划分成"上缅甸"和"下缅甸"是英国殖民统治后的人为划分。英国人为淡化缅人的国家意识，禁止缅人在公开场合继续使用"Myanma"这一称呼，而改用"Burma"指代。"Myanma"这一名称源于梵文，意为"坚强、勇敢"。"Burma"同样起源于梵文，但指代除缅族以外更广泛的生活在这片土地上的人。英国对于容易引起民族情绪的"Myanma"称呼视作洪水猛兽。英国在缅甸的时任总督，严禁"Myanma"出现在公开出版物中，只允许使用"Burma"这一称谓。二战期间，日本占领军也坚持用根据"Burma"转译过来的日文单词"Biruma"。最终经过折中，缅甸方面逐改用更接近缅族人发音的"Buma"。1948年，缅甸正式脱离英国宣布独立，当局选择了"缅甸联邦"（Union of Burma）这个名字为新国家命名。

　　"Burma"这一称呼一直沿用到1988年9月缅甸军政府上台。1988年9月，新上台的缅甸军政府向联合国申请把缅甸的英文名称"Union of Burma"改为"Union of Myanmar"。其理由是，"Myanmar"与"缅甸"的缅语发音相对应，况且"Burma"

一词被英国殖民者沿用多年，带有殖民主义、民族压迫色彩，因此需要"去殖民化"。此外，缅甸仍有十多个较大的少数民族武装与中央政府抗衡。现政府认为原来的国名"Burma"不能反映缅甸的多民族共存的现状，因此希望通过更改国名，缓和主体民族与少数民族的关系。2008 年，《缅甸联邦共和国宪法》由全民公决通过，依据新宪法，缅甸国名将为"缅甸联邦共和国"，"Myanmar"一词以最高法律形式确定下来。

在新政上台以后，政府认为"Burma"一词，已经不能再被用来代表缅甸这个国家。原因如下：第一，该词是殖民时期使用的词语，带有浓郁的殖民色彩，缅甸现已经获得独立，应该停止使用。第二，该词的发音与缅甸语的发音相差较大，与个别缅甸语的词汇在发音上容易产生混淆，导致词义被误解。第三，缅甸是一个多民族的国家，全国共计有 135 种民族，其中最主要的有八大民族，即缅族、克伦族、掸族、若开族、孟族、克钦族、钦族和克耶族。缅族只是其他的一部分，单单用表示缅族这词来代表一个国家，既不利于民族团结，也不能反映出缅甸多民族的特色。于是，1988 年上台的军政府成立了"国家和平发展委员会"。为了巩固该"同盟"的地位，延续缅族的统治，并且彻底清除英国殖民统治的影响，巩固缅语作为官方语言的地位，提高缅语在国际上的影响力，政府继续开展缅语的标准化运动。如把缅甸由"Buma"改为"Myanmar"，一些原来用英语拼写的地名，改为相近读音的缅语拼写形式。如当时缅甸的首都仰光"Rangoon"被改为"Yangon"。

在缅甸，若初次和当地人交谈（还不确定他是不是缅甸人）时不小心问错话，问他是不是"Burma"，若这个人刚好是缅族还好，若这个人是缅甸的其他少数民族，他会生气地回答说："我是 Myanmar"，不是 Burma。"对这两个词不是很懂的人来说，可能会听得一头雾水。因此，在与别人交谈时，需要先去了解一些背景，以免双方造成误会。

缅甸最初的首都为仰光，仰光的名字在缅甸语里，是"战乱已经平息"、"敌人完了"或"战争胜利结束"的意思。2005—2006 年，缅甸政府将首都分批迁往仰光以北 390 千米处的小城彬马那。彬马那原为缅甸第三大城市，曾是缅甸民族英雄昂山将军发动独立战争的军事要塞，坐落在勃固山脉与本弄山脉之间锡塘河谷的狭长地带，战略地位重要。2005 年 11 月 4 日，缅甸副外长吴貌敏宣布：缅甸政府决定从即日起将首都从仰光迁移至彬马那。他说，仰光是当年殖民统治者给缅甸确定的首都，并不代表缅甸人民的意志。缅甸政府决定迁都彬马那，是由于它位于缅甸国家版图的中心部位，放射能力强，有利于政府施政。缅甸迁都后，人们注意到仰光的媒体在报道时并未使用"彬马那"，而是使用了一个新的名称"内比都"（Nay Pyi Taw）。"内比都"是缅甸古语，意为"京都、都城"。缘何把新首都命名为"内比都"，缅甸有关官员的解释是："彬马那"原本就是个小城镇，新首都不可能沿用此名。同时，考虑到缅甸有着悠久的传统文化，应大力弘扬。把新首都命名为"内比都"，可体现缅甸文化，也更显得大气。

2010 年 10 月 21 日，缅甸联邦更换国号为"缅甸联邦共和国"（Republic of the Union of Myanmar），同时使用新国旗与新国徽，国歌不变。

在报道缅甸大选时，西方媒体对缅甸的称呼有的用"Burma"，有的用"Myanmar"，这种混乱的使用其实昭示着缅甸所经历的一段异常复杂的历史。

现今，联合国、中国、日本和世界上的其他很多国家已经接受并认可了"Myanmar"为缅甸的官方名称。但部分西方学者与一些顽固分子依然不接受"Myanmar"这个名字，在写作中仍然坚持用"Burma"这个带有殖民色彩的名字。"人权观察"组织一直坚持使用"Burma"。该组织的戴维·马西森说："很多流亡组织仍然使用'Burma'，因为这是它们流亡之前的国名。"至于英语媒体，有的用"Myanmar"，如《纽约时报》、美联社等，有的仍然用"Burma"，如《时代》杂志、"美国之音"等。美国前总统奥巴马于 2012 年 11 月末在访问缅甸时，使用"Myanmar"称呼缅甸："We think that a process of democratic reform and economic reform here in Myanmar that has been begun by the president is one that can lead to incredible development opportunities here."（我们认为，由总统开启的缅甸民主与经济改革进程将给这里带来惊人的发展机遇。）但他在会见缅甸反对派领袖昂山素季时又使用"Burma"这一说法。美国白宫随后表示，美国政府仍将"Burma"作为对缅甸的正式称呼。

83. Namibia（纳米比亚）——"遥远的干燥平地"

纳米比亚（Namibia），全称"纳米比亚共和国"（The Republic of Namibia）。纳米比亚是个沙漠化的国家，"纳米布"（Namib）在当地霍屯督语中是"遥远的干燥平地"的意思，纳米比亚的国名就取自其最大的沙漠之名——纳米布。纳米比亚共和国位于非洲西南部，西濒大西洋，北连安哥拉、赞比亚，东南两面毗邻博茨瓦纳、津巴布韦和南非。纳米比亚地处南非高原西部，全境大部分地区在海拔 1 000—2 000 米。中部为中央高地，高达 1 800—2 400 米；东部为喀拉哈里（Kalahari）盆地的一部分；西部沿海是沙漠性平原。

从 15—18 世纪，荷兰、葡萄牙和英国殖民者相继入侵纳米比亚。1890 年，德国占领全境。第一次世界大战期间，南非当局于 1915 年 7 月出兵占领了纳米比亚。1949 年 4 月，南非非法吞并该地。1960 年 4 月，西南非洲人民组织（简称"人组"）成立。1966 年 8 月 26 日，西南非洲人民组织开始领导人民进行武装斗争。根据当地人民的意愿，联合国大会于 1968 年 6 月将西南非洲改名为现名"纳米比亚"。1990 年 2 月 9 日，纳米比亚制宪议会一致通过了独立宪法，并定于 3 月 21 日宣布独立，努乔马为新独立的纳米比亚共和国的第一任总统。

纳米比亚的首都是温得和克（Windhoek）。温得和克原称"埃甘斯"，即"温泉"的意思。温得和克建于 1890 年，作为军事基地，当时称为"Wind-huk"。它位于纳米比亚两个重要部落——Nama 和 Herero 之间。另一种说法是，"温得和克"在南非荷兰语中的意思是"风角"。

84. Nepal（尼泊尔）——"丛山之中的国"

尼泊尔（Nepal），全称"尼泊尔王国"（The Kingdom of Nepal），为南亚山区内陆国家，是世界三大宗教之佛教的发源地，位于喜马拉雅山脉南麓，北与我国西藏自治区相接，东与锡金为邻，西部和南部与印度西孟加拉邦、比哈尔邦、北方邦和北国邦接壤。

尼泊尔王国国土的 83% 都在喜马拉雅山区。它历史悠久，具有灿烂的文化遗产，有"高山之国"之称。尼泊尔国名最早载于公元前世纪的印度文献。关于"尼泊尔"的含义有一些有趣的原始传说，其中流传较广的一个传说是：今日的加德满都，过去曾是一片茂密的原始森林，森林里住着几个牧人。有一天，牛群中最好的一头母牛突然拒绝挤奶，向森林深处跑去。牧人紧追不舍，母牛跑到很远的一个地方，刚一站住，乳汁就自动从乳房中流出。牧人十分惊讶，他们正要上前，母牛却没入地里不见了，牧人立即挖地找牛，地下突然升起熊熊烈火把他们吞没了。离此不远的河谷里，住着一位叫作"尼"的隐士。他看到烈火，赶来营救。"尼"扑灭了火焰，阻止了森林被毁灭。因此，据说"尼泊尔"的"尼"是指那位隐士，"泊尔"则是"保护或挽救"的意思。"尼泊尔"这个词，还有别的解释，如藏语的"尼"是房子，"泊尔"是木头，"尼泊尔"就是"木头房子"的意思，而尼瓦尔语（尼泊尔的一种重要方言）中，"尼"是山谷，"泊尔"则是国家，"尼泊尔"就是"丛山之中的国"。

加德满都（Kathmandu）是尼泊尔首都。围绕加德满都这个名称的来历，当地流传着许多有趣的传说。其中流传最广的一种说法与加德满都河谷有关，大意是这样：远古时代，加德满都河谷是一个巨大的龙潭湖，人们为了生存，只得栖息在河谷两旁的高山上，行走十分不便。有一天，中国五台山的文殊菩萨路经这里，得知百姓疾苦，于是善心大发，挥起神剑，辟开一座大山，形成一个巨大的峡口，湖水沿峡谷倾泻而出，形成一个富饶的谷地。于是，百姓欢天喜地，来到谷地，修建房屋，定居下来，形成城市，这便是加德满都。人们为了感激文殊菩萨的恩德，便在斯瓦杨布山上修建了一座文殊菩萨庙，直到现在每年二月的春王节，许多当地百姓满怀着虔诚的心情，来到文殊菩萨庙，敬献香火，顶礼膜拜。

加德满都是一座拥有 1 000 多年历史的古老城市，它以精美的建筑艺术和木石雕刻而成为尼泊尔古代文化的象征。尼泊尔历代王朝在这里修建了数目众多的宫殿、庙宇、宝塔、殿堂和寺院等建筑，全市有大小寺庙 2 700 多座，真可谓"五步一庙，十步一庵"，因此，有人把这座城市称为"寺庙之城"、"露天博物馆"。

加德满都建于 723 年，当时主持建城的古那加玛德瓦帝王将它命名为"康提普尔"，意为"光明之城"。16 世纪，李查维王朝的国王在市中心用一棵大树修造了一幢三重檐的塔庙式建筑，称之为"加斯达满达尔"，在梵语里意为"独木之寺"，或者"树林与庙宇"，后来简称为"加德满都"，在尼泊尔语中意为"独木大厦"。后来，人们以这座建筑为中心，大兴土木，修造房屋，向外扩展，加德满都也就沿用为城市的名称。

85．New Zealand（新西兰）——"新的海上陆地"

据新西兰史书介绍，新西兰（New Zealand）最早的开拓者是毛利人。10 世纪，毛利人库佩等一伙青年，从"波利尼西亚的摇篮"摩萨亚群岛出发，驾着独木舟航行于千重浪万顷波的南太平洋海域，当他向西南远航一千多海里（1 海里＝1 852 米）时，发现前方为一个风光绮丽的海岛，而眺望海岛蓝天的上空则漂浮着一缕悠长的白云，面对这迷人的景色，库佩情不自禁地将此海岛命名为"奥蒂阿罗阿"（Aotearoa），毛利语意为"飘逸悠长的白云之乡"。1350 年，大批毛利人分乘 7 只独木舟，靠天上的星星导航，历尽艰难险阻抵达海岛。这批开拓者选择不同的登陆地点来到岛上定居，形成了今天新西兰 7 个不同的毛利部族。

最早登上这片土地的太平洋航海者比欧洲航海家早了 800 年，他们是"日出海盗"，而他们的后代被称作毛利人。发现新西兰的第一个欧洲人是荷兰航海家阿贝尔·塔斯曼。他在寻找所谓的"辽阔的南方大陆"的探险旅程中偶然发现了新西兰。1642 年 10 月，荷属东印度公司总督派遣阿贝尔·塔斯曼从毛里求斯启程，探索南太平洋，这位探险家于同年 12 月 13 日抵达新西兰岛并在此登陆，最初称其为"StaatenLandt"，荷兰语意思为"国家之地"。荷属东印度公司总督对这一地名命名甚不满意，无奈，塔斯曼只得重新斟酌。当他望着这个新发现的海上陆地，不由地联想起自己祖国有一个四面环水且由岛屿组成的重要省份——泽兰（Zeeland）时，于是将其命名为新泽兰（Nieuw Zeeland）。如果按荷兰语字面翻译，为"新的海上陆地"，从命名角度而言也是十分贴切的。塔斯曼这一命名终于得到了上司的认可。1769—1777 年，英国著名航海家詹姆斯·库克曾先后 5 次来到新西兰，而后英国向新西兰大批移民并宣布占领。1840 年，新西兰成为英国殖民地。英国人由于不习惯用荷兰语拼写，好在他们都属于日耳曼语族，在语言上极为相似，于是他们用英语对"Nieuw Zeeland"稍加改造，成为今天"New Zealand"的拼写形式。为此可以说，新西兰是荷兰语"新泽西"的英语化而已。新西兰在港台和海外华人界则翻译为"纽西兰"，国人在观看港台和海外的图书或者节目中会经常听到或者看到纽西兰这一国名。实际上只不过由于"New Zealand"首字的翻译方法不同，一方采取意译而另一方采取音译，所以造成了不同的译名。中国大陆采取的方法是半音译半直译，这种翻译方法是由大名鼎鼎的中国诗人徐志摩开创的。最早的半音译半直译的名字就是"Cambridge"，徐志摩把它译为"康桥"，而今天我们普遍称之为"剑桥"。采取同样翻译方法的例如还有"星巴克"（Starbuck），代替了直接音译的"斯达巴克"。

20 世纪 80 年代以来，在西方多元文化政策浪潮的推动下，新西兰当地民族语言文化和亚裔文化有所发展。新西兰的毛利语在政府中取得了和英语平起平坐的地位，同为官方语言。与之同时，许多地名同时冠以毛利语和英语双语名称。毛利语国名"Autearoa"和英语国名"New Zealand"都为国家名称。然而，由于英语名称影响太大，毛利语国名至今为象征性的，鲜为人知。面对这一情况，作为新西兰这一国土开拓者的毛利人认为他们自己是这块土地的最早主人，更何况"Autearoa"这一名称早在 10 世纪就已流传。为此，自 1991 年起，毛利人掀起一股要求更改新西兰国名的浪潮，而且愈演愈烈。近年来新西兰毛利人领袖扬言，决定拿起法律武器，期望达到以"Autearoa"代替"New Zealand"这一国名的目的。

新西兰的首都是惠灵顿（Wellington）。惠灵顿是以英国名将亚瑟·韦尔兹利（Arthur

Wellesley）公爵的名字命名的。惠灵顿的公爵头衔来自英国的萨默塞特郡（Somerset）小镇惠灵顿。"惠灵顿"原意为"神圣的林间空地"。在毛利语中，惠灵顿也有个名字——"TeWhanganui-a-Tara"，源自惠灵顿港（Wellington Harbor），意为"Tara的伟大港口"（the great harbor of Tara）。

86．Nicaragua（尼加拉瓜）——"森林之国"

尼加拉瓜（Nicaragua）又称"尼加拉瓜共和国"（英语：The Republic of Nicaragua；西班牙语：La República de Nicaragua），位于中美洲中部。国名的来源大概有以下三种说法：

其一，国名来源于印第安酋长尼加鲁的姓氏，别称为"湖泊和火山之国"。1522年1月，西班牙人希尔·冈萨雷斯率领一百人及四匹马，自巴拿马沿循陆路来到西南部尼加拉瓜湖附近，受到当地一位印第安人酋长尼加鲁的欢迎，尼加拉瓜由此沿用印第安人酋长的姓氏而得名。并且尼加拉瓜湖的湖名亦来源于此。

其二，尼加拉瓜国名名称源于印第安土语，意为"森林之国"。

其三，在西班牙人希尔·冈萨雷到达这里以前，当地有一支印第安部落生活在今尼加拉瓜湖畔，当时流传下来的名字叫"尼基劳斯"（Niquiraos），尼加拉瓜湖和尼加拉瓜国名即由此衍生改变而来。

在西班牙殖民者入侵之前，尼加拉瓜居住的早期土著民是以乔罗特加族和尼加拉俄族为主的印第安人。1502年，哥伦布航行抵达尼加拉瓜东海岸，并将尼加拉瓜的消息带回西班牙。1522年，西班牙殖民者开始征服这个地区，并于1524年建立格拉纳达城和莱昂城，从此尼加拉瓜沦为西班牙殖民地，划归危地马拉都督府管辖。

1650年左右，英国占领了莫斯基托海岸，并宣布为英国的保护地，直到1786年与西班牙签订《伦敦协定》之后，英国才暂时撤离。在此后的将近200年间，尼加拉瓜始终处于西班牙的殖民统治之下，其国名一直为"尼加拉瓜"，但在当时向外宣读为西班牙文，即"La República de Nicaragua"。

一直到1821年9月15日，尼加拉瓜人民摆脱了西班牙的殖民统治，宣告独立。尼加拉瓜在1822—1823年曾短暂加入墨西哥帝国又退出。1823年尼加拉瓜加入中美洲联邦，1826年颁布宪法，1830年自由党控制政权。但在1838年4月就脱离了中美洲联邦，并于1839年建立尼加拉瓜共和国。从此尼加拉瓜又叫"尼加拉瓜共和国"（The Republic of Nicaragua）。直到现在，尼加拉瓜仍是一个总统共和制的国家，其至今也依然是尼加拉瓜共和国。

对于首都马那瓜（Managua）名称的来源大概有以下两种说法：

第一种说法，"马那瓜"一词来自印第安人的纳华尔语，其含义有两种解释：一是"墨西哥人的地方"。16 世纪初，西班牙人征服尼加拉瓜时，这里还是一个比较重要的印第安人村镇。1846 年成为城市，1852 年被定为共和国首都，从此这里成为全国的政治中心。

第二种说法，纳华尔语的第二种解释为"水边"，其因位于尼加拉瓜西部马那瓜湖南岸小火山口湖之间而得名。大约 1 万年前，马那瓜湖畔就有人类活动，从阿考林克遗址可以看到古代人类活动留下的遗迹。马那瓜坐落在湖泊谷地，海拔 55 米，背靠马那瓜湖，并有蒂斯卡帕、阿索科斯卡、内哈帕等湖泊环绕在它的周围。

87. Niger（尼日尔）——"尼日尔河"

尼日尔河是非洲大陆的第三大河，全长 4 160 千米，发源于几内亚共和国，流经马里、尼日尔和尼日利亚等国家，是一条国际河流。"尼日尔"虽为法语"Niger"一词的音译，但名字并不来自法语。关于它的名称，有人认为是出自柏伯尔语，原意为"河流"；有人则认为是来自拉丁语，原义为"黑色的"，作为河的名称，即"黑种人地区的河流"之意。

"尼日尔"是整个河流的通称，但其所流经的几个国家，又赋予了其不同的称呼。在尼日尔共和国被称为"伊萨河"，在尼日利亚叫作"库阿拉河"，这两个名字都是"巨大的河川"之意。在几内亚共和国，人们则称它为"佐莉巴河"。

世界各国国名来历繁多，自然地理实体是国名命名的重要根据之一，其中又以河流最为重要，数量也最多。在当今全世界 194 个国家中，有 13 个国家是根据河流名命名的。

在人类数千年来的地名命名史中，根据河流的名称给其他地名命名堪称源远流长，具有辗转承继的悠久传统。根据河流的名称而命名的，多到不计其数，举不胜举。而河流国名代表的，则是据河流命名的最大地理单元。

河流何以会成为这么多国家的命名根据，人们何以会如此不约而同地都根据河流名给自己的国家命名，这很好解释，其根本原因就在于河流与人类有着非常密切的关系。河流直接影响、决定着人类自身的生息繁衍。在很多情况下，河流与人类之间有着密切的关系，甚至是生死枚关的头等大事。有了河流等于有了一切；反之，影响立足，影响发展，甚至影响存亡。万千年来，人类沿河而居，逐河而迁，循至依河而名。君不见，有些国家的人民，迄今还把境内的大江、大河，尊称、昵称为"母亲河"、"父亲河"，以致索性以河名为国名，其中既有事实的描述、写照，更有精神、感情的无限寄托。

当今依河命名的国名，不仅数量多，地理分布也非常广泛，几乎遍布世界各大洲。分别言之，以非洲最多，共有7个；其余的在亚洲、美洲和欧洲，各有2个。唯独大洋洲，大河缺乏，国家也少，因此没有这个类型的国名。

构成当今国名的河名，绝大多数是现用名称，仅个别例外。作为国名命名根据的河流，除了极少数，多半是一泻千里甚至数千里汤汤涣涣的大江大河，有的甚至同时成为两个国家名称的命名来源。

（1）印度（India），以印度河（Indus）命名；

（2）约旦（Jordan），以约旦河（Jordan）命名；

（3）立陶宛（Lithuania），根据尼曼河（Neman）的古名命名；

（4）波斯尼亚和黑塞哥维那（Bosnia and Hezergovina），国名的前半部分波斯尼亚，根据波斯纳河（Bosna）命名；

（5）塞内加尔（Senegal），据塞内加尔河（Senegal）命名；

（6）冈比亚（Gambia），据冈比亚河（Gambia）命名；

（7）尼日尔（Niger），据尼日尔河（Niger）命名；

（8）尼日利亚（Nigeria），以尼日尔河（Niger）为命名根据；

（9）刚果（布）（Congo），以刚果河（Congo）命名；

（10）刚果（金）（Congo,D.R.），以刚果河（Congo）命名；

（11）赞比亚（Zambia），以赞比西河（Zambezi）为命名根据；

（12）巴拉圭（Paraguay），以巴拉圭河（Paraguay）命名；

（13）乌拉圭（Uraguay），以乌拉圭河（Uraguay）命名。

可以看出，国名和河名的构成多少有些不同，大体形成两种类型：

第一类，国名和河名完全一致。大多数国名属于这一类，二者形成"河流名—国家名"的简单、明确的对应关系。这些国家是约旦、塞内加尔、尼日尔、刚果（布）、刚果（金）、巴拉圭、乌拉圭。

第二类，国名和河名有不同程度的出入。这又可分为两小类：一类差别比较大，像波斯尼亚和黑塞哥维那的国名，实际只有一半（虽然是主要的一半）来自河名。

另一类则差别较小，主要是国名在原名的尾部略有变化，附加（有的是变化尾部后再附加）了后缀。变化的模式是"河名—由河名变化而来的国名"。如：印度河（Indus）—印度（India），尼日尔河（Niger）—尼日利亚（Nigria），赞比西河（Zambezi）—赞比亚（Zambia）。

由河流名尾部变化后形成的国名，读音相应变化，中译名势必也跟着调整（印度例外），所以稍有不同。河流原名称尾部另外附加后缀与否，不仅影响到国名的读音和中译，还起着区别的作用。虽是同一条河流名称，却可以因此由两个国家同时用来作为命名的根据，而不互相干扰。"尼日尔"和"尼日利亚"两个国名就是如此。

当然还有一种更加彻底的区别办法，同一条河流，但有两个沿岸国各给一种称呼，并各据此确定自己的国名。刚果和扎伊尔便属于这种情况。但自从扎伊尔重新以"刚果"为国名（"扎伊尔"这个河名也被取消，重新叫刚果河）后，一度形成的区别办法不复存在，只好另谋区别之法，如给二者各附首都名的略称，分别作"刚果（布）"与"刚果（金）"。

以上是按现有国家的国名情况立论的，但以河名命名的现代国家并不仅限于此，有的国家曾经以河为名，后来更改了，就不再计入此列。比如非洲西部的布基纳法索，在 20 世纪初法国建立殖民统治时，叫"上沃尔特"（Upper Volta），就是因位于沃尔特河的上游地区而得名的。它 1968 年成为"法兰西共同体"中的自治共和国，名字依旧为"上沃尔特"。1960 年 8 月 5 日成为独立的主权国家后，其国名仍没有更改。所以到那时为止，它也属于以河名为名的国家，直至 1984 年 8 月 4 日才换掉旧名，更用现名，它才与河名完全脱离派生关系。

尼亚美（Niamey，尼日尔的首都）是该国唯一的大都市。尼亚美位于尼日尔国土西南部尼日尔河左岸，在当地的哲尔马语中，"尼亚美"意为"母亲汲水的河岸"。尼亚美原是一个小渔村。1960 年尼日尔独立，尼亚美成为首都。

尼亚美虽地处撒哈拉沙漠南沿，气候干燥炎热，但因尼日尔河流贯其间，市内林木参天，花草茂盛，一座座乳白色的建筑和雅致的别墅掩映其间，热带风情浓郁，堪称"沙漠绿洲"。

88. Nigeria（尼日利亚）——"黑色"

"尼日利亚"因为是尼日尔河流经之地而被称为"尼日尔"，为"黑色"之意。

"尼日尔"是法语"niger"的音译，但它并非出自法语本身。远古时代，尼日尔河的名称很多。河源地区的居民称之为"迪奥利巴"，意为"大量的血液"。上游一带的居民曼德人称之为"baba"（巴巴），意即"河流之王"。中游的哲尔马人则称之为"lssaberi"（伊萨贝里），意为"伟大的河流"。中游左岸的乌里敏登地区的图阿勒格人称之为"eguerewn'eguerew"（埃格留·奈格留），意为"流动的水"。在尼日尔河沿岸的古代的各部落中，图阿勒格人活动范围最广，与柏柏尔人在种族和语言上是近亲，地理分布上是近邻，柏柏尔人有关尼日尔河的情况均得自图阿勒格人。柏柏尔人截取了图阿勒格人对这条河流的称呼的后一段"n'eguerew"，后来简化为"niger"，并传到罗马人那里去，以后就一直流传至今。这就是"尼日尔"一称的由来。

拉各斯（Lagos），过去本地人称为"EKO"，拥有丰富而悠久的历史。"Lagos"这一名字来源于1472年一位葡萄牙开拓者，而"EKO"这一名字据说是由一位叫Ben Orogbua的王所起。拉各斯的建立者是一位叫Olofin的伊费王子，他最早定居在Isheri，后来移往Iddo定居，他生有32个孩子，其中10个分别统治了祖先分配给他们的土地。他们的名字是：Olumegbon、Oloto、Oniru、Nisiwo、Oluwa、Ojora、Onitolo、Aromire、Onikoyi、Elegushi。他们是Idejo酋长阶层的祖先来源。

89. Oman（阿曼）——"宁静的土地"

阿曼苏丹国（The Sultanate of Oman），简称"阿曼"。阿曼苏丹国，这个名字可以分解为两个部分："阿曼"和"苏丹"。阿曼是名字，而"苏丹"在伊斯兰国家中有另一种含义。"苏丹"在伊斯兰教历史上是一个类似总督的官职，作为称谓是最近才出现的翻译，它也有很多其他的译法。这个词最初是阿拉伯语中的抽象名词"力量"、"治权"、"裁决权"，后来变为"权力"、"统治"。最后，它变为对一个特殊统治者的称号。这种被苏丹统治的地方，一般都对外号称拥有独立主权或完全主权。被苏丹统治的地方，无论是王朝还是国家都可以被称为"苏丹国"。

由于国家权力的掌控者发生变化，阿曼随之更改了许多次名字。而阿曼现在的名字仅仅延续使用了45年（新政权成立45周年）。

阿曼是阿拉伯半岛最古老的国家之一。古代称"马肯"，意为"矿产之国"。前2000年已广泛进行海上和陆路上的贸易活动，并成为阿拉伯半岛的造船中心。7世纪成为阿拉伯帝国的一部分。1624年，当地人推翻葡萄牙人统治，建立亚里巴王朝。

1742 年，波斯人入侵。18 世纪中叶，阿拉伯人赶走波斯人，建立赛义德王朝，定国名为"马斯喀特苏丹国"。1507 年起，阿曼先后遭到葡萄牙、波斯和英国的入侵与占领。20 世纪初，山区部落起义，成立了阿曼伊斯兰教长国，并向马斯喀特进攻。1920 年，英国在马斯喀特同阿曼教长国签订了《西卜条约》，承认教长国成立，阿曼就分为"马斯喀特苏丹国"和"阿曼伊斯兰教长国"两部分。1967 年，前苏丹泰穆尔统一阿曼全境，统一为"马斯喀特和阿曼苏丹国"。1970 年 7 月 23 日，赛义德发动宫廷政变，废父登基。同年 8 月 9 日，宣布改国名为"阿曼苏丹国"，并沿用至今。

阿曼首都为马斯喀特（Muscat）。"马斯喀特"在阿拉伯语里是"飘落之地"的意思。一些学者们解释说，马斯喀特自古以来就是海湾地区的重要商埠，这一特殊的商业地理位置，给它带来了滚滚财富，使它成为富庶和好运的"降落之地"。也有一些学者把马斯喀特解释为"圣者之墓"。那是因为，马斯喀特历史上的学术气氛很浓，一些著名的宗教人士、文学家和历史学家等曾云集于此，他们有的去世后也被安葬在这里，所以这里就有了"圣者之墓"一说。

有趣的是，作为阿曼首都的马斯喀特是世界上换名字比较频繁的首都之一，而每个名字都有一些特殊的含义。因为阿曼盛产香料，了解阿曼国的人都知道，其最大的特产就是乳香。此外还有玫瑰花、茉莉花等香料作物。而首都一带作为香料集散地更是闻名遐迩。马斯喀特最早的名字叫"米斯卡"，意思是"产香料的地方"。这个名字可谓名副其实。马斯喀特还被称作"马斯喀图"，意思是"打足了气的皮囊"。历史学家还发现马斯喀特被写成"马斯卡德"出现在阿曼历史著作中，"马斯卡德"意为"一张皮革"。无论是"马斯喀图"还是"马斯卡德"，都与皮革制品息息相关，阿曼的制革业很发达，生产的皮革质地上乘，做工精良，尤其是骆驼皮革制品。

"马斯喀特"这个词本身的来源也是充满争议的，这是因为阿曼曾被波斯人入侵，也受伊斯兰文化影响。所以一些学者断言这个单词是阿拉伯语词汇，来自"moscha"这个词，意为"充气的兽皮或者皮革"。其他学者则断言这个词汇的意思是"停泊地或者抛锚的地方"。其他词源说法还包括：马斯喀特来源于古波斯语，意为"强烈的香味"；或者来源阿拉伯语，意为"低地和隐蔽场所"（马斯喀特地势较低）。古波斯语词汇"Maas-gat"意为"捕鱼地"（拉丁语：Moscha Portus）。甚至在古波斯语里，"Masandam"意为"massan"（鱼）与"dam"（网）。"Cryptus Portus"与"阿曼"同义，都是"隐蔽场所"的意思，但是"Ov-man"（Omman）与古闪米特语名称"magan"（Maa-kan）都与阿拉伯语和波斯语具有相同的意思，都是"船员"的含义。

90. Pakistan（巴基斯坦）——"清真之国"

巴基斯坦伊斯兰共和国（Islamic Republic of Pakistan）简称"巴基斯坦"，意为"圣洁的土地"、"清真之国"。

巴基斯坦（Pakistan）这个名字的由来有很多种说法。第一种说法是，在1930年，穆斯林诗人、思想家穆罕默德·伊克巴尔在阿拉哈巴德召开的穆斯林联盟会议上提出了建立巴基斯坦，他希望把南亚次大陆的穆斯林集合起来，组成巴基斯坦。"巴基斯坦"一名源于波斯语，"巴基"是"清真"、"圣洁"之意，"斯坦"即"国家"或"地区"，合起来意为"纯洁人所住的方"。也有人说它是"乌尔都语清真之国"的意思。第二种说法是，该名由在英国剑桥大学留学的一些穆斯林学生于1933年提出的，他们把旁遮普、阿富汗、克什米尔、伊朗、信德、吐哈利斯坦等穆斯林国家和地区名称的第一个字母和俾路支斯坦名词的词尾组合成"Pakistan"，即巴基斯坦，声称这是一个穆斯林国家。其含义为"这是一个由穆斯林省份组成的国家"。

巴基斯坦和印度原来是一个国家，1858年整个次大陆沦为英殖民地。1940年3月，全印穆斯林联盟在拉合尔召开代表大会，提出实行印巴分治，建立伊斯兰教国家巴基斯坦的要求。1947年，英国公布"蒙巴顿方案"，把英属印度按居民宗教信仰分为巴基斯坦和印度两国，实行分治，巴基斯坦自治领成立。1956年3月23日，巴基斯坦颁布了第一部宪法，改自治领为共和国，成立巴基斯坦伊斯兰共和国。1971年印巴战争后，原东巴基斯坦分离成了孟加拉国。

巴基斯坦的首都为伊斯兰堡（Islamabad）。1970年，伊斯兰堡作为新首都初步建成。为了给它命名，巴政府经多方商讨并广泛征求国民意见，最后决定以伊斯兰教的名字"Islam"为词根，附上乌尔都语表示"城市"的单词"abad"，构成城名"Islamabad"。对这个地名，汉译取音和意兼顾的办法，译为"伊斯兰堡"（完全音译则为"伊斯兰马巴德"）。全世界各国命名首都的依据各种各样，信仰伊斯兰教的国家也不少，但直接以宗教名作为首都的名字的，也只有巴基斯坦了，因而伊斯兰堡成为世界上唯一依据宗教名命名的首都。

巴基斯坦（Pakistan）与巴勒斯坦（Palestine）中的"斯坦"是有区别的。在这两个名字中，"stan"与"stine"都音译为"斯坦"。

在古波斯语语中，"-stan"原意为"某物或人聚集之处"，而在古闪语中，"-stin"

原意为"人"。先有波斯语中的"-stan",然后才是中亚地区的突厥化和伊斯兰化,比如"吐火罗斯坦"(那时候还没有伊斯兰教)。此外,还有"印度斯坦"(Hindustan,波斯语的写法是 Hindostan)。而"斯坦"也绝非政治上的"国家",它在很多情况下指的只是一个大概的地理区域。比如"印度斯坦",有时指的是印度北部说印地语的地方,有时又指整个印度次大陆,或者指印度这个国家。

巴勒斯坦的"斯坦"来自古闪语,但是这个名字的最后音节是"tine",本来不是一个后缀,其中的字母"t"为词干的一部分,更无"地区、国家"的含义。今天的巴勒斯坦,前 3000 年前为伽南人的住地,最初仅指腓尼基沿地中海岸的低地。前 13 世纪,来自爱琴海岛屿的腓力斯人(Philistia)到此定居。希腊文称该地区为"Philistines"(腓力斯丁),英语为"Palestine",汉语译为"巴勒斯坦"。

91. Panama(巴拿马)——"渔村"

美洲印第安文明的丰富与繁荣表现在语言上主要在于它的语系的复杂和繁多。印第安民族的语言,大致由 72 个较大的语系构成,其中北美印第安人便有 58 个独立的语系,中、南美洲大约有 14 个较大的语系。因此有很多的美洲国家是以印度安语命名的。在以印第安语命名的美洲诸国中,大多是以当地的自然特征或者是外部形状来命名的。

巴拿马(Panama)在印第安语中的意思是"蝴蝶之国"。16 世纪初,哥伦布在巴拿马沿海登陆以后,发现这里到处是成群飞舞的彩色蝴蝶。于是,使用了当地的语言,把这个地方命名为"巴拿马"。

巴拿马(Panama),全称为"巴拿马共和国",位于中美洲地峡的南端。尽管巴拿马只是一个边陲小国,但它却具有重要的战略地位,因为最著名的两条人工水道之一的巴拿马运河位于这里(另一条是位于埃及的苏伊士运河)。

巴拿马位于热带,国土多被热带雨林覆盖,所以在这片土地上发展起来的文明自然与其他文明有很大区别。在世界上有五大文明,分别是古中国文明、古印度文明、古两河文明、古埃及文明,还有就是位于中美洲的玛雅文明。提到玛雅文明,相信大家都有所耳闻,而原因或许就是那世界末日的传说。但事实上,玛雅文明远不止于此,它虽然处于新时期时代,但是在天文、历法、文字、建筑等方面都有着令人惊叹的成就。比如掌握了天体运动规律的天文学、根据天体运动而推导出的历法、神秘的古玛雅文字,以及可以与埃及金字塔媲美的中美洲金字塔,无不令人惊叹。

自从哥伦布发现了美洲新大陆以后，众多航海家开始了对这片未知大陆的探索。后来，有一位西班牙的航海家来到了巴拿马，当他拿出望远镜向远处眺望的时候，在远处看到了一片汪洋，而那就是太平洋。对于这一发现，他感到非常激动，随后，他在这里建造了一些房屋，并按照当地印第安人的习惯给这里取名为"巴拿马"，意思是"渔村，鱼很多的地方"。

据说在大航海时代，西欧的航海家们在到达巴拿马以后，发现此地到处鲜花盛开，空中飞舞着数不清的美丽的蝴蝶，于是便将此地称为"蝴蝶之国"。由于此处地处热带，植被茂密，而且濒临太平洋与大西洋，气候湿润，有着大量的植被，常年鲜花盛开，所以变成了蝴蝶的乐土。

巴拿马的首都为巴拿马城，位于巴拿马运河附近。在巴拿马脱离哥伦比亚宣布独立以后，巴拿马城成为了首都。现今的巴拿马城主要由古城、老城、新城这三部分组成。巴拿马古城建于殖民主义时期之前，后来由于西班牙殖民者的到来，古城被焚毁。老城主要是由后来的西班牙人所建，具有明显的西班牙风格。在西班牙衰落以后，英国海盗入侵，将老城洗劫一空，并放火焚毁。而在老城与古城之间就是新城，具有明显的现代都市气息。

92. Papua New Guinea（巴布亚新几内亚）——"岛名"

巴布亚新几内亚全称"巴布亚新几内亚独立国"（The Independent State of Papua New Guinea），位于南太平洋西部，包括新几内亚岛东半部及附近的俾斯麦群岛、布干维尔岛等共约600多个大小岛屿。国名由"巴布亚"和"新几内亚"两部分组成，得名于岛名。

巴布亚岛一名，其由来有两种说法：① 1526年，葡萄牙人梅内塞斯从马六甲驶往马鲁古群岛，海风把船吹到一无名之地，人便称这块陆地为"巴布亚"（源出马来语"tanahpepua"一词，意即"卷发人的土地"）。②早期葡萄牙人到此，问当地居民此为何地，回答是"巴布亚"。葡萄牙人便把巴布亚种族名称当作地名。种族名称来源于马来语"papuvah"（卷发）或"pua-pua"（暗棕色），指代岛上主要居民巴布亚人的头发和肤色。

新几内亚岛，亦称"伊里安岛"，别称为"鳄鱼之都"（鳄鱼养殖业极为发达）。1526年为葡萄牙探险家若热·德梅内泽所发现。1545年，葡萄牙人奥尔蒂斯·德雷特斯到达该岛北部，见当地居民肤色和气候亦大致相仿，故取名"新几内亚"。从此就称这里为"巴布亚新几内亚"。1884 年，英国和德国瓜分伊里安岛东半部和附近岛屿。1906 年，英将英属部分交澳大利亚管辖，改称澳属巴布亚领地。1946 年，联合国大会决议委托澳托管。1973 年，巴布亚新几内亚成立自治政府。1975 年 9 月 16 日宣告独立，成立巴布亚新几内亚独立国。

巴布亚新几内亚首都为莫尔兹比港（Port Moresby）。几个世纪前 Motu-Koitabu 人早先在这片土地上定居。第一位到此地的西方人是 1873 年到此地的约翰·莫尔兹比船长，取名"莫尔兹比港"是为了纪念船长的父亲 —— 海军上将费尔法克斯·莫尔兹比爵士。当英国船长约翰·莫尔兹比指挥着英国 HMS 蝎子号（HMS Basilisk）巡洋舰首次到访这之后，莫尔兹比港就成为了该地区重要的贸易中心。英国 HMS 蝎子号穿越了珊瑚海抵达东面的新几内亚，看到了三个以前未知的岛屿，并在那里登陆。1873 年 2 月 20 日上午 10 点，莫尔兹比船长声明这片土地属于英国，将这一地区命名为"莫尔斯比港"，并以其父亲费尔法克斯·莫尔兹比爵士的名字命名该港所在的港湾，即"费尔法克斯港湾"。

93. Paraguay（巴拉圭）——"一条大河流过的地方"

南美洲的一部分国家名是以印第安语命名的。拉丁美洲是印第安人的故乡，所以这块土地上的许多地名就理所当然地源于当地人的语言了。瓜拉尼语为南美印第安人的一支 —— 瓜拉尼人的语言。它属安第斯 - 赤道语系的图皮 - 瓜拉尼语族，但也有学者认为，图皮诸语言本身足以构成一个语系，图皮 - 瓜拉尼语族是其主要语族之一。瓜拉尼语主要分布于巴拉圭，此外巴西、玻利维亚、乌拉圭等国也有少数使用者。在巴拉圭，它是得到官方正式承认的第二语言，其地位仅次于西班牙语，也是所有印第安语言中唯一具有官方地位的语言。

"Paraguay"的意思为"一条大河 Para 河流过的地方"。"guay"在古瓜拉尼语中意为"大水"，因为这条河流的水量特别充沛，便将这条河命名为"Para 河"。再如乌拉圭（Uruguay）国名的由来跟巴拉圭类似。"Uruguay"的意思为"一条大河 Uru 河流过的地方"。"Uru"是一种鸟名（这条河流特产），便将这条河命名为"Uru 河"。

巴拉圭共和国，西班牙语为"República del Paraguay"，提到西班牙语是因为巴拉圭的官方语言是西班牙语和瓜拉尼语。21 世纪，使用西班牙语作为官方语言的国家和地区有：阿根廷、玻利维亚、智利、哥伦比亚、哥斯达黎加、古巴、多米尼加共和国、厄瓜多尔、萨尔瓦多、赤道几内亚、危地马拉、洪都拉斯、墨西哥、尼加拉瓜、巴拿马、巴拉圭、秘鲁、波多黎各、西班牙、乌拉圭和委内瑞拉。除此之外，西班牙语也在安道尔、伯利兹、加拿大、直布罗陀、以色列、摩洛哥、荷兰、菲律宾、特立尼达和多巴哥以及西撒哈拉使用。

亚松森（西班牙语：Asunción），是巴拉圭共和国首都。亚松森是一座美丽如画的内河港口城市，人们称它为"森林与水之都"。那里山坡高丘，橘园遍布。收获季节到来时，鲜红的橘子挂满了橘树，宛如一盏盏明亮的灯饰，因而许多人又把亚松森称为"橘城"。

亚松森是南美洲历史最悠久的城市，原名为"Nuestra Se & ntilde; ora de la Asunción"（升天的圣母），被称为南美洲的"城市之母"。1537 年 8 月 15 日，西班牙人到达此地时正值天主教的圣母玛丽亚升天节。在西班牙语里，升天节的发音是"亚松森"，因此，"亚松森"就成了这座城市的名字。

94. Peru（秘鲁）——"统治者"

秘鲁（Peru），全称为"秘鲁共和国"。秘鲁孕育了美洲最早人类文明之一的小北史前文明，以及前哥伦布时期美洲的最大国家印加帝国。16 世纪，西班牙帝国征服印加帝国，建立秘鲁总督区，包含西班牙在南美洲的大部分殖民地。

"秘鲁"音译白西班牙语"Perú"，而"Perú"一词则源自 16 世纪初一位居于巴拿马圣米格尔湾附近的地区统治者 Birú 的名字。1522 年，西班牙人到达他的领土，这是当时欧洲人认识的新世界的最南端。当弗朗西斯科继续向南探索，新发现的地区便被命名为"Birú"或"Perú"。1529 年，西班牙国王在《托莱多条约》给予该名称合法地位，条约指明新征服的印加帝国为"秘鲁"。在西班牙的统治下，该国被称为秘鲁总督区，独立后改名为秘鲁共和国。

秘鲁首都是利马（Lima）。西班牙殖民者给利马起名为"Ciudad de los Reyes"，意即"王者之城"。不过，"利马"的来源成谜，有指它来自艾马拉语的"lima-limaq"，也有指它来自盖丘亚语的"rimaq"。在现存最古老的西班牙文秘鲁地图中，该城被同时标示为"Ciudad de los Reyes"。利马是在 1535 年 1 月 18 日，由西班牙殖民者法兰西斯克·皮泽洛所建，是秘鲁西班牙文化的重地。1535 年，他几乎征服了秘鲁全境的皮萨罗，在利马河畔的一个绿洲建立了一座新的城市，一切按西班牙的传统形式建造，建筑结构雍容恢宏，造型精雕细刻，据说街道以"金银铺砌"，取名"利马"，称为"诸王之城"。

95．Philippines（菲律宾）——"西班牙国王"

菲律宾既为国名又为群岛名，它是西班牙殖民者遗留下来的名称。菲律宾群岛的主岛为吕宋岛，因此中国古称菲律宾为"吕宋"。1543 年，西班牙占领了这里，便以西班牙国王 Philippe 的名字命名。

菲律宾在很早以前，是以吕宋、麻逸、苏禄、胡洛等地的名称闻名的。1521 年，葡萄牙航海者麦哲伦奉西班牙殖民主义者之命踏上这个群岛时，正好是天主教宗教节日，于是就为群岛起了一个有宗教意义的名称——圣拉哈鲁群岛（St. Lazarus）。后来因为麦哲伦干涉岛上内争被当地人杀戮，这个名称也就被人们遗忘。1543 年，西班牙占领整个群岛。当时西班牙殖民者 Lopez de Villalobos 将莱特岛附近一带以西班牙王储，即后来的国王菲利普二世（Felipe II，1527-1598）的名字来命名菲律宾，后扩展至整个群岛。1898 年 6 月，菲律宾人民推翻西班牙殖民者的统治，宣布独立，将国名改为"菲律宾共和国"。1946 年 7 月，菲律宾摆脱美国的殖民统治，宣布独立，国名仍称为"菲律宾共和国"（The Republic of the Philippines）。

菲律宾的首都马尼拉（Manila）是一座既古老而又十分欧化的大城市。可是，据说在第二次世界大战前，这里的街道大部分是土路，一遇大雨，一片泥泞。那时街上跑的主要交通工具是马车，车轮滚滚，泥浆四溅，所以旅居菲律宾的华侨诙谐地把马尼拉称做"马泥拉"。而"马尼拉"名字的真正含义，却并非"马泥拉"。早在1571 年，西班牙殖民者侵入菲律宾，在马尼拉湾东南部巴西河两岸建立了马尼拉城。1590 年，西班牙殖民者又建筑起城垣。殖民者在建城时，看到这个地方到处长满了尼拉水草，于是便把该城起名为"马尼拉"，其意思就是"尼拉之地"。

96．Poland（波兰）——"平原之国"

波兰共和国（波兰语：Rzeczpospolita Polska），古称"孛烈儿"，是一个由 16 个省组成的民主共和制国家。波兰作为国家，起源于西斯拉夫人中的波兰、维斯瓦、西里西亚、东波美拉尼亚、马佐维亚等部落的联盟。

波兰的国名源于民族名。"波兰"一词在斯拉夫语中意为"平原"。波兰全境位于中欧东北部，大部分为低地和平原，中部低地和平原占全国总面积的3/4，故有"东欧平原"之称。

波兰人原属于西斯拉夫人的一支，居住在奥得河和维斯瓦河之间的平原地区，靠耕种为生。"波兰"一词源于古斯拉夫语中的"波利埃"（polie），在波兰语中是"林间空地"之意，意为"平原、耕地"，因为他们是一个一直在平原地区从事农业生产活动的部族。他们被日耳曼人称为"波兰"（Polan），以后英语又在这一称呼的后面添加上"land"一词，用以称呼他们的国土，表示为该部落的土地。由此可以看出"波兰"（Poland）这一国名就是"农民之国、平原之国"的意思。

华沙（波兰语：Warszawa）是波兰第一大城市，也是波兰首都。华沙这座世界名城始建于 13 世纪，当时是维斯瓦河渡口上的一个中世纪市镇。华沙在波兰语中，读音为"华尔沙娃"，这个名字是为了纪念一对名叫华尔西和沙娃的恋人。

在波兰，出海口在波罗的海的维斯瓦河，传说有美人鱼。当时有一个名叫华尔（Wars）的男青年和一个名叫沙娃（Zawa）的女青年结伴，顺流乘舟来到波兰首都华沙开拓家园，当时河中的美人鱼是他们的见证人和庇护者。他们经常坐在河边聊天，过着幸福快乐的日子。后来维斯瓦河出现了一只水怪，搅得河水经常泛滥，弄得民不聊生，村民不堪苦难，纷纷外逃。为了让村民过上平安幸福的日子，华尔和沙娃决定除掉水怪。在维斯瓦河里，华尔、沙娃与水怪鏖兵奋战几百个回合，仍不见胜负。就在他们力不能支的时候，美人鱼妸莲娜一跃而起，手里握剑，前来助阵。在女神帮助下，他们消灭了妖怪。从此，人们过着安居乐业的日子。后人为了纪念他们，便把他俩的名字合称"华沙"作为该城的名称。同时，美人鱼也成为了华沙的守护神，保佑着这座城市的人民，人们还把女神妸莲娜的形象（人身鱼尾）作为华沙的市徽。

97. Portugal（葡萄牙）—— "波图卡莱"

葡萄牙是世界上著名的葡萄酒产区之一。葡萄牙（Portugal）得名于其境内杜罗河口的海港城市波尔图（Porto）。历史上，"Porto"是拉丁语"Portu Cale"（波图卡莱）的简称，意为"温暖的海港"，北大西洋暖流惠及此地，港口气候温和，冬季不冻。

根据史料记载，葡萄牙最早的译名，在明朝时为"佛朗机"，与原文发音相差很大。后来在清朝时翻译成"大西洋国"，干脆甩开音译。意大利的传教士利玛窦在中国时，正逢明代万历年间，他编绘了一幅世界地图名为《坤舆万国全图》，用中文写的该国国名为"波尔杜葛尔"。二百年后，一位在福建做官的北方人对地理颇感兴趣，于是编写了一本世界地理书，名为《瀛环志略》，在中、日及东南亚影响深远。在绘图时，这位北方籍的福建官员参考的是一位美国传教士的地图和各国名称。这个美国人在福建多年，把"Portugal"用闽南话音译，因此音译为"葡萄牙"。

名字就是名字，尤其是译名，约定俗成，要改很难。殖民者的老家"西班牙"，还有"葡萄牙"的中文译法很令人费解。怪诞也罢，不合逻辑也罢，久而久之中国百姓已习惯了"葡萄有牙，西班也有牙"。

葡萄牙的正式国名为葡萄牙共和国，简称"葡萄牙"。很多中国人都会以为，葡萄牙一定是得名于盛产葡萄。葡萄牙虽素有"软木之国"、"葡萄王国"的美称，其软木及橡树制品居世界第一，自古以来盛产葡萄和葡萄酒，但葡萄牙语的国名"Portugal"却毫无葡萄之意。据历史学家考证，"Portugal"一词来源于拉丁语"Portu-cale"（音译为"波图卡莱"），由"Portus"和"cale"两个词合二而一，意为"暖港"。早在 2 000 多年前，当罗马帝国向伊比利亚半岛西部扩张时，罗马人发现现代葡萄牙北部杜罗河入海口——今日葡萄牙第二大城市波尔图所在之地是一个暖港，随后罗马人将在此修筑的一个城堡命名为"Portucale"。其后数百年间，罗马商人和殖民者源源不断从意大利半岛迁徙至此，于是，一个被称为波图卡莱的城镇便渐渐兴旺起来。到 6—7 世纪，在西哥特人统治时期，波图卡莱已成为一个主教区。9 世纪，在莱昂王国时期，现今葡萄牙北部从加利西亚脱离出来，成为一个新的行政单位，其首府就是波图卡莱。938 年，这个行政单位被正式称为波图卡莱地区。从此，"波图卡莱"这一用语便开始得到流传。波图卡莱地区由莱昂王国国王委任的一个贵族家族治理，起初这个家族的族长被封为波图卡莱伯爵。

10 世纪末，这个家族又被加封为公爵。这意味着波图卡莱地区的管辖范围在扩大，重要性在增强。在人们使用的日常口语中，"Portu-cale"一词中的轻辅音"c"渐为浊辅音"g"所取代，而词尾元音"e"由轻读渐转消失，慢慢演化成现今的"Portugal"。300 多年后，这个领地在卓有才干的阿方索·恩里克斯的领导下，摆脱了同莱昂王国的臣属关系，一举成为独立的国家——葡萄牙王国。"Portugal"又何以被中国人译为葡萄牙？有人考证说，这应归因于最早与葡萄牙人打交道的广东人。葡萄牙人早在 15 世纪就来到广东和澳门一带，当时的广东人首次把这个西欧国家不大规范地音译为"葡萄牙"。当然，也不排除这样的可能性，即广东人在与葡萄牙人的接触中发现，他们的国家盛产葡萄和葡萄酒，因此根据谐音便译为"葡萄牙"。葡萄牙的本名虽与葡萄毫无连带之意，但中国人将其称为葡萄牙，不管有无根据，却是音与义的巧妙结合。中国历史上，对葡萄牙国名还有过另外的称谓和译法，如明代称葡萄牙为"佛朗机"，即波斯文"Frangi"一词的译音，原泛指欧洲的基督教徒。还有的史书把"Portugal"音译为"葡都丽家"或"葡都家丽"。此外，葡萄牙在历史上还被称为"卢济塔尼亚"（Lusitania），这个词常常出现于文学作品中。葡萄牙人最引以为豪的大诗人卡蒙斯的不朽史诗，就名为《卢济塔尼亚人之歌》（又被译为《葡国魂》）。这部创写于文艺复兴时代的力作，为葡萄牙15和16世纪航海大发现的"辉煌年代"大唱赞歌。至今，葡萄牙语中的形容词"葡萄牙"一词，除"Portugues"外，还用了"Lusitand"或"Lusd"来表达。"卢济塔尼亚"一词的出现要比"波图卡莱"早得多。相传葡萄牙这块土地上的原始部落首领叫卢佐（Luso），后人便把伊比利亚半岛西部的土著人称为卢济塔尼亚人。英勇善战的卢济塔尼亚人曾不屈不挠地抵抗了罗马人的入侵。罗马人在占领伊比利亚半岛后，将其分为三个省，其中一个即为包括现代葡萄牙大部分领土在内的卢济塔尼亚省。罗马帝国崩溃后，随着卢济塔尼亚省的消失，"Lusitania"一词渐为"Portucale"所取代。素来崇尚英雄的葡萄牙人非常敬仰他们的祖先卢济塔尼亚人，因此这个词虽然在政治上已毫无意义，但在后世的文学作品中，却一直富有不凡的生命力。

葡萄牙的首都是里斯本（Lisbon）。里斯本在史前就有人定居，自新时期时代开始，里斯本地区已经有伊比利亚人居住，最早兴建起来这座古城的是腓尼基人。前205年起，这里为罗马人统治，当时的统治者恺撒把这个地区升格为市，并命名为"Felicitas Julia"（意为"祝贺恺撒"）。可是到5世纪起，该地区相继被蛮族占领，而在8世纪更被摩尔人所夺取。信奉伊斯兰教的摩尔人除了在市内兴建了很多清真寺外，还建了很多房屋和新的城墙。而在伊斯兰的统治期间，城市的经济获得了长足的发展，成为这一带重要的海运港口。与此同时，市内住了信奉不同宗教的人，如基督徒、穆斯林和犹太人等。摩尔人一直统治里斯本，直至1147年，他们被阿方索一世率领的十字军击败，使得里斯本重回基督徒的手中。1256年，里斯本正式成为葡萄牙的首都，从此跃升成为欧洲和地中海一带重要的贸易城市。在地理大发现时代，很多航海家如瓦斯科·达·伽马都是由里斯本出发到世界不同的地方探险的。16世纪是里斯本最辉煌的时期，大量黄金从当时葡萄牙的殖民地巴西运到里斯本，而这里亦盛产优质的陶瓷制品，使得里斯本成为欧洲富甲一方的商业中心。在此期间，里斯本才被命名为"Lisboa"（葡萄牙语），音译过来就是我们所称的"里斯本"。

98．Qatar（卡塔尔）——"祖巴拉"

卡塔尔国（State of Qatar）简称"卡塔尔"。"卡塔尔"一词，是由古代西方对这里的称呼演化而来的。古希腊人称该地为"卡塔拉"，罗马人称其为"卡塔拉尔"，古阿拉伯人称这里为"卡塔里拉"。另一方面，也有称"卡塔尔"一词来自"Qatara"，是指卡塔尔一个废弃的城镇——祖巴拉（الزبارة），其在以前曾是个经济贸易繁荣的港口。

说到一个国家的形成，就不得不追溯到其久远的历史。卡塔尔半岛上的居民已经维持了数千年的生产活动，但在前期的大部分时间，也仅仅是一些游牧部落在这里短期居住。7 世纪，卡塔尔成为阿拉伯帝国的一部分，而后于 1517 年被葡萄牙人侵占。1555 年，卡塔尔被并入奥斯曼帝国版图，土耳其对这片土地的统治维持了200 年。1846 年，萨尼·本·穆罕默德建立了卡塔尔酋长国，"卡塔尔"这个名字才正式被作为这片土地的标志。

卡塔尔拥有丰富的石油和天然气资源，尤其是天然气储量居世界第三，卡塔尔因此被称为"漂在石油上的国家"。卡塔尔人均国内生产总值高达 3 万美元，这一平均数包括收入很少的外籍人，实际上卡塔尔国民的收入还要高。因此，卡塔尔又有中东阿拉伯国家"首富"之称。

99．ROK（韩国）——"伟大国"

大韩民国（简称"韩国"，Republic of South Korea）在其历史上有过很多的名称，比如人们所熟知的新罗、高丽、南朝鲜等。当然，一个国家的国名与其历史文化以及政治变迁是息息相关的，那么"大韩民国"这一名称究竟是从何而来，又是如何确定的呢？我们大概可以从以下几个层次去理解：首先，"朝"、"韩"两个字究竟从何而来；其次，从韩国的三韩时代到 1910 日本侵吞朝鲜半岛，历史究竟如何影响了韩国国名的变更；最后，近代以来"大韩民国"一名如何得以最终确定。

首先，"朝"、"韩"二字究竟从何而来？虽然说"朝"、"韩"二字均曾被韩国用来命名国名，但两个字并不能混为一谈，而且各有各的出处。

"朝"从何而来？无可争议的是，韩国最早以国家的形式出现大约是在前 5—前3 世纪，也就是我国战国时期。作为周王室的诸侯国，其文化必然受中原文化的影响。

在15世纪李氏朝鲜世宗大王参考汉字外型创造全新的拼音文字谚文以前，韩国是没有自己的文字语言的。即使是这样，汉文也仍是当时朝鲜上层阶级的官员贵族们和正式书籍文本所用的正式文字。所以最早作为中国历史上周王室诸侯国的韩国，其文字语言也必然承袭中国古代文字语言的特性。从这一点来说，"朝"也就并不难理解了。韩国位于东北亚朝鲜半岛南部，三面环海。据《东国舆地胜览》一书解释，"国在东方，先受朝日之光辉，故名朝鲜"。"朝鲜"即"朝日鲜明"之意。

"韩"从何而来？前2—4世纪左右，在朝鲜半岛南部存在一个部落联盟，称为"三韩"（马韩、弃韩、辰韩）。韩国之"韩"即来自于三韩之"韩"。当时三韩还处于部落联盟阶段，在文化上处于只有语言而没有文字的阶段，于是在部落名称注音上只得采纳借用汉字的正音。古韩语的"han"借用了中国战国七雄之一韩国的"韩"字，而今"韩"在现代韩语中为"伟大、领袖"之意。

在经历了三韩时代以后，前1122—1897年，韩国先后经历了箕子朝鲜、卫满朝鲜、汉四郡、三国时期、新罗王朝、高丽王朝以及朝鲜王朝7个政权的更替。虽然三韩为韩国最早的国家，但在三韩时代后的政权始终都没有采用"韩"字作为国名。一直到1879年10月，朝鲜王朝第26代君主高宗李熙在朝鲜国内外支持独立的政治压力下，从朝鲜驻俄公使馆回到德寿宫登基称帝，宣布大韩帝国的成立。1910年，韩国被日本吞并，并更名为朝鲜，但后来，在朝鲜人民的坚持下，国名再一次更改为"韩"。至此，"韩"最终确定为韩国国名。

1910年，日本迫使大韩帝国签署《日韩合并条约》，正式吞并朝鲜半岛。1919年3月1日，朝鲜半岛爆发"三一运动"，同年朝鲜独立运动领导人先后在海参崴、上海、汉城成立临时政府，最终在上海合并成为"大韩民国临时政府"。就此"大韩民国"第一次出现在历史中。直到1945年日本侵华战争结束后，"大韩民国临时政府"迁回国，成为了今天的韩国。

在中国北方，人们习惯将韩国或是朝鲜人叫作"高丽帮子（棒子）"，那么"高丽"又是从何而来呢？高句丽是产生于今中国东北地区的少数民族政权，后迁都至今平壤。5世纪时，高句丽政权进入鼎盛时期，但一直臣服于中原王朝。高句丽与新罗、百济并存成为朝鲜"三国时代"。901年，新罗贵族弓裔称王，建立后高句丽。918年，王建被拥立为王，正式将国号改为"高丽"，935年建立高丽王朝。除此之外，韩国的英文名称"Korea"也是由高丽转音而来。

首尔，其正式名称为"首尔特别市"，罗马字母标记为"SEOUL"。首尔原为

韩语"서울"的音译。"서울"在朝鲜语中是"首都"的意思。例如，李氏朝鲜的"서울"是汉阳。1945 年，韩国独立之后，"서울"一词成为特指大韩民国首都的固定专有名词。至于其汉语译名"首尔"，是于 2005 年 1 月 19 日，由时任市长李明博决定的。他把"서울"的汉译名定为"首尔"，其中文意义为"首善之都"。李明博说，绝大多数国家都将"SEOUL"按照与英文标记相似的发音来称呼，汉语中的华盛顿、伦敦、莫斯科也都是根据这些地名的固有发音来标记的，只有汉城的中文名称一直沿用古代名称"汉城"。所以汉城市经过一年多的意见征求，根据国际通用的外国地名翻译规则，确定用新的中文名称"首尔"取代"汉城"。

如今的首尔拥有着两千多年的历史，自前 18 年百济国都卫礼城始建，首尔地位在朝鲜半岛上日益重要。首尔位于朝鲜半岛中部，地处盆地，山环水抱，汉江迂回穿城而过，因其地理位置优越并且具有上好的风水格局，一直是高句丽、百济和新罗三家必争之地。首尔在历史上一共有过四个称谓。高丽王朝前期为南京，由高丽文宗 23 年（1068）时命名。高丽王朝后因其位于汉江之北，故得名"汉阳"。朝鲜王朝时期，1394 年，李氏朝鲜王朝李成桂将都城从开京迁移到了汉阳，为了取意"汉江之城"，将汉阳正式命名为"汉城"。在日本统治朝鲜半岛时期，"汉城"被"京城"取代，其地位也由朝鲜中央直隶府降低到京畿道的一个郡。一直到 1945 年，韩国独立后，京城才被改为"서울"，一直沿用至今（但在这一期间"서울"并没有相应的中文名称）。此后，汉阳，即今天的首尔，一直都是朝鲜半岛上历朝历代的首都，至今已有六百余年。

100. Romania（罗马尼亚）—— "从罗马来的人"

罗马尼亚共和国（the Republic of Romania），即"罗马尼人的国家"。古时，达基亚人建立王国，后被罗马帝国征服，融合成今天的民族，他们自称罗马尼人（意为"从罗马来的人"），并成为罗马尼亚的主要居民。

罗马尼亚是以民族名称命名的国家。原为"达契亚王国"，106 年被罗马帝国征服，成为罗马帝国富饶的边陲省份。以后，本地的达契亚人和罗马人，以及后来入侵定居下来的部分日耳曼人、斯拉夫人等混居，并相融合，到 10 世纪末形成罗马尼亚民族，他们大多自称罗马尼人，意为"从罗马来的人"。在 1222 年的一部历史文献中，首次正式提到罗马尼亚人国家的存在。14 世纪罗马尼亚人建立了瓦拉几亚国（最初的罗马尼亚国）。但这仅是现在罗马尼亚的一部分。19世纪20年代出版的《罗马尼亚历史》和《罗马尼亚地理》，进一步确定了罗马尼亚这一名称。1859年，罗马尼亚的两个公国合并，在1861年最后统一后，才出现罗马尼亚民族国家。1859—1918年，原来在这块土地上的三个封建公国——瓦拉几亚、摩尔多瓦和特兰西瓦尼亚先后合并。从此，一个新的、统一的民族国家——罗马尼亚，出现在世界民族之林。从字义上讲，罗马尼亚同昔日的"罗马"有关。但它又是一个包含了极丰富的历史内容，表达了罗马尼亚人民民族愿望的独特名称。

布加勒斯特（Bucharest）是罗马尼亚首都。布加勒斯特在罗马尼亚语中音译为"布库尔什蒂"，意译为"欢乐之城"（"布库尔"是欢乐的意思）。相传在13世纪，有一个名叫布库尔的牧羊人从边远山区赶着羊群来到登博维察河边，发现这里水草肥美，气候温和，因而定居下来。此后，来此定居的人逐渐增多，商业贸易也日益兴隆，这块定居地逐渐发展成为城镇。如今，在登博维查河畔还兀立着一座以牧羊人名字命名的蘑菇型塔顶的小教堂。

"布加勒斯特"一名于1459年首见记载。20世纪，当地考古发现有旧石器、青铜器时代和中世纪早期的文物。1459年它成为要塞。1574年已发展成为拥有40座教堂、修道院和大批楼房的城市。1659年成为瓦拉几亚公国的首府。1859年，瓦拉几亚和摩尔达维亚两公国合并建立国家——罗马尼亚，布加勒斯特于1862年起成为罗马尼亚首都。

101．Russia（俄罗斯）——"罗斯帝国"

"俄罗斯"是我们这个地球上领土最辽阔的国家，几乎所有的外文都是以"Rus"为准，例如英文是"Russia"，原因是在该地区的原居民都称为"Rus"。可是到了汉语为什么就加上了个"俄"字呢？为什么中文的译名是"俄罗斯"呢？

"俄罗斯"或"俄国"的俄文是"Россия"，英文是"Russia"。"俄罗斯"，古代的发音其实类似于"罗斯"，这也是为什么今天的英语、法语、德语、西班牙语中俄罗斯的发音都比较像"Rus"。6世纪居住在第聂伯河两岸的斯拉夫族组成一个大部落，以支流"罗斯河"命名，过后这个民族称为"罗斯人"（Ros）。后来彼得大帝第一次称其帝国为"罗斯帝国"（Rossia）。

下面为其他语种中的"俄罗斯"：Errusia（巴斯克语）、Krievija（拉脱维亚语）、Oroszország（匈牙利语）、Räsäy（鞑靼语）、Расея（白俄罗斯语）、Ρωσία（希腊语）、

Pocія（乌克兰语）、Rosja（波兰语）、Rúis（爱尔兰语）、Ruisia（苏格兰盖尔语）、Rus（阿尔巴尼亚语）、Rusastan（亚美尼亚语）、Rusia（印度尼西亚语）、Rusija（立陶宛语，斯洛文尼亚语）、Rusiya（保加利亚语）、Rusko（捷克语，斯洛伐克语）、Rusland（南非荷兰语）、Rússia（加泰罗尼亚语）、Russie（法语）、Rusio（世界语）、Russja（马耳他语）、Rússland（冰岛语）、Rusya（菲律宾他加禄语）、Ryssland（瑞典语）、Venäjä（芬兰语）、Venemaa（爱沙尼亚语）。

102. San Marino（圣马力诺）——"石匠"

圣马力诺（San Marino）位于欧洲亚平宁半岛东北部蒂塔诺山坡上，四周为意大利领土环绕。3 世纪末，在南斯拉夫达尔马提亚群岛的阿尔欠岛上居住着一个名叫马力诺（Marino）的石匠。为了逃避封建主的压迫，他只身驾一叶扁舟横渡亚得里亚海，藏身于意大利境内里米尼的蒂塔诺山中。后来，在他居身的山中，又来了一批不堪忍受封建迫害的避难人。马力诺便将这些避难人组织起来，成立了"石匠公社"。"石匠公社"于 1263 年宣告建立共和国。马力诺隐居的蒂塔诺山，原是一位贵族夫人的领地。有一天，这位贵妇带着儿子到此休假。她的儿子发现马力诺站在他修建的教堂旁边，便弯弓搭箭，瞄准马力诺。谁知少年箭未射出便晕厥倒地。这时，贵妇人见儿子不省人事，苦苦哀求马力诺救救儿子的性命。马力诺把昏死的少爷救醒后，又治好了他的病。为此，贵妇人一家人改信了基督教，并把她领地内的蒂塔诺山送给马力诺。301 年 9 月 3 日，马力诺逝世。他死后被人们尊为圣徒，所以人称他圣马力诺。从此，这个国家将他的生日定为国庆日，取他的圣名"圣马力诺"为国名。圣马力诺首都名来源于国名"圣马力诺"。

但凡国名中有"Sao、Saint、San"之字的，在翻译成汉语时，都译为"圣"。所有带"圣"的国名，都反映出那里的民众对基督教敬仰的心态。

圣卢西亚（Saint Lucia），位于西印度群岛向风群岛中部，其国民大多笃信天主教。哥伦布于 1502 年 12 月 13 日到达此地，这一天正是守护神圣卢西亚日（St. Lucy's Day），故名。

圣多美和普林西比民主共和国（The Democratic Republic of Sao Tome and Principe），位于非洲西部几内亚湾东南部，因主要由圣多美岛、普林西比岛组成而得名。1470 年，两位葡萄牙航海家来到圣多美岛，先是取名为"绿岛"，后改今名。Sao Tome（圣多美）原是圣徒的名字。1534 年以来，这里一直是天主教流行的地方。

圣基茨和尼维斯联邦（the Federation of Saint Kitts and Nevis），位于东加勒比海背风群岛北部，过去曾是英国的殖民地，是哥伦布代表天主教国家西班牙命名的。

圣文森特和格林纳丁斯（Saint Vincent and the Grenadines），位于东加勒比海向风群岛中部，过去曾是英国的殖民地，但名字来源于天主教国家西班牙。哥伦布于1498年1月22日圣文森特日（Saint Vincent's Day）在此登陆，故名。

103. Saudi Arabia（沙特阿拉伯）——"幸福的沙漠"

沙特阿拉伯（Saudi Arabia），曾用名为内志（Nejd）/汉志（Hejaz），来源为"Arabia"。本来这是这个半岛的称呼，但随着半岛居民的兴起，以及帝国的建立，于是整个西亚北非的伊斯兰教世界，都叫"Arabia"了。后来阿拉伯被奥斯曼帝国统治。1902年，内志王国独立。1916年，汉志王国独立。不久，内志王国灭掉了汉志王国，统一全国。因为内志国王姓"Saudi"，于是在1932年，改国名为"Saudi Arabia"。在阿拉伯语中，沙特是"幸福"的意思，"阿拉伯"则指"沙漠"，意为"幸福的沙漠"。沙特阿拉伯王国地理条件得天独厚，在荒凉的沙漠地下，蕴藏着丰富的石油。

沙特的首都是利雅得，英文名称为"Riyadh"。在阿拉伯文中，利雅得是"花园"的意思，含义为"遍布草场、花园、绿树之地"。沙特首都利雅得以鲜花和绿色闻名于世。首都利雅得坐落在沙特中部，周围是旱谷，东部和北部是沙漠，气候干热，但地下水资源比较丰富，能基本满足城市居民的用水需要。近20年来，利雅得的城市绿化面积不断扩大，市郊高速公路的交叉口和市内马路的两旁都种上了花草和树木，因而使这个沙漠中的城市变得十分美丽多姿，成为名副其实的"花中之园"。

伊斯兰教的教义是用阿拉伯语写成的，阿拉伯语也是传播伊斯兰教义的标准语言，并且阿拉伯国家基本都是穆斯林国家，所以阿拉伯国家就没有必要在国名上标注"伊斯兰"了，只要在国名上标"阿拉伯"就足以证明其是信仰伊斯兰教的国家。世界上有好几个国家在其国名上标注"阿拉伯"。

"Arab"一词最初出现于前853年的亚述碑文，作"aribi"（阿里比人），指叙利亚沙漠的游牧部落贝都因人。"Arabia"是对阿拉伯半岛的称呼。Arabian Peninsula（阿拉伯半岛）位于亚洲西部，是世界上最大的半岛。希伯来语"arabha"，意为"旷野、荒原"，指"不毛之地的沙漠"。阿拉伯语"arabah"，即"沙漠"。而阿拉伯语"Bilad-al-arab"则意为"平原地区"。希腊、罗马古典文学最早用"Arab"（阿拉伯）指称整个阿拉伯半岛和尼罗河流域的全体居民。随着阿拉伯帝国的建立和伊斯兰文化的传播，阿拉伯的地域范围更为扩大。中国史籍中的"天方"（天方是麦加圣寺内一座方形石殿的名称）和"大食"（大食系波斯语"Taziks"的音译），有时专指阿拉伯帝国，有时泛指阿拉伯国家。

叙利亚（Syria）古称"Aram"。叙利亚的全称为"阿拉伯叙利亚共和国"（The Syrian Arab Republic）。古代阿拉伯半岛的北方居住着闪族的 Aramaeans，在闪族语言中，"aram"意为"高地"，后成为亚述帝国（Assyria）的一部分。亚述原写作"Assus"，"Aram"（叙利亚）系从"Assus"演变而来。

埃及的阿拉伯语国名为"Misr"。"Egypt"之名译自英语。埃及国名的全称为"阿拉伯埃及共和国"（The Arab Republic of Egypt）。

西撒哈拉（Western Sahara）过去的国名曾为"阿拉伯撒哈拉民主共和国"（The Democratic Sahrawi Arab Republic），它在西非的西北部。西撒哈拉因位于撒哈拉沙漠西部而得名。它曾是西班牙的殖民地，称"西属撒哈拉"（Spanish Sahara）。

104．Sierra Leone（塞拉利昂）——"狮子山"

塞拉利昂（Republic of Sierra Leone），全称"塞拉利昂共和国"。"Sierra Leone"一词，中国大陆曾在 1960—1974 年音译为"塞拉勒窝内"，1974 年 9 月 1 日后改为"塞拉利昂"；我国台湾地区一直译其为"狮子山共和国"，而我国香港、澳门地区，以及马来西亚、新加坡等多采用"塞拉利昂"一称。

关于"狮子山"的由来。传说，在 15 世纪中叶，准确地说是 1462 年，一位名叫佩德罗·辛德拉的葡萄牙冒险家雇佣了一些海员，驾驶一艘海船沿着非洲西海岸由北向南航行，企图在西非寻找黄金、白银、象牙以及掠夺黑人从事奴隶贸易。有一天，海上风雨突变，雷电交加，乌云滚滚，海上掀起了滔天巨浪，远处山洪暴发。辛德拉等人耳边回响着凶猛的波涛声、轰鸣的雷电声，看到远方岸上崇山峻岭犹如猛狮盘踞。在上述基础之上，有四种说法流传了下来。

一说船长辛德拉身边的一位海员对当时可怕而壮观的场面做了一个非常精巧的比喻：这些山谷仿佛有许多凶猛的狮子在疯狂地吼叫，从而把周围的空气都震动了。辛德拉对这位海员的比喻非常欣赏，觉得非常合适，于是决定将西非几内亚湾这段海岸称为"塞拉利昂"。"塞拉利昂"在葡萄牙语中的意思是"狮子岭"。后来人们一直沿用这个名字，直到今天我们还这么称呼塞拉利昂共和国。

还有第二种说法，即辛德拉等人上了岸，被如此恶劣的天气着实吓了一跳，此时一声惊雷，辛德拉十分惶恐，脱口而出道："塞拉 —— 利沃阿！塞拉 —— 利沃阿！"在葡萄牙语中，"塞拉"（Sierra）为"山"，"利沃阿"（Leone）为"狮子"，合起来即为"狮子山"。从此以后，辛德拉的好友，另一位葡萄牙航海家卡·达墓斯托在地图上用"塞拉利昂"标明此地区，慢慢演变成国家名称。

第三种说法是因为塞拉利昂境内山峰林立，纵目远望，沿岸矗立的山峰形状好似一头卧于天水之间的雄狮，这头雄狮俯视着大西洋，"狮子山"因此得名。

还有一种说法，即辛德拉等人确实在此地发现过许多狮子或听到过狮子在山中的吼声。当然，后两种说法远不如前两种说法有魅力，前两种说法实在是带有很多神奇的色彩，流传更广一些，也更容易被人们理解和接受。我国台湾地区将我们所称的"塞拉利昂共和国"意译为"狮子山共和国"不无道理，相比我们大陆的音译，确实多了很多乐趣，同时更为贴切。

自辛德拉涉足塞拉利昂之后，奴隶贸易在此从未间断，而这也是辛德拉来塞拉利昂的目的之一。15 世纪，葡萄牙人船只开始定期访问塞拉利昂，他们在弗里敦河口北岸建有一个要塞。之后，英国、法国、荷兰等殖民主义者相继侵入，从事奴隶买卖。从 15 世纪后期到 19 世纪中期，塞拉利昂的奴隶贸易十分活跃，曾经作为整个欧洲奴隶的来源供应地。17 世纪，葡萄牙人的势力开始减弱，英国人的影响力大为上升。大约在 1628 年，英国人在距离弗里敦东南 50 千米处建立了一个工厂，从事商业活动。到 18 世纪中期，英国人已经成为西非主要的奴隶贩卖者。弗里敦东北的塞拉利昂河上的邦斯岛至今仍保留着专门买卖奴隶的商行遗址。1787 年，在废奴主义者的压力下，为了不让那些"自由黑人"流离失所，英国人在现今弗里敦的地方建立一个城市，以供那些原先准备被贩卖到伦敦去的四百名左右的黑奴生活。这只不过是一种美化的说法，是对废奴主义者的敷衍罢了。表面上是为了还给那些所谓的"自由黑人"自由，实际上是为了建立殖民地和防止奴隶暴动。这个定居点在建立了不久之后就被泰姆奈人摧毁了。1792 年，英国人又从新斯科舍运来 1 000 多移民（这些黑人移民就是后来的克里奥尔人），建立了新的居民点，定名"弗里敦"（Freetown），意即"自由城"。颇具讽刺意味的是，"自由城"没有真正的自由，移居到弗里敦的黑人处处受到英国殖民者的限制，甚至不能用本地语言交谈。

105. Sikkim（锡金）—— "新地方"

锡金（Sikkim）是位于喜马拉雅山南坡的一个山国。"锡金"这个 19 世纪才出现在政治文献上的名字，来源于尼泊尔移民所使用的林布语（这是居住在尼泊尔东部，属于藏缅语族的林布人使用的语言），由"Su"（新）和"Khyim"（地方）两个词组成，即寓意锡金是"新地方"，是迁移来的尼泊尔人民的第二故乡。

哲孟雄（Dremojong）是从前我国人民对藏南小邦锡金的称呼。在古代流行，时至今日，仍有相当一部分人称藏南地区为"哲孟雄"，在一些报告著作中此称谓仍时有出现。"哲孟雄"一词在英语中能找到发音十分相近的解释，即"Dremojong"。因此，别称"哲孟雄"的由来和19世纪尼泊尔人的迁移与英语渊源不浅。最早的文字记录出现在清朝，《清代野史》有语："印藏之间又有小国名哲孟雄者周遭仅中里七十余里耳。本为藏番部落每由西藏入贡之期亦附贡微物聊以将意而已。英人欲通商西藏必于达吉岭开祜为转输停顿之地。欲开达吉岭必道出哲孟雄。遂力争哲孟雄于总理衙门以为本系印属小国总署函致驻英大使于是星使命随员各抒己见。"由此可见，"哲孟雄"一称呼早在清朝时期就已记录在册并且被官方采纳，是锡金当时最"正统"的称呼。

"锡金"之名的由来与尼泊尔人密不可分。关于锡金，流传了很多神话，但世袭君主国成立前的历史记载不多。之前锡金是雷布查族的居住地，他们多生活在喜马拉雅山的南面山坡地带。锡金是个富于神话和传奇的国度，有关古代的史料，留传下来的很少。有确切记载的第一代国王是蓬楚格·纳姆伽尔，其曾祖父是西藏的贵族古鲁·塔希。蓬楚格于1642年登上锡金王位，在他统治下，雷布查人与锡金人融洽相处，从事畜牧和农耕。蓬楚格宣布佛教为国教，实行政教合一的封建制度。他将首都建在甘托克，将全国划分为若干沙古（相当于县）治理。第三代国王查多尔·纳姆伽尔（1700—1717年在位）建造了佩玛扬策寺（即今天的大寺），还为雷布查人发明了字母。

1700年，尼锡战争爆发，尼泊尔的廓尔喀军队入侵锡金，攻占锡金当时的首都拉达孜。1814年，英国东印度公司开始侵入锡金。1861年迫使锡金签订条约，将锡金置于英国的控制之下。1887年，英国强占锡金，并派驻专员。1893年之后，锡金沦为英国的"保护国"。彼时控制了尼泊尔的英国早已想好了掌控锡金的方式。尼泊尔族移民是在19世纪锡金沦为英国殖民地之时，因为开发需要才大量移民到锡金南部地区的，并成为了锡金人数最多的民族之一。正是由于大密度尼泊尔人的聚集，他们成为了决定国名的主力军。尼泊尔人将其命名为"锡金"，寓意"新的地方"，以纪念这次大规模迁移兼怀念故地。

甘托克（Gangtok）为锡金王国的首都。"甘托克"一词，也可译为"刚渡"，意为"山顶"。所以，甘托克又被称为"山顶之国"。锡金当地居民多生活在喜马拉雅山的南面山坡地带。这与"山顶之国"美名的来源有着很深的关系。锡金位于带有神话色彩的长古湖和康乾宗迦峰之间，而长古湖距离甘多克只有 30 多千米，西南离达吉湖 45 千米。所以，锡金几乎全境都是山区。而其海拔达到了 1 700 多米，因而是不折不扣的"山顶之国"。锡金的国旗也间接证明了"山顶"的含义。

106. Singapore（新加坡）——狮子岛

新加坡（Singapore）的历史可追溯至 3 世纪，当时该岛已有马来人居住，其最早的文献记载源自 3 世纪东吴将领康泰所著的《吴时外国传》。据新加坡学者许云樵考证，蒲罗中是马来语"Pulau Ujong"之对音，指半岛末端的岛屿。"蒲罗中"是新加坡岛最古老的名称，比"淡马锡"［明朝时把新加坡称作"淡马锡"（马来语：Temasek）］早一千多年。

新加坡，国名来源于它的国土形象（新加坡地形像个狮子）。马来语"新加"是"狮子"的意思，"坡"是"岛"的意思。11—13 世纪时，新加坡是一个被称为"淡马锡"或"单马锡"的贸易中心。"单马锡"是马来名称的音译，意为"海域"，也有的说是"湖泊"的意思；还有的说是来源于爪哇语，意思是"锡"。据说新加坡主要的山脉武吉智马山曾产有少量的锡，而且在《航海图》中把武吉智马山亦称作"单马锡"。另有一说意为"海口"或"海上之域"，指其地临马六甲海峡。

据《马来纪年》第四章记载，大约是在 1160 年，相传印度在马来半岛统治时建立的室利佛逝王国的王子圣尼罗优多摩，带着妻子和随从外出狩猎，发现一处洁白的沙滩，听随从说是"淡马锡"，便走过去。突然有只黑头红身、胸生白毛的狮子疾驰而过，王子认为这是吉祥之地，便在此建立了一座城市，命名为"僧加补罗"，即新加坡，意为"狮子城"。后来又以城市名为国家名，并沿用至今。

在过去，"新加坡"一直用"新嘉坡"作为其独立初期的通用华语国名。由于当地华人的不同母语（包括粤、闽、客家话等）习惯的影响，在后期出现许多衍生的国名称谓，例如"星嘉坡"、"星加坡"、"新架坡"、"星架坡"、"石叻"、"叻埠"、"石叻埠"和"实叻埠"等，而外界也普遍以"星洲"、"狮城"或"星国"作为简称来描述新加坡。

107.　Slovak（斯洛伐克）——"有名望的民族"

斯洛伐克（Slovak）一词因该地区斯拉夫语族的斯洛伐克人（Slovak）而得名。同斯拉夫（Slav）、斯洛文尼亚（Slovene）等民族一样，都源于斯拉夫语的 slava，意为"名望"，即"有名望的民族"。或源自于斯拉夫语的 slovo，意为"文字"，即"使用同一文字的民族"。

5—6 世纪，斯拉夫人西迁来此，623 年曾建立萨莫公国。818 年，又建立大摩拉维亚帝国。1918 年由该地的两个主要民族，即捷克人（Czechs）和斯洛伐克人（Slovaks）的名称组成捷克斯洛伐克。从此，两个民族生活在统一的国家里。后来，加入社会主义联盟。解体后，又改为"联邦共和国"。不过在此期间，这两个民族始终捆在一起。但是最终民族问题还是未解决好，捷克斯洛伐克（Czechoslovakia）还是解体了，于 1993 年 1 月 1 日，各自宣布独立。于是就有了现在的斯洛伐克共和国。

斯洛伐克的首都布拉迪斯拉发（斯洛伐克语: Bratislava），是西斯洛伐克州的首府，也是斯洛伐克最大的城市。布拉迪斯拉发（Bratislava）这个地名定名于 1919 年。在其历史中，有许多来自不同语言的不同名称。它最初见于记载的名称，在 10 世纪的"Annales Iuvavenses"中，是"Brezalauspurc"。其他知名的名称还有：德语"Pressburg"、"Preßburg"，中文译为"普莱斯堡"，德国人仍在使用；匈牙利语"Pozsony"，中文译为"波佐尼"，匈牙利人仍在使用；斯洛伐克语旧名称"Prešporok"。其他名称还有：希腊语和拉丁语中的"Istropolis"（多瑙河之城），捷克语的"Prešpurk"，法语的"Presbourg"以及拉丁语的"Posonium"等。1919 年以前的英语出版物也使用"Pressburg"这个名称，今天仍然偶尔有时会用到。

108.　Slovenia（斯洛文尼亚）——"斯洛文尼亚人"

斯洛文尼亚（Slovenia）的名字是斯洛文尼亚语翻译过来的，原属南斯拉夫，所以它的名字来自"斯拉夫"。那么，斯拉夫人的名称从何而来？其来源有多种说法。10 世纪末，西方人士把拉丁语中"斯拉夫人"（Sclavus）同"奴隶"（Servus）一词混为一谈。西方各国语言中的"奴隶"也同 "斯拉夫人"相近。如法语"奴隶"为"esclave"，意大利语为"schiavo"，西班牙语为"esclavo"，葡萄牙语为"escravo"，但斯拉夫人与奴隶毫不相干。根据波兰中世纪史专家沃夫米安斯基的研究，在中世纪早期斯拉夫人社会，奴隶只占全社会的 9%，村社自由农民却占 88%，富人占 2.5%。而且，奴隶的使用范围很小，在生产中只起辅助性作用。斯拉夫人很少把战俘转化为奴隶，大多卖到国外，或允其赎身，以自由人身份留下来。16 世纪末，波兰编年史家马切依·斯特莱伊科夫斯基认为，斯拉夫人这个名字来源于"光荣"。"光荣"的波兰语为"slawa"、捷克语为"slava"、俄语为"слава"，分别读作"斯瓦瓦"、"斯拉瓦"、"斯拉瓦"。因为《圣经》赋予挪亚的儿子雅弗及其后代斯拉夫人以骑士的使命，斯拉夫人因此以英勇善战而获殊荣。比较可靠的说法是斯拉夫人对自己的称呼。"словене"是"славяне"的旧称，即斯拉夫人。它来自俄语"слово"、波兰语"slowo"或捷克语"slovo"，意为"语言"。凡讲同一种语言的人都是斯拉夫人。

另外有一种说法就是斯洛文尼亚的名字来源于种族名，一般的说法认为斯洛文尼亚人的祖先是古代的斯拉夫人。大约在 570 年，斯拉夫部落开始在阿尔卑斯山脉和亚德里亚海之间的区域居住。623—658 年，在上易北河和卡拉凡克山脉之间的斯拉夫部落在萨莫大公的领导下联合起来，建立了他们的第一个国家（即萨莫大公国）。这个部族联盟在萨莫大公死后瓦解了，但是一个较小的斯拉夫国家卡兰塔尼亚公国（Duchy of Kalantania 或 Kalantania，即今天的卡林提亚）延续了下来，这个国家的中心位于卡林提亚（卡林提亚的大部分地区位于现在的奥地利），它是斯洛文尼亚人建立的第一个国家。由于来自东部阿瓦尔人的强大压力，卡林提亚人于 745 年和巴伐利亚人结成联盟，随后他们承认法兰克人的宗主权，并于 8 世纪接受了基督教。这个地区最后独立的斯拉夫政权——科策吉亲王的公国，曾在 869—874 年存在过，但在 874 年丧失了它的独立地位。于是，斯洛文尼亚人的民族领土在西部为日耳曼人所吞食，并随着匈牙利人到达潘诺尼亚平原而逐渐固定下来，并一直维持到 15 世纪。

109. Solomon（所罗门群岛）——"大智慧"

翻开字典，"Solomon"有着"男子名"（古以色列国王大卫之子，以智慧著称）以及大"智慧"、"聪明人"等释义。对于所罗门作为男子名的意思，在此不做研究。但是它有一个意思是古以色列国王大卫之子，指的是在古以色列历史中，有一个君王叫所罗门，他是古以色列国王大卫的儿子。大卫王是古以色列王国的第二任国王，同时也是大卫王朝的创始人。当然，所罗门作为他的爱子，必然是古以色列王国的第三位国王，同时也是大卫王朝的第二任国王。

相传所罗门国王是古以色列王国史上最有智慧的国王。同时《列王纪》这本书也讲述了所罗门如何向上帝祈求智慧。所罗门到基遍去献祭，恳求耶和华赐给自己智慧，从而可以判断以色列国民，能明辨是非。耶和华见他既不为自己求寿命与富贵，也不求灭绝仇敌的性命，而单单只求智慧可以去听讼，于是答应了所罗门的请求，赐给他聪明智慧，甚至保证在所罗门之前没有像他这样有智慧的人，在他之后也不会有。有这样的一个历史事实叫"所罗门判决"，讲的是两个女子争吵彼此是一个孩子的母亲，所罗门选择将孩子活生生劈成两半，一人一半。此时有个女人不愿孩子被杀死，选择放弃争夺孩子。所罗门因此判定那个女人就是孩子的母亲。故事虽小，但可以充分体现所罗门的智慧。或许也因为这个，"Solomon"有了"大智者"、"聪明人"等延伸意思。

同时，所罗门还是一个有名的诗人，写过 1 000 多首诗歌，相传《圣经》中所收《雅歌》和《箴言》为其所著。其传奇式的智慧都被记录在《圣经·旧约》的《箴言》中，据说他是"所罗门之歌"的作者。因此，"Solomon"与《圣经》以及智者有着很大的联系。

所罗门群岛的命名也是因为传说中的所罗门财富而来的。据相关史料记载，16 世纪中叶，在西班牙占领的南美洲流传着这样的传言，说在南太平洋有一个岛屿或者一个大陆有很多的金银财宝。那些金银财宝据说是在前 960 年—前 930 年，古犹太国国王所罗门在位的时候，普天下的王向其进贡。同时其在位时，建造的宫殿都是利用黄金装饰，连他的饮器和座椅都是由黄金制作的。但是在所罗门死后的 568 年，新巴比伦的大军入侵耶路撒冷，当他们四处寻找那些传说中的宝物的时候，却毫无收获。此时有些人想起所罗门在世的时候，每三年就派船远航，每次归来时，远航的船都是金银满舱。所以有些人认为所罗门在其在世的时候，就将大量的黄金与宝物移入到茫茫大海的某座岛屿中贮存起来了。之后人们纷纷涌向大海去寻找那所谓的宝藏。直到 1568 年，西班牙王国驻秘鲁和智利的总督的侄子门达内，受到国王的派遣，前去寻找所罗门的宝藏。在一次远征航行中，他发现了瓜达尔卡纳尔岛（所罗门群岛的最大岛屿）和其他一些岛屿，但是他在这些地方并没有发现任何财物。他不想因此而受到西班牙国王的冷视，于是他就将这些岛屿命名为"所罗门群岛"。所罗门群岛的名字就因此而产生。

1943 年以前，所罗门群岛的首府设在弗罗里达岛上的塔拉基。二次大战期间，美国和日本双方在瓜达尔卡纳尔岛和附近海面上曾进行激烈的争夺战，塔拉基就在那时被毁在战火中。日本败退后，所罗门群岛的首府迁至霍尼亚拉（Honiara）。霍尼亚拉是当地土语，意思是"西南风劲吹的地方"，因为这里一年四季都吹西南风。

110. Somali（索马里）——"邦特"国

前 17 世纪以前，以产香料著称的"邦特"国建立了。7 世纪起，阿拉伯人逐渐移居此地，在亚丁湾和印度洋沿岸建立贸易点和若干个苏丹国，伊斯兰教也随之普及。13 世纪时曾建立过封建帝国。从 1840 年开始，英、意、法殖民主义者相继侵入和瓜分索马里。1840 年，英国侵入北部沿海地区。1887 年，北部沦为英国保护地，称英属索马里。1925 年，南部沦为意大利殖民地，称意属索马里。

1960 年 6 月 26 日，北部地区独立。1960 年 7 月 1 日，南部地区独立，同日南、北两部分合并，成立索马里共和国。1969 年，莫哈梅·西亚德·巴雷发动军事政变，并在夺得政权后，于 10 月 21 日改国名为"索马里民主共和国"（Somali Democratic Republic）。

2012 年 7 月 1 日，索马里总统艾哈迈德宣布"为统合国内各派政治力量、维护索马里领土完整"，国家改行联邦制。同年 8 月 2 日，国号改为"索马里联邦共和国"。

首都摩加迪沙（Mogadishu）是一座有着 1 200 多年历史的古老城市，是非洲人在非洲东部沿海最早的定居地之一。摩加迪沙历史上曾用过 5 个不同的名称，如"哈马"、"上加尼"等。"哈马"是索马里语中一种棕红颜色的名称，可能与当地的赤土有关。"摩加迪沙"是 7 世纪出现的一种叫法，据说来自波斯语，意思是"国王所在地"，也就是首都的意思。

关于"摩加迪沙"这名称的由来有两种主要的说法，其中一种认为它是索马里版本的阿拉伯语"Maqad shah"，意指"（波斯）国王的帝国之座"（Imperial seat of the Shah），暗示了波斯人可能与城市的奠基有所关联。另一种说法认为它可能是斯瓦希里语"mwyu wa"（最北之城）的错误发音版本，暗示了摩加迪沙是非洲东岸一系列斯瓦希里城邦里面最北的一个。当著名的阿拉伯旅行家伊本·白图泰（Ibn Batuta）在 1331 年来到非洲东岸时，他口中的"Maqdashu"已经发展成一个非常庞大的贸易城市，所生产的布料等物资，外销输送至包括埃及在内的其他地区。一直到今日，由第一任摩加迪沙苏丹在 1269 年时所兴建的法赫鲁·丁清真寺（Mosque of Fakhr ad-Din），仍然矗立在摩加迪沙的市区内。

111．Spain（西班牙）——"埋藏的财富"

无论是在历史上还是现在，西班牙始终是个独特的国家。西班牙的自然环境复杂，大片崇山峻岭，同时濒临海岸。其次是历史悠久，受着外来文化的渗透，这些外来因子融入了伊比利亚的血液，铸成了现在的西班牙。

西班牙位于南欧的伊比利亚半岛。这是一个典型的海洋大国，它的西北与大西洋为邻，东面和南面与地中海相依。就伊比利亚半岛而论，西班牙是五分天下有其四，其余五分之一则为葡萄牙。在陆地上与它接壤的国家，仅有西部的葡萄牙，以及北部的法国和安道尔。

西班牙人把他们的国家称为"Les Espan-as"。关于西班牙国名的含义，有几种不同的说法。其一，"Espan-as"一词起源于腓尼基语"Shaphan"，意为"野兔"。由于古代迦太基人在伊比利亚半岛海岸一带发现过很多野兔，这里就有了"野兔之国"的称号；其二，"Spania"一词为希腊人首先使用，后来被罗马人改为"Hispania"，而这个名字最早可能起源于凯尔特语"Span"；其三，源于希伯来-腓尼基语"Espana"，意为"埋藏"，转义为"矿藏"、"埋藏的财富"。伊比利亚半岛盛产金、银、铜等宝藏，令腓尼基人羡慕不已，故而以此为之命名。

西班牙首都"马德里"名称，一说来源于拉丁文"material"，意为"木材"，因该地盛产木材。摩尔人入侵后，932 年写作"Madarat"。1083 年，西班牙人夺回该地，拼写为"Madrid"。另一说来源于凯尔特语，由修饰语"mago"或"mageto"（大的）加地理通名"rito"或"rita"构成，意为"宽广的渡口"。

相传，马德里（Madrid）原是一片荒蛮之地。有一天，一个小男孩跑到樱桃林里，被一只黑熊发现，被吓坏的小男孩赶紧爬到了樱桃树上。这时，小男孩的妈妈在叫喊，但小男孩不敢下树。于是，小男孩的妈妈就出门寻找。当她走到樱桃林下时，黑熊正准备攻击。这时，着急的小男孩喊道："妈妈快跑！"这句西班牙语的发音就是"马德里"。这便是"马德里"的由来。

112．Sri Lanka（斯里兰卡）——"神圣之光辉"

斯里兰卡（Sri Lanka），全称"斯里兰卡民主社会主义共和国"（The Democratic Socialist Republic of Sri Lanka），旧称锡兰。斯里兰卡这个国名与佛教有关，

"斯里"是该国的自称，即神圣之意，"兰卡"是光辉灿烂之意。斯里兰卡，本国人往往称其为"兰卡"，是"LanKa"的音译，如按玄奘的顺古法翻译，实应译成"楞伽"。佛教《楞伽经》，巴利文为"LanKavataraSutta"。因此，兰卡岛，实际上该叫"楞伽岛"，即美好、神圣的土地，名由佛教的经典而来。据说，佛陀曾三次入兰卡岛。现在，兰卡克莱尼亚大寺的塔中还有佛陀坐过的椅子。兰卡的灵鹫山上，有一大脚印，据说是佛陀的脚印。该岛现有9千多座寺院，几乎一村就有一寺，还有4万出家人，1 100万僧伽罗人则多为在家信徒，占全国人口的70%。斯里兰卡是个热带岛国，位于印度洋海上，是英联邦成员国之一。中国古代曾经称其为"狮子国"、"师子国"、"僧伽罗"。

斯里兰卡在僧伽罗语中意为"乐土"或"光明富庶的土地"，有"宝石王国"、"印度洋上的明珠"的美称，被马可·波罗认为是最美丽的岛屿。前5世纪，僧伽罗人从印度迁移到斯里兰卡。前247年，印度孔雀王朝的阿育王派其子来岛，从此僧伽罗人摈弃婆罗门教而改信佛教。311年左右，佛牙从印度传入斯里兰卡。前2世纪左右，南印度的泰米尔人也开始迁入。5—16世纪，僧伽罗王国和泰米尔王国间征战不断，直至1521年葡萄牙船队在科伦坡附近登陆。1656年5月12日，荷兰军队攻克科伦坡。1796年2月15日，英军占领科伦坡，荷兰人统治时期结束。1802年，英法两国签订了《亚眠条约》，斯里兰卡被正式宣布为英国的殖民地。1948年2月4日，斯里兰卡正式宣布独立，成为英联邦的自治领，定国名为"锡兰"（Ceylon）。1972年5月22日改国名为"斯里兰卡共和国"。1978年8月16日新宪法颁布，改国名为"斯里兰卡民主社会主义共和国"。

斯里兰卡首都"科伦坡"，原来不过是个小小的海湾，克拉尼河河口就在附近。僧伽罗人很早在此定居、生活，逐渐形成村庄。科伦坡市就是由小村庄发展起来的，它最初叫作"克拉托塔"，意即"克拉尼河的渡口"。12世纪时，阿拉伯商人在这里建立了一个叫"卡兰布"的海港。当时锡兰的科提王国就在这里定都。14世纪初，中国商人王大元来到这里，第一次称它为"高兰普"。半个世纪后，一位阿拉伯摩尔人称它为"卡兰博"。后来，葡萄牙人叫它"哥伦布"。以后来到这里的荷、英、德、法等人便沿用这个名称，拼写成"Colombo"，汉语译成"科伦坡"。

说起来，这个城市的得名并不复杂，但演变经过是相当曲折而又饶有趣味的。某地理刊物1994年第2期"天南地北"栏，有一篇题为《以人名命名的首都》的短文，其中提到斯里兰卡首都科伦坡，是葡萄牙人为了纪念哥伦布而取的。此种说法有误。

"科伦坡"一名既非来自人名，更与哥伦布丝毫无关。

第一，哥伦布一生是为西班牙人服务的，而在"地理大发现"初期（乃至以后相当期间），葡萄牙与西班牙是势不两立的死对头，所以前者绝不会纪念哥伦布，更谈不上用地名纪念他。再说，在 16 世纪时，整个印度洋沿岸，几乎全是葡萄牙人的天下，哪能让一个为西班牙效命的人的名字高悬其间呢？岂仅如此。世界上以哥伦布为名的地名，大大小小，可以百计，但统统在西半球新大陆及其附近岛屿，东半球旧大陆及其附近海域，却没有一个。也没有人设想，在哥伦布从未涉足的广大东方，为他取一个纪念性地名。就是在西半球，葡萄牙人对哥伦布也是很吝啬的，在它那面积比中国略小的大块殖民地上，也没有为给哥伦布取纪念性地名留一席之地。

第二，这个城市以此为名，比哥伦布在世时早得多。如我国元代旅行家、航海家和地理学家汪大渊（1311—　），早在哥伦布出生（约 1451）前一百年，便写出了他的不朽著作《岛夷志略》，其中对这个港口城市有专条记载，把它译为"高浪步"和"高浪阜"，这就足以证明，该城名同这位当时尚未出世的西方航海家的名字实在没有任何关联。

当然，把科伦坡和哥伦布"栓"在一起，甚至"合二而一"，也并非空穴来风。主要原因是二者"长相"太像，字音极近。汉译如此，外文亦然。科伦坡为"Colombo"，哥伦布的名字（其实是姓氏）因语言不同而有多种写法，英语为"Columbus"（这是直接借自拉丁语），这样极易产生联想。其次，这与对历史情况陌生也大有关系。世界上很多地名，尤其是历史悠久的地名，它们的语源和含义，追溯起来并不容易，研究者中间往往会出现意见分歧（这还不包括民间的地名传说）。科伦坡的情况也是如此，对于它的来历和含义有多种解释，以下是具体的解释。

市区北部有一条发源于中央山脉的河流，僧伽罗人（斯里兰卡的主要居民）最初在河口附近定居，把它称为克拉尼河（Kelani Ganga，其中"Ganga"，意为"河流"），后来渡口附近逐渐形成一个小聚落，称为卡兰托塔（Kalanttota），意思是"克拉尼河的渡口"（"Kalan"是河名"kelani"的缩略，"-ttota"意为"渡口"）。由于这里地理位置和天然形势都很良好，从 12 世纪起，当时执印度洋贸易之牛耳的阿拉伯人就来此侨居、经商。小渔村发展成一个颇为热闹的港口，名称也被阿拉伯人压缩，改为"卡兰布"（Kalanbu）。也就是基本上保留了原有的河名，删去了表示"渡口"之意的"-ttota"（可能是阿拉伯人觉得说起来不太方便），换上的词尾"bu"

（是阿拉伯语 bandar "港口" 一词的缩略）。这么一来，河名的含义，"克拉尼河的渡口" 演变成 "卡兰港"。我国元代汪大渊《岛夷志略》中的 "高浪步" 和 "高浪阜" 两个地名，显然就是根据这个阿拉伯语化的地名音译的。15 世纪，葡萄牙人绕道好望角到达这里，他们根据自己语言的读音习惯和缀字法，把 "Kalanbu" 改写为 "Colombo"，后又经跟踪而至的荷兰人和英国人沿用，一直流传到今天。也有人说，名称源于梵语 "Kalamba" 一词，意为 "港口"。另有人与梵语中 "kalantatka" 一词有关联，说由这个词缩略为 "Kalamy"，再转为现在这个形式，意为 "渡头"。更有人仍从僧伽罗语找根据，说是由 "ambo"（芒果）和 "kola"（树）两词结合、演变而来，就是 "芒果城" 之意，因为这里有一种不结果实的芒果树，故名。

113. Sudan（苏丹国）—— "黑人之国"

英语中的 "Sudan"（苏丹）与 "Sultan"（某些伊斯兰国家最高统治者的称号 "苏丹"）在拼写上是有区别的，但在汉语翻译上却是一样的，都译为 "苏丹"。

"Sudan" 这个专有名词既可以指地区名，也可以用来指 "国名"。作为地区名，"Sudan" 意指 "东迄埃塞俄比亚高原，北连撒哈拉沙漠，南濒几内亚湾的广阔平原"。中世纪阿拉伯作家称之为 "Bilyad-es-Sudan"，意为 "黑人之国"，因为该地区居民大部分为黑人。作为国名，"Sudan" 是指位于非洲东北部的苏丹共和国（The Republic of thc Sudan）。2011 年 7 月，南苏丹从苏丹国独立出去，国名为南苏丹（South Sudan）。

"苏丹" 是阿拉伯语 "权威" 一词的音译，与北非阿拉伯国家苏丹以及最新独立的南苏丹无关。

下面为部分其他语种中 "苏丹" 的国名：Soedan（南非荷兰语，荷兰语）、Soudan（法语）、Soudán（希腊语）、Sudaan（爱沙尼亚语）、Sudán（斯洛伐克语）、Súdán（捷克语）、Sudāna（拉脱维亚语）、Sudanas（立陶宛语）、Sudano（世界语）、Sudão（葡萄牙语）、Szudán（匈牙利语）。

114. Swaziland（斯威士兰）—— "斯威士人的土地"

斯威士兰王国（The Kingdom of Swaziland）简称 "斯威士兰"（Swaziland），是一个位于非洲东南部的内陆国家，北、西、南三面为南非所环抱，东与莫桑比克为邻。

关于国名的由来，有一种说法是，来自世界各地的游客，在经历了非洲其他地区的干旱沙漠、燥热气候之后，进入这松柏参天、绿草如茵的国度，真有进入沙漠绿洲之感。难怪许多游客都把斯威士兰喻为"非洲的瑞士"。其实，除了在现代化方面逊色外，斯威士兰的秀丽风光和宜人气候真的堪与瑞士媲美，游人的比喻并非言过其实。当时殖民者被这个国家秀丽的山景所吸引，认为它是当之无愧的"非洲的瑞士"，因此才给它取一个和瑞士相近的名字。由于英语读音相近，人们常把它与瑞士（Switzerland）混淆，使它阴差阳错而获"非洲瑞士"之名。其实，斯威士兰国名源自其主体民族的族称——斯威士人（Swazi），"兰"的意思是"大地"（land），"斯威士兰"即是"斯威士人的土地"或者"斯威士人的国家"。

115. Sweden（瑞典）——"我们自己的王国"

瑞典（Sweden），全称"瑞典王国"。瑞典自国家形成至今一直实行君主制政体。瑞典人将自己的国家称为"斯维里埃"（Sverige）。传说最初占有这片地方的部族名为"斯维"，"斯维"即"同胞们"之意，"里埃"是"王国"之意。所以，"斯维里埃"即"我们自己的王国"之意。瑞典的英语名则为"Sweden"。

瑞典首都斯德哥尔摩（Stockholm），于 1250 年建城，是由设在斯塔丹岛的小镇的基础上发展而来。当时因受到海盗侵扰，人们便在一个小岛上用巨木修建了城堡，并在水中设置圆木栅栏，以便抵御外敌。当地人称这些圆木为"Stock"，称该岛为"holm"，斯德哥尔摩（Stockholm）的名称就由此而来，意为"木头岛"。

历史上首次记载斯德哥尔摩的地名的文献是于 1252 年用拉丁文写成的。其中一份文献是当年 7 月，国王沃尔德马（Valdemar Birgersson）和比耶亚尔（Birger Jar）写给 Fogdö 的修士的嘉勉信件。另一份是在 8 月，比耶亚尔催促当地农民向乌普萨拉大教堂缴什一税的信件。两封信件都是在斯德哥尔摩写成的，但没有对该城做出任何描述，也没有解释地名由来。

虽然该城的瑞典名字"Stockholm"可分为两部分："stokker"或为现代瑞典语的"stock"，即"木材"，"holme"，即"小岛"，但也难以解释地名由来。多年来流传不少有关的神话，其中一个故事讲述的是，在 17 世纪中，梅拉伦湖上的老城市比尔卡（Birka）的人口剧增，诸神便吩咐部分居民另觅聚居地。居民为了决定新居地，于是朝着用金系着的木头所指的方向航行，登上了一个小岛，就是今日的斯德哥尔摩市中心。另一个 17 世纪的神话则说，居民用这种方法建筑了比耶亚尔塔（Birger

Jarls Torn）。

首个尝试解释斯德哥尔摩地名的人是德国人文学家 Jacob Ziegler。他在 1532 年写成了拉丁文的 *Schondia*（《斯堪的纳维亚》）一书，指该城市是当时瑞典人的据点和贸易重地，和威尼斯一样沿着湖泊而建。Ziegler 在罗马时可能遇上了著名的瑞典人（如 Johannes Magnus），从而得到了斯德哥尔摩的描述。该城至今仍被称为"北欧威尼斯"（Nordens Venedig）。

其他对"stock"的诠释包括：①为标示境地或临时市场而竖立的杆子；②捕捉动物的陷阱；③城中央的岛上大量的树木残枝；④河道挤塞的地方；⑤由"Stocksund"演变而来，在 Snorri Sturluson 的《杨凌传》（*Yanglingasagan*）和《圣奥拉夫传》中提及，故有人认为斯德哥尔摩原名"Stocksundsholm"；⑥在 11 世纪前建造、横跨河流的天桥（最广为流传的说法）；⑦为自卫或强迫往来船只交通行费而竖立的杆。

除了这个不解之谜外，斯德哥尔摩还被称为"Eken"（橡树），这很可能是由西约特兰商旅为该城所取的名字——"Stockhäcken"演变而成。

116. **Switzerland**（瑞士）——"燃烧"

瑞士最初来源于州名"施维茨"。"Switzer"是来自阿勒曼尼语中指施维茨及周边领地的总称"Schwiizer"，该地区为建立旧瑞士邦联最初的老三州之一。"Switzer"源自于外来语，并以该地区指称邦联全体。瑞士人自 1499 年的斯瓦比亚战争后，以"Schwyzer"称呼自己，也常与"邦联"（Eidgenossen）搭配使用。"Schwyz"（施维茨）一词被证实最早于 972 年出现，来自古高地德语的"Suittes"，其意思可能与"燃烧"有关，指森林地区烧除树林、清出建筑的空地。自 1499 年的斯瓦比亚战争后，"Schwyz"逐渐称整个邦联。瑞士的德语国家名称为"Schwiiz"，为"施维茨"及"施维茨州"的同音字，但使用上以加入定冠词与否表达不同意义。瑞士新拉丁语的国名全称，于 1848 年成为联邦体制国家后逐渐被采用。拿破仑时期，瑞士以"赫尔维蒂亚共和国"名称的形式，于 1879 年在硬币上出现。1902 年，在落成的联邦宫也能够见到。"Helvetica"源自在罗马帝国建立以前，居住于瑞士高原的赫尔维蒂人（Helvetii）。赫尔维蒂（Helvetia）最初出现于约翰·卡斯帕魏森巴赫（Johann Caspar Weissenbach）1672 年的剧作中，成为瑞士邦联的国家化身。"施维茨"在古高德语中有"焚烧"的意思。今施维茨地区过去曾是一片森林,烧荒后才开始有人居住。

瑞士最终形成于 1848 年。在这之前，真正的"瑞士历史"并不存在。准确地说，只存在各个独立地区的历史，而这些独立地区逐渐形成了现在的瑞士。

伯尔尼（Bern），位于瑞士西半部领土中央偏北之处，是仅次于苏黎世和日内瓦的第三大城，是伯尔尼州首府，亦是该国首都。其旧城区已成为联合国教科文组织核定的世界遗产。伯尔尼，德文是"Bern"，意思是"熊出没的地方"，法文是"Berne"。瑞士在建立联邦制时，产生了一个问题，即瑞士是否应该有首都，如果有，应当是哪座城市？这一问题在 1848 年 11 月 28 日瑞士联邦议会上得出了一个妥协方案，将贝尔尼作为瑞士联邦的所在地，但是不被称为首都（德语：Hauptstadt），而是称为联邦城市（德语：Bundesstadt），因此伯尔尼只是瑞士实际上的，而非法律上的首都。1832 年，联邦方案的草案中就提出瑞士应有一个容纳各种联邦机构的中央首都。因此，1849 年的瑞士宪法中对瑞士的首都做了如下规定：第 108 条称之为"联邦机构所在地"，包括联邦委员会、联邦大会及联邦政府，这一规定由联邦大会作出。

117. Syria（叙利亚）——"北方之国"

叙利亚（Syria）全称"阿拉伯叙利亚共和国"，位于亚洲西部，地中海东岸。关于"叙利亚"一词的来源，说法不一。一种说法是，在古代阿拉伯半岛的北方居住着闪族的阿拉迷人（Aramaeans），在闪族语言中，"aram"意为"高地"，后成为"亚述帝国"（Assyria）的一部分，由亚述帝国后半部的 Syria 作为该地的地名而流传下来。第二种说法为，来自于腓尼基城邦推罗（Tyre）的闪语名称苏尔（Sur）。首字母 t 和 s 相通，推罗也可写作苏尔。另说，可能是由其东部黎嫩山脉的古代名称"叙利昂"（Siryon）或"叙利安纳"（Siryana）演化而来。

"叙利亚"一词，在前 3 世纪左右的塞琉古王朝时期，已为希腊人所采用，并始见于古希腊历史学家希罗多德的著作。该词后为罗马人沿袭，但仅通行于西方，阿拉伯人从来不用"叙利亚"这个词，而称自己为"沙姆"（Snam），意为"左边"，转意为"北方"。这是因为阿拉伯帝国初期以麦加为政治中心，而视这个地区为"左边"、"北方"。"叙利亚"因此有"北方之国"的称号。另说，叙利亚古称"苏里斯顿"，意为"玫瑰之都"。

大马士革（阿拉伯语：قشم ؛非正式的名称：沙姆大马士革，有时被直称为沙姆الشام؛在中文和《圣经》中则翻为"大马色"；英语：Damascus），是叙利亚首都，也是全世界最古老的有人持续居住的城市（至今 4 000 多年）。"大马士革"一词是希腊人用希腊文记录下来的阿拉伯语，意为"手工作坊"。在阿拉伯语中，这座城市称作"Dimashq ash-Shām"，源于阿拉伯语"北方"的意思。希腊语的名字"大马士革"源于这个城市的阿拉米语名字，意思是"一个水源充足的地方"。研究发现，在埃勃拉出土的前阿拉米文献中，把埃勃拉南边的地方称为"大马士基"，因此"大马士革"这个名字很可能早于阿拉米时代。大马士革在中国古代称作"钐城"。

118. Tajikistan（塔吉克斯坦）——"塔吉克族"

"Stan"音译为"斯坦"，其意思是"国家、地方、土地"。"斯坦"作为地名通名，多半与民族名称相结合，这样构成的地名，含义非常明显。例如，俾路支斯坦意为"博路支人地区"，库尔德斯坦意为"库尔德人地区"。

提到"斯坦"，人们一般会想到中亚五国：哈萨克斯坦（Kazakhstan）、吉尔吉斯斯坦（Kyrgyzstan）、塔吉克斯坦（Tajikistan）、土库曼斯坦（Turkmenistan）、乌兹别克斯坦（Uzbekistan）。这五个"斯坦"国家是在20世纪末从前苏联独立出来的，它们大多是突厥民族，只有塔吉克是波斯民族。

在西亚东部还有一个"斯坦"，但在翻译成中文时给简化了，它就是阿富汗（Afghanistan），全译可作"阿富汗斯坦"。阿富汗为群山环绕，其主体民族为Afghan族。国名意为"阿富汗人的国土"。"阿富汗"来源于一古代酋长"Afghana"，阿富汗人认为自己是Afghana的后裔。推其语源，"Afghana"系由梵文"asvaka"转来。在亚历山大大帝远征时的历史学家著作中，以"Assakani"或"Assakeni"出现，意为"骑士"，作为国名有"强悍善战"之意。

巴基斯坦位于南亚次大陆，曾是印度的一部分，或者说是古印度的主体部分。Pakistan意为"清真之国"或"纯洁的国土"。印度河流域多为穆斯林，与印度其他地方的印度教徒，因为宗教信仰，常常发生冲突。1930年，旁遮普学生乔图里·拉麦待·阿里把旁遮普（Punjab）、克什米尔（Kashmir）、信德（Sind）等名词的第一个字母合在一起，再加上俾路支斯坦（Baluchistan）一词的词尾，组成一个新的名称"Pakistan"，声称这是一个穆斯林国家。1940年3月，全印穆斯林联盟在拉合尔召开代表大会，提出实行印巴分治，建立伊斯兰教国家巴基斯坦的要求。1947年，巴基斯坦从印度中独立出来，便以此为国名。

塔吉克斯坦，全称"塔吉克斯坦共和国"（塔吉克语: ЧумхурииТоҷикистон，英语: The Republic of Tajikistan），位于阿富汗、乌兹别克斯坦、吉尔吉斯斯坦和中国之间，是中亚五国中唯一主体民族为非突厥族系的国家。

塔吉克斯坦，顾名思义，这个国家的主要民族为塔吉克族，而"斯坦"这个后缀，是中亚五国哈萨克斯坦、土库曼斯坦、乌兹别克斯坦、吉尔吉斯斯坦都有的。有人说"斯坦"是伊斯兰国家的意思。事实上，是先有波斯语中的"-stan"，然后才有中亚地区的突厥化和伊斯兰化。虽然绝大多数叫"斯坦"的地方都信仰伊斯兰教，但并非全都如此。"斯坦"在波斯语里是"土地"、"国家"的意思。信奉伊斯兰教的穆斯林，多把自己居住的地区和国家称为"斯坦"。独立后，他们在自己国家的名称上加"斯坦"二字，以表示独立之意。塔吉克斯坦的国名由此得来。

杜尚别为塔吉克斯坦首都。杜尚别名称在波斯语解作"星期一"，这亦指杜尚别著名的星期一市场，1929—1960 年曾名"斯大林纳巴德"，1961 年改今名。杜尚别是塔吉克斯坦经济、文化中心。杜尚别位于塔吉克斯坦西部的吉萨尔盆地，原为小山村，1925 年建市。

119. Tanzania（坦桑尼亚）——"坦噶尼喀和桑给巴尔联合起来的国家"

"坦桑尼亚"一词分别由代表坦噶尼喀和桑给巴尔的词头"Tan"与"Zan"，加上后缀"ia"（意指地名）构成，意为"坦噶尼喀和桑给巴尔联合起来的国家"。

据 12 世纪伊德里西记载，在经济繁荣的基础上，基卢瓦和桑给巴尔已自铸钱币。10 世纪时，坦桑尼亚内地居民掌握了冶铁技术，促进了这一地区农业的发展。15 世纪以前，东北部和南部高原一些地区出现了若干小酋长国。

葡萄牙人和阿曼人的入侵是在 1498 年，瓦斯科·达·伽马率领的葡萄牙船队抵达东非沿岸，并强迫基卢瓦纳贡。1503 年，葡萄牙人进攻桑给巴尔岛，迫其纳贡。此后，由于葡萄牙殖民者强占了今莫桑比克境内的索法拉产金区，基卢瓦等沿海城邦逐渐衰落。17 世纪末，葡萄牙对东非沿岸的控制受到阿曼人的挑战。1696 年，一支 3 000 人的阿曼舰队南下东非，攻克蒙巴萨，占领桑给巴尔岛。18 世纪，基卢瓦和桑给巴尔等地一度摆脱了葡萄牙和阿曼的控制。18 世纪末，阿曼又占领基卢瓦和桑给巴尔。阿曼苏丹赛义德·伊本·苏尔坦（即赛义德·赛德）控制了桑给巴尔及东非领地，将首府由阿曼本土的马斯喀特迁至桑给巴尔，并支持阿拉伯人商队深入内地从事奴隶贩卖。

英、德殖民统治和坦桑人民的反抗发生在赛义德·伊本·苏尔坦统治时期，欧美列强的势力渗入东非沿岸。1833 年，美国和赛义德·伊本·苏尔坦首订商约，并于 1836 年在桑给巴尔派驻领事。英、法亦步其后尘，分别于 1839 和 1844 年同赛义德·伊本·苏尔坦签约。欧美列强从桑给巴尔运走大量象牙、丁香、椰油等产品，并向这里倾销纺织品。英国领事更是日益干预桑给巴尔内政，桑给巴尔苏丹国逐渐沦为半殖民地。1856 年，赛义德·伊本·苏尔坦死后，他的两个儿子分别承袭马斯喀特与桑给巴尔君主之位。桑给巴尔苏丹国遂与阿曼本土分离。1890 年，桑给巴尔沦为英国保护地。

1884 年 11 月，德国殖民者 K·彼得斯取道桑给巴尔进入坦噶尼喀内地，沿途骗取当地许多酋长签订所谓保护条约，并获得德国政府的特许状。德国之后对坦噶尼喀的占领和统治，加剧了英、德在这一地区的矛盾。第一次世界大战期间，英军占领了坦噶尼喀。战后，根据《凡尔赛和约》和国际联盟的决定，坦噶尼喀划归英国统治，称坦噶尼喀保护地。整个坦桑尼亚遂变成英国殖民地。英国殖民当局颁布了《土著权利法》和《土著法庭法令》，继续推行间接统治。1926 年，又召开了主要由欧洲人和殖民者组成的立法会议。在经济上，英殖民者保留土著经济以利剥削。英国还利用传教、文化教育等手段，对坦桑尼亚人民进行精神奴役，但结果却造就了一批受西方教育的知识分子，使反抗殖民统治和压迫的斗争出现了新的社会力量。

英国在联合国托管的形式下继续统治坦噶尼喀，坦桑尼亚民族解放运动进入了新阶段。坦噶尼喀非洲人协会不断发展，分会逐渐遍及全国。1954 年在 J·K·尼雷尔的领导下，坦噶尼喀非洲人协会改组成为坦噶尼喀非洲人联盟。联盟提出了"乌呼鲁"（自由）的口号，广泛发动群众，向殖民统治者展开斗争。1963 年 6 月，桑给巴尔取得自治，同年 12 月 10 日宣布独立，成立君主立宪制国家。1964 年 1 月，桑给巴尔人民进行武装斗争，推翻了原桑给巴尔苏丹政府，建立桑给巴尔人民共和国。同年 4 月坦、桑两国合并，组成坦噶尼喀与桑给巴尔联合共和国。10 月，改名为坦桑尼亚联合共和国。

坦桑尼亚首都"达累斯萨拉姆"（Dar es Salaam）在斯瓦希里语意为"平安之港"。一百多年前，莫罗戈罗一带的库突族迁此，起名"姆兹兹玛村"（Mzizima），意为"凉爽的地方"，或"健康镇"。1857 年，桑给巴尔的马吉德苏丹在此修建宫殿。1862 年，马吉德将其命名为"Bandares Salaam"。阿拉伯语"bandar"意为"港"，"salaam"是"和平"的意思，全名意为"和平之港"。后简称成现名。

120．Tunisia（突尼斯）——"修士住的地"

突尼斯（Tunisia）全称为"突尼斯共和国"（The Republic of Tunisia）。突尼斯国名源于坐落于国家北方的首都突尼斯城（Tunis）的名字。突尼斯首都名的由来，说法不同。

第一种说法是，此名始见于前 1 世纪希腊历史学家波里比阿和提奥多罗的著作。据传，当地曾住有一位修士，人们避居其周围，与修士互相来往，大家称修士住的地方为"突阿尼斯"，突尼斯即由此而来。

第二种说法是，相传 3 000 多年前，提尔国腓尼基人（Phoenician）女王季多娜，为避其兄（当时塞浦路斯的统治者，扬言要谋杀自己的丈夫），便乘船携夫抵达今突尼斯城址附近。后来在这里建立了一座小城镇，起名叫"卡尔法根"，即迦太基城（该城建于前 841 年）的前身，不久，又在此城东南建起一座新城，称"提尼斯"，这就是最早的突尼斯城。闻名遐迩的迦太基古城遗址在突尼斯市东北郊 17 千米处，占地 3.15 平方千米。由于突出的地理位置和绮丽的景色，前 814 年被腓尼基人建立的迦太基王国选为国都。随着时代的变迁，古城几经兴衰。今天重见天日的街道、剧场、公共浴池、渡槽以及断墙残柱、石碑等遗迹，多数是罗马人占领时期重建的，从中可以窥见当年的豪华景象。保存最完整的是罗马剧场，罗马剧场为露天半圆形建筑，石级观众席倚山而垒，经铲除浮土、荆棘，略加修补后，至今仍在使用，突尼斯政府每年在这里举行迦太基国际联欢节。迦太基古城遗迹是地中海地区古代文明的汇集地，1979 年被列入《世界文化和自然遗产名录》。

第三种说法是，698 年，哈桑·伊布·努阿曼统率的阿拉伯远征军渡海占领了突尼斯地区，他在迦太基城遗址不远的地方建设了新都突尼斯城。突尼斯城的名字又有两种说法：一说源于腓尼基人崇拜的女神"塔尼斯"，她象征光明，常被描绘成美丽的女像；另一说是取名于本地一个名叫"突尼斯"（或提尼斯）的古老村落，是腓尼基人命名而流传至今的唯一地名。突尼斯曾经是迦太基的发源地和国家中枢。

在 7 世纪阿拉伯人占领阿非里基亚地区时期，突尼斯在图内斯（Tunes）遗址上重建。迦太基的毁灭是突尼斯重建的决定性因素。之后的不久，突尼斯修建了许多港口设施。在 894—905 年短暂的阿格拉比特王朝统治时期，突尼斯是阿非里基亚的首府。

121. Turkey（土耳其）——"勇敢人的国家"

土耳其（Turkey）属于安纳托利亚文明。罗马于公元前的最后一个世纪占领了安纳托利亚，称它为"小亚细亚"。330年，康斯坦丁大帝在拜占庭建立了罗马帝国东都，改名为"康斯坦丁堡"。东罗马帝国君主衰落后，康斯坦丁堡便成为了庞大帝国的唯一首都。在一个世纪内，伊斯兰军队不断地威胁康斯坦丁堡固若金汤的城池。拜占庭和阿拉伯帝国为安纳托利亚奋战了几个世纪，但最后被后来的突厥人扫落马下。突厥在4 000年前曾是一个民族，他们的祖先是发源于中亚大草原的突厥部落。由于居住游牧的草原日渐贫瘠，他们先后掀起了数度征服热潮，由此迁移而出。所以现代的土耳其民族是当年突厥帝国的后裔。突厥人最初的起源地，在准噶尔盆地以北，约在今叶尼塞河上游，由于受到柔然的掠夺，迁移至阿尔泰山之阳。此后突厥日渐强大，并与西魏结好，曾迎娶西魏长乐公主。6世纪中叶，形成突厥汗国。583年，突厥分裂成东西两部分。此后，隋朝灭亡了东突厥，唐朝灭亡了西突厥，遗族散落各处，从此销声匿迹。12世纪，原西突厥的一支部落，塞尔柱突厥人在小亚细亚建立了鲁姆苏丹国，奥斯曼突厥部落投附于这个国家。蒙古西侵，促使一些部落加紧西迁。13世纪30年代，奥斯曼突厥部落首领奥斯曼宣布独立，并于1326年从拜占庭手中夺取布鲁萨，定为首都，正式建立奥斯曼帝国。"土耳其"一词由"突厥"演变而来。在鞑靼语中，"突厥"是"勇敢"的意思，"土耳其"意即"勇敢人的国家"。土耳其人叫自己的国家为"Turkey"，是"土耳其人国"的意思。另一说是，"土耳其"一词可能源自"Toraey"，其中"tora"是"诞生"的意思，"ey"意为"领土"或"疆域"。

在英语国家，尤其美国，火鸡是重大节日（如感恩节和圣诞节）餐桌上不可或缺的传统食物。火鸡叫"turkey"，中东国家土耳其也叫"Turkey"。中国人称"turkey"为火鸡，绝不是因为与烧烤有关，而是因为火鸡的下巴有一块呈红色的软皮，连住长长的颈项。"turkey"一词的本义是"火鸡"或"火鸡肉"，而大写的"Turkey"则是土耳其的国名，是"突厥人"的转音。这两个同形同音异义词（Homonym）并非偶合，而有一定的历史渊源。

自从15世纪哥伦布发现美洲新大陆后，许多欧洲人横渡大西洋来到美洲。当第一批移民到达北美时，他们发现森林里到处都有一种他们从未见过的肥壮的大鸟，样子很像欧洲人从土耳其引进的一种鸟，于是移民们便借用土耳其的国名来称呼这种鸟。这样一来，禽鸟的名称"turkey"和国家的名称"Turkey"便成了同形同音异义词。这种同形同音异义词，稍不留意就容易混淆。有一次，香港一家中文报纸刊载了美国前总统艾森豪威尔和尼克松在感恩节共进"土耳其晚餐"的新闻。很多读者纳闷不解，美国人过感恩节为什么要吃"土耳其晚餐"呢？原来这条新闻来自一条英文电讯，而电讯上的 TURKEY DINNER 都是用大写英文字母打出来的，译者可能不知道美国人在感恩节有吃"火鸡晚餐"的传统习惯，于是便将"turkey"误译为"土耳其"了。

下面是部分其他语种中的"土耳其"：Törkiä（鞑靼语）、Törökország（匈牙利语）、Tuirc（爱尔兰语）、Turchia（意大利语）、Turcia（拉丁语，罗马尼亚语）、Turcija（拉脱维亚语）、Turcja（波兰语）、Turčija（斯洛文尼亚语）、Turechchyna（乌克兰语）、Turecko（捷克语，斯洛伐克语）、Türgi（爱沙尼亚语）、Türkei（德语）、Turki（印度尼西亚语，马来语）、Turkia（亚美尼亚语，巴斯克语）、Turkía（希腊语）、Turkiet（瑞典语）、Turkija（立陶宛语）、Turkije（荷兰语）、Turkio（世界语）、Turkiya（菲律宾他加禄语）、Türkiye（土耳其语）、Turkki（芬兰语）、Turkye（南非荷兰语）、Turquia（加泰罗尼亚语）、Turquía（西班牙语）、Turquie（法语）、Turska（塞尔维亚语）、Turtsiya（保加利亚语）、Tyrkia（挪威语）、Tyrkiet（丹麦语）、Tyrkland（冰岛语）。

安卡拉（Ankara）是土耳其的首都。这座古城的历史至少已有 3 000 多年，从罗马帝国、拜占庭帝国到奥斯曼帝国统治时期，它都是重要的政治、军事和商业中心。在鄂图曼时代，这里是与东方进行贸易的重要城市。凯末尔·阿塔土克选择这里作为指挥独立战争的基地，使这一城市再次展现了昔日的辉煌。有些历史学家认为，早在前 13 世纪以前，一个称为"赫梯"的强大而好战的印欧人部落来到这里定居，筑起一些城堡，建立赫梯帝国，当时称之为"安库瓦"，后变音为"安基拉"。另一种传说则认为这座城市是在前 700 年左右为弗里吉亚国王米达斯所建，由于他在那里发现了一个铁锚，这便成了这座城市的名字。之后，几经变化就成了"安卡拉"。在印欧语系中，"安卡拉"意为"弯曲的锚"。在佛里几亚王朝之后，一个叫加拉特的部落来到小亚细亚，也在安卡拉建都，当时这个地方被称为"安科尔"。前 3 世纪，罗马人占领了安卡拉。当时，罗马帝国皇帝艾罗给安卡拉定名为"麦特罗波尔"，其意为"大都会"或"首府"。罗马帝国时期，在安卡拉修建了数量众多的教堂、赛马场、公共浴池和圆石柱等建筑物，在这一时期，市区不断扩大，人口迅速增加，安卡拉成为一座文明而美丽的城市。

安卡拉成为土耳其的首都还是近代的事情。在显赫一时的奥斯曼帝国时期，土耳其的首都是博斯普鲁斯海峡边上的"伊斯坦布尔"（Istanbul）。随着奥斯曼帝国的日益衰落和俄、英、法等帝国主义势力的侵入，到了19世纪末和20世纪初，土耳其面临被瓜分的危险。首都伊斯坦布尔也经常处于欧洲帝国主义列强的炮舰威胁之下。1920年，伊斯坦布尔还曾被英军占领过。被尊为"土耳其之父"的穆斯塔法·凯末尔便到小亚细亚半岛组织对外反抗外国侵略、对内推翻苏丹封建帝制的资产阶级革命。由于地理位置适中，交通方便，安卡拉逐渐成了斗争的中心。同时也出于安全方面的考虑，革命胜利以后，安卡拉便被定为土耳其首都。

122. Uganda（乌干达）——"干达人之国"

乌干达共和国简称"乌干达"。乌干达史称"布干达"。乌干达（Uganda）国名来源于国内主要民族干达族。"布干达"意为"干达人之国"，又称"高原水乡"。

19世纪中叶，布干达王国成为东非地区最强盛的国家。19世纪，阿拉伯商人首先进入布干达地区，伊斯兰教也随之传入。他们读"布干达"为"乌干达"，并把周围的王国统称为"乌干达"。此时这里有好几个国家，这些国家大约建立于16世纪，其中最大且最重要的王国是乌干达。

19世纪70年代，英国殖民者企图吞并乌干达各地，为布尼奥罗王国所阻。70年代末，英法基督教会先后到布干达王国传教。他们干预政治，引起教派纷争。连年的战争，使布干达王国迅速衰落。

1890年，英军入侵布干达。皇家不列颠东非公司的代理人弗雷德里克·卢加德上尉（后来的香港总督卢吉）迫使布干达国王姆旺加两次与他签订保护条约。1894年6月，英国政府与布干达签订新约，布干达正式成为英国的保护国。接着，英国于1896年将其保护范围扩大到乌干达全境。

1961年9月，英同意乌干达"分阶段独立"。1962年10月9日，乌干达宣告独立，但仍留在英联邦内。

123. Ukraine（乌克兰）——"边界上的人"

1237—1241年，蒙古金帐汗国（拔都）西征占领基辅，占领了乌克兰的大部分地区，但加利西亚和沃伦公国却没有被蒙古人统治，这两个公国位于古罗斯的西南边境地区，该地方的古罗斯人就被称为"乌克兰人"，即"边界上的人"，国名以民族名称命名。这就是乌克兰民族和国家名称的起源。

乌克兰首都基辅（Kiev）历史悠久，曾是第一个俄罗斯国家——"基辅罗斯"的中心，因而有"俄罗斯诸城之母"之称。基辅古城始建于6世纪末7世纪初，据编年史载，基辅城是由基伊、谢克和霍利夫三兄弟创始，他们以兄长之名命名基辅。

提到基辅，就不能不说基辅与俄罗斯的渊源。基辅罗斯是俄罗斯人建立的第一个国家。当时的大公弗拉基米尔一世率众在第聂伯河受洗，从此确立东正教为国教。因此，第聂伯河被称为俄罗斯民族信仰的原点。此外，斯拉夫民族最早的书面语言以及最早的罗斯法典、文学、艺术、建筑都是在基辅罗斯东正教会的架构下出现的。之后，基辅罗斯分化成今天的俄罗斯、乌克兰和白俄罗斯，基辅也成为三国的"共同祖源"，而俄罗斯人更对基辅充满眷恋，对其一直有"众城之母"的美誉与怀想，有"尊敬圣彼得堡，畏惧莫斯科，热爱基辅"的说法。

基辅罗斯（882—1240）是维京人奥列格建立的，以基辅为首都，以东斯拉夫人为主体的东欧君主制国家。基辅罗斯在1236—1240年的拔都西征时被毁灭。基辅罗斯的正式名称为"罗斯"，俗称"罗斯之地"，罗斯是维京人的后裔。"基辅罗斯"这一名称是19世纪俄罗斯史学界为了表明这一时期国家中心位于基辅而创造的。

124. United Arab Emirates（阿联酋）——"联邦国家"

阿拉伯联合酋长国（阿拉伯文：امارات عربية متحدة；英文：The United Arab Emirates），简称"阿联酋"。阿联酋是一个以产油著称的西亚沙漠国家，有"沙漠中的花朵"的美称。阿联酋7世纪隶属阿拉伯帝国，自16世纪开始，葡萄牙、荷兰、法国等殖民主义者相继侵入。1820年，英国入侵波斯湾地区后，强迫当地七个酋长国与其签订"永久休战条约"，它们此后逐步沦为英国的保护国。1971年3月1日，英国宣布同波斯湾各酋长国签订的条约于年底终止。同年12月2日，阿拉伯联合酋长国宣告成立，由阿布扎比、迪拜、沙迦、哈伊马角、富查伊拉、乌姆盖万和阿治曼七个酋长国组成联邦国家。

阿布扎比（阿拉伯语：وب ظ يب；英语：Abu Dhabi）是阿拉伯联合酋长国的首都，也是阿拉伯联合酋长国阿布扎比酋长国的首府。阿布扎比在阿拉伯语中是"有羚羊的地方"的意思。据说，从前经常有阿拉伯羚羊在这一带出没。20世纪70年代之前，阿布扎比还是一片荒漠，除了几棵椰枣树和遍地的骆驼刺外，只有为数不多的由土块砌成的房屋。在阿布扎比居住的绝大多数居民是阿拉伯人中的亚西部落人（现任阿联酋总统扎耶德是该部落的首领）。他们靠下海捕鱼，捞珍珠和饲养牛羊、骆驼为生。骆驼是他们的传统交通工具，所以他们称自己是"骑在骆驼背上的民族"。

125．Uruguay（乌拉圭）——"一条有着甲壳动物的河流"

乌拉圭（Uruguay）的全称是"乌拉圭东岸共和国"（英语：The Oriental Republic of Uruguay；西班牙语：República Oriental del Uruguay）。"乌拉圭"在古印第安瓜拉尼语中意即"一条有着甲壳动物的河流"或"一条出产乌拉鸟的河流"。

蒙得维的亚（Montevideo）是乌拉圭东岸共和国首都。蒙得维的亚偶然因一个葡萄牙水手的一声呼叫而定都，名垂后世。"蒙得维的亚"在葡萄牙语中的意思是"看到山"。蒙得（Monte）是"山"，"维的亚"（Video）为"看到"。据传，17世纪，葡萄牙探险队首次抵达这里时，一水手发现老城西北部一座海拔仅139米的小山时惊呼："我看到山了！"，蒙市由此得名。

当年偶被发现的这个海拔50米高的山岗，被乌拉圭人叫作"塞罗山"。其实塞罗山一点也不吸引人，但它是蒙得维的亚历史的见证。18世纪初，西班牙殖民者为了防御葡萄牙人和英国人的入侵，在塞罗山上建起了一座要塞，这就是最初的蒙得维的亚城。

126．Vatican（梵蒂冈）——"先知之地"

梵蒂冈（Vatican）是世界上最小的主权国家，面积只有0.44平方千米，人口不过1 000多人。但是即使是如此微小之地，它却是全球十几亿天主教徒的圣地和精神中心，是以教皇为首的教廷中心。梵蒂冈城国在拉丁语中意为"先知之地"。

梵蒂冈拥有很多神秘色彩——这个国家是世界最小的国家，却拥有巨大的财富，至今人们对于它所拥有的财富及其来源众说纷纭。比如说其金融行业，梵蒂冈拥有巨额的投资和大量的房地产，有"国际金融帝国"之称。美国的摩根财团是梵蒂冈资产的最大代理人。与此同时，梵蒂冈有自己的货币。

早在 4 世纪，罗马城主教乘机掠夺土地。其后，6 世纪，主教获得罗马城的实际统治权，宣称自己为"教皇"，并建造圣彼得大教堂和梵蒂冈宫，在意大利中部出现了以教皇为君主、以罗马为首都的"教皇国"。

127. Venezuela（委内瑞拉）——"小威尼斯"

委内瑞拉的国名"Venezuela"，源自意大利文"小威尼斯"之意。其典故出于意大利探险家阿美利哥·维斯普西（Amerigo Vespucci），他当初在马拉开波湖见到美洲印第安人所居住的水上高脚屋村落，联想到欧洲的水都威尼斯而如此命名。

委内瑞拉原为印第安人阿拉瓦族和加勒比族居住地，1498 年，哥伦布在寻找新大陆的航行中，发现了委内瑞拉。1499 年，西班牙探险家阿隆索·欧和达（Alonso de Ojeda）将该国称为委内瑞拉，意为"小威尼斯"。1567 年，委内瑞拉沦为西班牙殖民地。

1819 年，委内瑞拉同哥伦比亚、厄瓜多尔和巴拿马组成大哥伦比亚共和国，但于 1829 年退出。大哥伦比亚共和国（Great Republic of Colombia，1819-1830），位于拉丁美洲，是在反抗西班牙殖民统治、争取民族独立斗争过程中建立起来的。创建共和国的主要领导人玻利瓦尔，联合委内瑞拉和新格拉纳达的国家，创建了哥伦比亚共和国。其疆域包括今委内瑞拉、哥伦比亚、厄瓜多尔和巴拿马。后人为了与今哥伦比亚共和国相区别，称之为"大哥伦比亚共和国"。

1815 年，玻利瓦尔在《牙买加来信》中设想，当南美洲从西班牙殖民统治下获得解放后，新格拉纳达和委内瑞拉应组成一个国家，取名"哥伦比亚"。1819 年 8 月，玻利瓦尔率领的爱国军在波亚卡战役中击败西班牙殖民军，解放了波哥大。于是，新格拉纳达和委内瑞拉的大部分地区获得解放。玻利瓦尔在征得新格拉纳达爱国军民的同意后，于同年 12 月在安戈斯图拉召开的委内瑞拉国会中，建议委内瑞拉同新格拉纳达联合组成一个统一国家。12 月 17 日国会通过决议，正式成立联合这两个地区的哥伦比亚共和国。1821 年 5 月，哥伦比亚国在临时首都库库塔召开制宪会议，8 月 20 日，会议通过并颁布了哥伦比亚国家第一部宪法。宪法规定实行中央集权制共和政体，还通过一系列法令，宣布废除奴隶制，解放奴隶及其子女，禁止买卖奴隶；规定公民享有平等权利，有言论、出版自由。会议选举玻利瓦尔为共和国第一任总统。

1822 年 5 月，玻利瓦尔派苏克雷将军率军队解放了基多，随后厄瓜多尔宣布加入哥伦比亚共和国。1819—1831 年，委内瑞拉、厄瓜多尔先后退出，玻利瓦尔去世，大哥伦比亚共和国解体。

1830 年，建立委内瑞拉联邦共和国。1864 年，改名为委内瑞拉合众国。1953 年，重新定国名为委内瑞拉共和国。1958 年实行宪政，建立文人政权。根据 1999 年 12 月生效的宪法，国名改为"委内瑞拉玻利瓦尔共和国"（The Bolivar Republic of Venezuela）。国名里的"玻利瓦尔"，用以纪念开国英雄西蒙·玻利瓦尔。玻利瓦尔是 19 世纪初西属美洲独立战争的著名领袖。他一生征战指挥了 472 次战役，最终率领爱国起义军推翻了西班牙在拉美地区的殖民统治，先后解放了委内瑞拉、哥伦比亚、厄瓜多尔、巴拿马和秘鲁等地。他被拉美民众尊称为"解放者"。

加拉加斯（Caracas）又译"卡拉卡斯"，是委内瑞拉的首都。在 16 世纪之前，加拉加斯本来居住着印第安人。据说"加拉加斯"是根据印第安语的发音而来的，因为当地生长着一种叫作"加拉加斯"的棕色的草，于是那里的印第安人也被叫作"加拉加斯"人，以后就把这个城市叫作"加拉加斯"。

128. Vietnam（越南）——"viet 越"，"nam 南"

越南，全称"越南社会主义共和国"（Socialist Republic of Vietnam）。越南（Vietnam）的由来："viet"是"越"，"nam"是"南"，合起来就成了"越南"。无论是从音，还是意，都与汉字非常吻合。那么，为什么它叫"Vietnam"，而不叫"Vietland"、"Vietia"之类的呢？越南人之所以管自己的国家叫"南"是因为他们没有忘记他们曾经拥有过的领土——越北。听说过中国以前的百越部落吧？在中国境内，他们就聚居在现今岭南一带（即两广、湘南、赣南、闽南）。古时的岭南人跟现在的越南人是属同源（都是蒙古人种的马来类型），所以岭南一带就是他们所说的越北。后来秦始皇南征时将岭南一带吞并了，纳入了华夏族人的地盘，这就是"Vietnam"真正的意思。

河内（Hanoi）位于红河平原中部，是越南的首都。河内是一座有着悠久历史的古城，古称"龙渊"、"龙编"、"大罗"，1010 年，李朝奠都在此时改"大罗"为"升龙"。曾为越南李、陈、后黎等诸封建王朝的京城，被誉为"千年文物之地"。早在 7 世纪初，这里就开始构筑城池，时称"紫城"。1010 年，李朝（1009—1225）创建者李公蕴（即李太祖）从华闾迁都至此，定名"升龙"。随着城垣的加固和扩大，在 10 世纪以前，曾先后被改称"宋平"、"罗城"、"大罗城"。随着历史的变迁,升龙又先后称为"中京"、"东都"、"东关"、"东京"、"北城"。直到阮朝明命十二年(1831)才因城市被环抱在珥河(红河)大堤之内,最终定名"河内",并沿用至今。红河发源于我国云南省,全长 1 140 千米,在越南境内的长度约为 500 千米。因河水大部分流经热带红土地区,含有红土颗粒,略带红色,故名"红河"。

129. Yemen(也门)——"幸福之地"

也门(Yemen)是阿拉伯世界古代文明摇篮之一,已有 3 000 多年文字记载的历史。1990 年 5 月由阿拉伯也门共和国(北也门)和也门民主人民共和国(南也门)合并组成。也门全称"也门共和国"(阿拉伯语:al-Jumhūriyyah al-Yamaniyyah;英语:Yemen Republic),简称"也门"(阿拉伯语:al-Yaman;英语:Yemen)。

据阿拉伯语言学家解释,"也门"有两个解释:一个是"右手"或"右边",另一个则是"幸福"的意思。"右手"是因其所在的地理位置而得名,古代埃及地理学家从他们所处的地方来看阿拉伯半岛,因为阿拉伯半岛在他们的右侧,于是便取名为"也门",意思就是"右手"。至于"右边",有人认为是指它因位于希贾兹伊斯兰教圣地麦加克尔白神殿之南而得名。正如叙利亚被称为"沙姆"一样,其意为"左边或北边",因为叙利亚位于克尔白神殿之北。关于"幸福"意思的来历是,古代也门有很多的绿洲,雨水充沛,土地肥沃,果树青葱,种植着多种优质葡萄和咖啡,和阿拉伯半岛其他地区相比,国土富饶,所以在古代经书中称它为"尤姆尼",意为"幸福的土地"。古代罗马人根据他的含义,把"尤姆尼"译为"幸福的阿拉伯土地"或"阿拉伯乐园"。后来,"尤姆尼"这个词演化为"也门"。但又有一种解释为"也门"是阿拉伯语的"南国"之意,"Yemen"一词便是由"al-Yaman"演变而来。

也门首都是萨那。关于"萨那"(Sanaa)一词,有着多种解释。一说"萨那"是埃塞俄比亚语,意为"要塞",据说是因为萨那正好处在从印度洋经苏伊士运河到达地中海的咽喉地带,隔着红海和曼德海峡与非洲相望,地理位置十分重要。另说"萨那"一词在阿拉伯文中与"工艺"是一个词根,有"工艺品"之意,因为这里是古代文化中心,有发达的手工业,这里的居民以擅长制作精美的手工艺品著称。1990 年 5 月,南北也门统一,萨那为统一后也门共和国的首都。古代诗人曾把萨那比喻为"阿拉伯的明珠"。地理学家则把这里特指为"阿拉伯"。由于这里气候宜人,终年鲜花怒放,绿草如茵,又被人们称为"春城",每年来自世界各地的观光游客不计其数。在阿拉伯人中素有"途程虽远，必到萨那"之说，现在许多人称"萨那"为"也门之门"。

130. Zambia（赞比亚）——"巨大的河"

赞比亚，为"Zambia"直接英译而成，全称"赞比亚共和国"（英语：Republic of Zambia），别称"铜矿之国"，是中部非洲的一个内陆国家。

赞比亚共和国国名是因一条巨大的河流——赞比西河（Zambezi River）流经境内而得名。"赞比西"一词在19世纪以前通常泛指现今的中部非洲地区。1958年10月，以卡翁达为首的一些民族主义者在筹建他们新的政党时，为了表示要从殖民者手中夺回江山的决心，便决定把"赞比西"这个字的字尾去掉，改为"赞比亚"（Zambia）。虽然新筹建的政党只存在了半年时间，但赞比亚这个名称却被沿用下来。

赞比亚有"铜矿之国"别称，主要是由于其国家领域内含有丰富的自然资源，且以铜为主。赞比亚采矿业较发达，是国民经济三大支柱之一。从英国殖民统治到现在，赞比亚经济结构单一，经济命脉长期以来都依赖于铜矿采掘业。其主体是铜矿和钴矿的开采和冶炼，为世界第四大产铜国和第二大产钴国。

第 6 章　"联邦"研究

全球人口的 40% 生活在联邦制国家。28 个实行联邦制政府体系的国家不仅包括美国这样的超级大国、强国，也包括密克罗尼西亚、圣基茨和尼维斯这样不发达的小岛国。

在当今世界近 200 个国家中，联邦制国家有 20 多个，除了众所周知的美国和俄罗斯外，还包括加拿大、澳大利亚、印度、巴基斯坦、墨西哥、巴西、阿根廷、德国、奥地利、比利时、瑞士、尼日利亚、苏丹等。全球 10 个人口最多国家中的 6 个，以及 10 个面积最大国家中的 8 个都是联邦制国家。多中心、自治、非集权、尊重多样性、保护少数以及维护国家的统一是联邦制的基本特征。实行联邦制的国家都是同一种政治制度的联合体。例如，前苏联、解体前的南斯拉夫曾是社会主义的联邦制，而现有的联邦制国家都是资本主义联邦制。联邦制的优点为既像一个小国那样自由和幸福，又像一个大国那样光荣和强大。

1. "联邦"与"邦联"

1.1　何谓"联邦"

《现代汉语词典（汉英双语）》对"联邦"的释义为："由若干具有国家性质的行政区域（有国、邦、州等不同名称）联合而成的统一国家，各行政区域有自己的宪法、立法机关和政府，联邦也有统一的宪法、立法机关和政府。国际交往以联邦政府为主体。"（**federation**; **union**; **commonwealth**; union of administrative regions with the power of a state, each administrative region having its own constitution, legislative body, and government, but the union also having its central constitution, legislative body and government. International contacts are made mainly with the **federal** government.）

《新世纪汉英大词典》在"联邦"这一词条下面的英语释义为"federation; union; commonwealth"；"联邦共和国"中"联邦"的英语释义为"federal/federated"。

1.2 何谓"邦联"

《现代汉语词典（汉英双语）》对"邦联"的释义为："两个或两个以上的国家为了达到某些共同的目的而组成的联合体。邦联的成员国仍保留完全的独立主权，只是在军事、外交等方面采取某些联合行动。"（confederation; league or alliance formed by two or more countries for some common purposes, with member countries maintaining total independence and sovereignty, but taking certain combined actions in defense and foreign affairs.）

邦联是"国家的联合"，而联邦是"联合的国家"。

1.3 例　析

下面为《新世纪汉英大词典》在其附录中对世界各国家和地区全称中所使用的 union、federal、federated、federative、federation、confederation、commonwealth 的汉语释义：

（1）Union

The Union of Myanmar（缅甸联邦）是多民族的国家，全国分 7 个省和 7 个邦。省是缅族主要聚居区，"邦"多为少数民族聚居地。旧首都是仰光，新首都是内比都。

（2）Federal

The Federal Republic of Germany（德意志联邦共和国）

The Federal Democratic Republic of Ethiopia（埃塞俄比亚联邦民主共和国），是位于非洲东北部的一个内陆大国。埃塞俄比亚这个国家的皇帝被推下台后，成为共和国，厄立特里亚分离出去后，为了国内各部族的权利分享，只好把国家改建成了联邦。埃塞俄比亚人口为 5 800 万，全国共有 80 多个民族，按照各民族聚居的情况，全国划分为 9 个州和 2 个特别市。

The Federal Islamic Republic of the Comoros（科摩罗伊斯兰联邦共和国），在西方殖民者入侵之前长期由阿拉伯苏丹统治。1912 年科摩罗正式沦为法国殖民地，1946 年成为法国"海外领地"，1961 年取得内部自治。1975 年 7 月 6 日独立，成立

"科摩罗共和国",1978 年 10 月 22 日改国名为"科摩罗伊斯兰联邦共和国"。

The Federal Republic of Nigeria(尼日利亚联邦共和国)

（3）Federation

The Russian Federation 俄罗斯联邦

The Federation of Saint Kitts and Nevis 圣基茨和尼维斯联邦

（4）Federated

The Federated States of Micronesia 密克罗尼西亚联邦

（5）Federative

The Federative Republic of Brazil 巴西联邦共和国

（6）Confederation

The Swiss Confederation 瑞士联邦

（7）Commonwealth

The Commonwealth of Australia 澳大利亚联邦

The Commonwealth of the Northern Mariana Islands（U.S.）北马里亚纳群岛自由联邦 [美]

The Commonwealth of Puerto Rico（U.S.）波多黎各自由联邦 [美]

The Commonwealth of Dominica（多米尼克国），曾译为"多米尼加联邦"，由于英语"commonwealth"为多义词，故改译为"多米尼克国"。多米尼克于 1918 年 11 月 3 日宣布独立，属于英联邦国家。多米尼加共和国（The Dominican Republic），来源于"Dominican"，西班牙语为"星期天、休息日"的意思。哥伦布于 15 世纪末的一个星期日到此，故名。虽然它们都是西印度群岛上的岛国，但并不在同一个岛，更不是同一个国家。一个原来是英国属地，一个原来是西班牙属地。在英语、西班牙语、法语、俄语甚至阿拉伯语中，The Commonwealth of Dominica 中的"Dominica"都为名词，而 The Dominican Republic 国名中的"Dominican"都采用形容词形式。为此，在西文中两个"多米尼加"在书写上不会产生混淆现象。我国有关部门经研究决定，自 1993 年 10 月起将 The Commonwealth of Dominica 中的"Dominica"按其英语发音改译为"多米尼克"，以避免在加勒比地区出现两个"多米尼加"的重名现象。多米尼加共和国的英文拼写为"Dominican Republic"。中文译名最初是从英语"Dominican"一词中省去形容词"-n"而译作"多米尼加共和国"。在国际上，为了避免产生混淆现象，The Dominican Republic 一律全称而无简称形式，而 The Commonwealth of Dominica 除全称外，在适当场合可简称为"Dominica"。

1.4 State——"邦"或是"州"

《新世纪汉英大词典》和《现代汉语词典（汉英双语）》对"邦"的释义均为：nation、state、country。英语中的"state"一词，既可表示"邦"也可表示"州"。

The United States of America（美利坚合众国）中的"States"其实也可以翻译成"邦"。根据《现代汉语词典》，"邦"即"国"（nation/state/country）。"美利坚合众国"也就是"美利坚合众邦"。美国是一个从邦联制到联邦制演变的国家。

"State"的含义在美国历史上却有极大的差别，这与 18 世纪美国的立国特点密不可分。在 1776—1781 年的独立战争中，13 个殖民地演变为 13 个独立自主的共和国，并以此为基础组成以邦联制为基础的合众国。《独立宣言》生效后，美国成为联邦制共和国，"state"在邦联制下的主权国家地位被改变，由"邦"演变为联邦制下的基本政治实体"州"。因此，在邦联制下的"state"应翻译为"邦"，在联邦制下的"state"应翻译为"州"。

美国的《独立宣言》的英文全称为 *The Unanimous Declaration of the Thirteen united States of America*，注意"united"为小写。《独立宣言》颁布之后，北美出现了 13 个各自独立的国家（states），但其内部政治模式与殖民地时期仍无多大差别，"state"可称为"邦"，而北美这时尚无一个统一的国家及其名称。

2. 单一制、联邦制、邦联制

2.1 国家的结构形式

国家的结构形式可分为三种类型，即单一制、联邦制和邦联制。"邦联"与"联邦"，表面上看只是字序的颠倒，但事实上，两个概念所包含的内容却有着本质的不同。"邦联"和"联邦"从本质上讲都属于国家的政治体制，但二者在结构上都有极大的差别。"邦联制"就是"国中有国"。邦联的组成分子几乎都具有国家的独立性，例如，解体以前的苏联由许多独立的国家组合成一个"邦联"的形式，各有各的国号，各有各的国旗，外交、国防均可自主，司法有终审权，可以拥有自己的军队，也可以为联合国会员。前苏联的乌克兰和白俄罗斯就分别在联合国中占有一席之地（乌克兰和白俄罗斯为 1945 年联合国的创始国之一）。

"邦联"只是主权国家的联合，而"联邦"则是一个完整的国家。英文用"Confederation"表示"邦联"，而"Federation"则是表示"联邦"。

"邦联"是两个或两个以上的国家为了达到共同目的而组成的一种国家联合。在邦联中，各成员国保持自己的主权以及内政和外交上的独立。"邦联是各个独立主权国家通过一个特定时期缔结的条约或协议而联合在一起的松散联盟"。经由邦联而建立起的联邦制国家有美国、德国、瑞士等。历史上，1707年的英格兰和苏格兰曾是邦联。

1777年11月15日，在美国独立战争的进程中，出于对英战争的需要，第二届大陆会议通过了"邦联和永久性联合条例"，即《邦联条例》。《邦联条例》共13条，第一条就声明"《独立宣言》发表之后出现的政治联盟（邦联）就叫美利坚合众国，它是永久性的联合"。《邦联条例》生效之后，地方机构仍可称为"邦"，美国国名可合法地称为"The United States of America"，但其国体为"联盟"，可以"邦联"称之。1787年，美国制定了一部新宪法——联邦宪法，开始从邦联制变为联邦制。《联邦宪法》序言的开篇中有这样一句话："We, the people of United States."《联邦宪法》生效后，国名仍为"美利坚合众国"，但地方机构丧失作为独立国家的主权，可称为"州"。

1781年，美国通过并颁布了 *The Articles of Confederation*（《邦联条例》），成为取代英国的合法主权实体，但1776—1787年的美利坚合众国实际上是一种比较松散的国家联合体，因为它没有强有力的中央集权。从1776年7月《独立宣言》宣布独立之日起，"state"是最基本的、最重要的政治单位，《邦联条例》生效也未改变当时美利坚人的国家概念，无论在情感上，还是在政策上，都未能使各邦的联系更紧密。美国史学家布尔斯汀一针见血地指出，在美利坚合众国这个联盟里，"state"的概念是如此根深蒂固，以至于"confederation"与各"state"之间情牵一线、若即若离。这也导致了美利坚合众国这一新生国家，因邦联政府的软弱无能，而在世界各国眼中形同乞丐。"邦联政府是一个头脑听从四肢指挥的怪物"，这极大地辜负了殖民地人民长期追求"The Union of States"的政治热情。

1789年4月30日，华盛顿就任美国联邦的第一任总统，标志着美国完成了由邦联到联邦的转变，由"脑袋听从四肢指挥"的邦联制演变为"四肢听从脑袋指挥"的联邦制。从邦联到联邦，是美国政治制度史上的一次重大变革。在18世纪末期，当时绝大多数国家（至少是大国）是中央集权的专制主义国家，而唯有美国创造了"联邦制"。"联邦制"标志着一个完全意义上的、新的现代主权国家的诞生。

1815—1848 年的瑞士曾是邦联。1848 年，瑞士制定的全国宪法取代了邦联盟约，这标志着瑞士由一个邦联国家转变成联邦制国家。现在的瑞士英语国名用"Swiss Confederation"，汉语翻译成"瑞士联邦"。

最早的现代联邦国家之一的瑞士，由许多个多数或曰"复合多数"决定政治生活，结果让各自讲法语、德语、意大利语和拉丁罗马语的人结为统一国族。瑞士不设中央政府，只设联邦政府。瑞士属集体元首制国家，其元首不叫总统，瑞士联邦的国家元首兼政府首脑是联邦委员会主席。自 1959 年以来，瑞士联邦政府一直由 7 名联邦委员组成，每人担任一个部的部长，轮流担任联邦主席。

"荷兰邦联"（亦称尼德兰联省共和国）是在反抗西班牙人统治的尼德兰革命中建立起来的。从 1679 成立尼德兰联省共和国到 1795 年解体，再到建立一个统一的、单一制的荷兰王国，经历了 200 多年的历史。

"阿联酋"——阿拉伯联合酋长国（United Arab Emirates），"Emir"（埃米尔）为某些穆斯林国家的酋长、统帅、王公等的称号。Emirate 意为"埃米尔的管辖地；酋长国"。"阿联酋"是由阿布扎比、迪拜等 7 个酋长国组成的国家。"阿联酋"其实就是"阿联邦"。

德国《基本法》第 20 条规定，德国是一个联邦制的国家。联邦制指德国是由 16 个州组成的联邦国家。在德国整个历史上，德意志民族最大的不幸就是长期处于分裂的状态。德意志邦联（Deutscher Bund）是德国历史上的一个邦联，建立于 1815 年。在德意志邦联形成之前，德意志分裂为大大小小数百个各自为政的封建邦国。德意志邦联是根据 1815 年的邦联法案"为了维护德国的内外安全、维护德意志各邦的独立和不可侵犯"而建立的。其成员历年不等，起初是 38 个，1817 年增至 39 个，最后为 33 个。1862 年，推行"铁血"政策的俾斯麦担任普鲁宰相后，统一了整个德国。1866 年后，随着德国统一战争的结束，长达 50 多年的"邦联"（1815—1866）由帝国和后来的"联邦"所代替。1866 年，奥地利退出德意志邦联，这标志着德国邦联的解体。在战胜对德国统一进行干涉的法国后，1871 年 1 月，俾斯麦宣告统一的"德意志帝国"的诞生。从此，德国结束了几百年来封建诸侯割据的分裂局面，成为当时欧洲最强大的国家之一。

塞内加尔和冈比亚在历史上曾长期同属于一个整体，有着共同的文化、语言和传统。它们的分裂完全是英法殖民主义瓜分的结果。1783 年《凡尔赛和约》把冈比亚河两岸一带划分给英国，把塞内加尔划给了法国。从此，这个整体就被人为地割裂了。两国出于休戚相关的共同安全感，于 1982 年正式建立了邦联关系，即塞内冈比亚邦联，但是邦联仅延续到 1989 年就解体了。这是 20 世纪里唯一出现的邦联制。冈比亚曾受英国的长期殖民统治，现为英联邦国家，官方语言为英语。塞内加尔曾为法国殖民地，官方语言为法语。

邦联制不具有稳固性，无论其存在的历史或长或短，最终都是人类历史上不成功的尝试。"联邦"则是由几个成员国（邦或州）联合而成的统一国家。各成员国（邦或州）将主权交给联邦的最高权力机构，一般只保留一定的自治权。"联邦"是国际交往中的主体。与联邦不同，邦联不是国家主体，它本身没有最高立法机关和行政机关，也没有统一的军队、国籍等。一个邦联中的各成员国各自保持内政、外交上的独立，是不同的主权国家。

1787 年至今的美国、1922—1990 年的前苏联、1949 年成立的德意志联邦共和国以及解体前的南斯拉夫联邦共和国等都是"联邦"。此外，独联体、加勒比共同体、欧盟都可视为"邦联"。当今世界一些国家为了共同的经济利益，组成了"邦联"，如欧共体、独联体、东非共同体、西非共同体等，都是邦联制的组织形式。

"邦联"和"联邦"是一种时代的产物，这两种国家体制随着政治、经济的发展，以及政府与非政府交往的日益增多，将会自行消失或被新的体制所替代。

2.2 联邦制与联盟制

"联邦制"国家、"邦联制"国家和"联盟制"国家是有区别的。联邦制国家中联邦政府（中央政府）权力比较集中。"邦联制"国家是两个或两个以上的主权国家为了特定的目的而结成国家联合的一种组织形式。"联盟制"国家是指由两个或更多的国家合并成一个单一的新国家，或者若干主权国家的同盟，中央政府的权力有限。英文一般用"union"来表述"联盟制"国家，它与"confederation"（邦联）相近。1922—1991 年的前苏联（The Soviet Union）就是这样一个"联盟制"国家。苏联的全称为"苏维埃社会主义共和国联盟"，英文为"Union of Soviet Socialist Republics"。1990 年 6 月 12 日，俄联邦率先发表主权宣言，宣布脱离苏联独立。独立之后的俄罗斯是一个由 89 个主体、100 多个民族组成的多民族的联邦制国家。根据宪法，俄罗斯的国家权力由俄联邦总统、联邦议会、联邦政府和联邦法院行使。

邦联制不是真正意义上的国家结构形式，邦联制国家也不是真正意义上的近现代国家，但它的确在历史上存在过。后来，随着各成员国政治、经济联系的加强，邦联制国家逐渐解体或被联邦制的国家所取代。

美国常被视为典型的联邦制国家，但其构成单位是"州"，而不是民族国家意义上的享有国家主权的"国"。因此不能说今天的美国作为联邦制国家是由若干个享有国家主权的成员国所组成的。

2.3 Union，Federation，Confederation，Federacy 辨析

中文国名带有"联邦"字样的其对应的英文不尽相同。英语中主要用"Union"、"Federation"、"Confederation"、"Federacy"、"Commonwealth"来表示现已成型的主要联邦制度模式。

Federacy（盟邦）是指，一个较大的单位与一个或多个较小的单位联合在一起，但是较小的单位又保持相当的自治权，并且在较大构成单位的政府中扮演最小的角色。波多黎各与美国的关系就是一个典型的例子。

Union（联盟），比利时在 1993 年成为联邦之前就曾是 Union（联盟）。权力下放之前的联合王国中的苏格兰和威尔士也是一例。

Confederation（邦联），从国际法的角度来看，"邦联"只是一个"国家间的国际联合体"（An International Confederation of States），因此，邦联不能被认为是一个真正意义上的主权国家。

Federation（联邦），联邦的组成单位一般不具有任何权力，但也有例外。如瑞士允许其组成单位就某些次要事项同外国签订条约；前苏联曾允许其一些成员参加联合国，例如乌克兰和白俄罗斯。

3. "英联邦" —— "英邦联"

鼎盛时期的大英帝国，被称为"庞然大物，巍然屹立，叱咤风云，左右世局"。英国本土的面积并不大，但它在从非洲到亚洲，从拉丁美洲到大洋洲的广阔范围内曾拥有众多的殖民地和自治领域，构成了一座"日不落帝国"的大厦。但随着时代的变迁，尤其是全世界的民族独立呼声不断高涨，这座帝国大厦在 20 世纪 30 年代便开始出现了裂缝。英国政府出于无奈，不得不以英联邦的形式替代原来的英帝国。

英联邦原名"英帝国"或"大英帝国"。英国是世界上最早拥有殖民地和殖民

地最多的国家之一。第一次世界大战后，英国殖民体系瓦解。英国为了维持它对那些过去的殖民地及附属国的控制和影响，于 1931 年组成了英联邦这个具有结盟性质的组织。

英联邦成立于 1931 年，是英语世界最大的国家集团。它的含义并不是一个国家，而是表示由英国和已经独立的前英国殖民地或附属国组成的 "联合体"。

1867 年加拿大组成联邦，澳大利亚和南非也分别于 1901 年和 1910 年相继组成联邦。亚非拉原英国殖民地独立后，绝大多数仍留在英联邦内。

3.1 Head of the Commonwealth

在英语中，Britain = Great Britain；而 Great Britain = The United Kingdom of Great Britain and Northern Ireland（大不列颠及北爱尔兰联合王国）。英国女王的正式全称为：托上帝之恩，大不列颠及北爱尔兰联合王国和她的其他领地及领地之女王、英联邦元首、基督教的保护神伊丽莎白二世（Elizabeth the Second, by the Grace of God, of the United Kingdom of Great Britain and Northern Ireland and of Her Realms and Territories Queen, Head of the Commonwealth, Defender of the Faith）。

英国全称 "大不列颠及北爱尔兰联合王国"，是由英格兰、苏格兰、威尔士和北爱尔兰组成的联合王国，一统于一个中央政府和国家元首。英国位于欧洲大陆西北面，英国本土位于大不列颠群岛，被北海、英吉利海峡、凯尔特海、爱尔兰海和大西洋包围。

英国现在的国旗来源于几次圣旗之间的合并。英国国旗为 "米字旗"，此旗产生于 1801 年，是由原英格兰的白底红色正十旗、苏格兰的蓝底白色交叉十字旗和北爱尔兰的白底红色交叉十字旗重叠而成，形成一个 "米" 字。而威尔士的旗帜并没有被融入英国国旗，威尔士的旗帜是绿白各半的底和一个红色火龙。

1921 年，爱尔兰南部 26 个郡脱离英国统治，英国国名从 "大不列颠及爱尔兰联合王国" 改为 "大不列颠及北爱尔兰联合王国"，但国旗式样未变。

和大多数国家不同的是，英国并没有正式用法律来确认米字旗为英国国旗，不过在功能上米字旗与国旗已没有差别。1908 年，英国议会曾宣布说 "米字旗应该被认为是英国国旗"。到了 1933 年，英国内政大臣直接对外宣布 "米字旗就是英国国旗"。

3.2 大英帝国与"日不落"

16 世纪之前,英国还只是一个默默无闻的岛国。然而到了 19 世纪,它成了世界上的头号强国。在维多利亚女王统治的年代,凡是地图上涂有粉红颜色的地方都是大英帝国的领地,其领地面积比本土面积大 100 余倍。第二次世界大战前,大英帝国统治下的领土总面积和人口总数达到了全世界的 1/4。英国的殖民地几乎遍布地球上的每一个角落,太阳一天 24 小时都能照到英国的领地,所以当时的英国又被称为"日不落帝国"(sun-never-setting empire)。这种帝国扩张达到了世界文明史的顶峰。

英国的迅速崛起与 1688 年的"光荣革命"密不可分。通过这次革命,英国率先建立了当时世界上最民主的君主立宪制度。此后英国国内稳定,人心思进,集中精力发展经济,对外积极开展贸易活动,争夺殖民地。到 18 世纪,英国已经是世界上头号海军强国,掌握了全球制海权。18 世纪后期,英国率先开工业革命之先河。随着工业革命的展开,大量的财富,仿佛像变戏法似的冒了出来,英国因此又成为世界第一富国。到 19 世纪中期,英国成为世界上第一个工业化国家,它大量出口工业成品,进口大量原材料和农副产品。英国成为世界工厂、经济中心。

经过 3 个世纪的争夺和扩展,英国建立了庞大的大英帝国。英帝国除拥有本土英伦三岛外,还拥有自治领、殖民地、代管地等。英帝国最强盛时的领土遍及五大洲。难怪英国经济学家杰文斯无比沾沾自喜地说:"北美和俄罗斯平原是我们的玉米地;芝加哥和敖德萨是我们的粮仓;加拿大和波罗的海是我们的林场;澳大利亚和西亚是我们的牧羊地;阿根廷和北美的西部草原有我们的牛群;秘鲁运来它的白银,南非和澳大利亚的黄金流到伦敦;印度人和中国人为我们种植茶叶,而我们的咖啡、甘蔗和香料种植园遍及西印度群岛;西班牙和法国就是我们的葡萄园,地中海是我们的果园⋯⋯我们得意洋洋、充满信心,极为愉快地注视着帝国的微风⋯⋯"

进入 20 世纪以后,随着美国和德国的崛起,英国的霸权地位受到了严重的挑战。第一次世界大战结束后,英国的殖民地纷纷独立,经济中心也转移到美国。第二次世界大战期间的英国首相丘吉尔带着痛苦和激愤回忆他在出席(伊朗)雅尔塔会议时的心情:"我的一边坐着巨大的俄国熊,另一边坐着巨大的北美野牛,中间坐着的是一头可怜的英国小毛驴。"第二次世界大战结束后,英国的地位进一步下降,逐渐沦为二流强国,"日不落帝国"解体。

3.3 英联邦 (The Commonwealth；Commonwealth of Nations)

英联邦国家是由英国的"女儿国"变为它的"姊妹国"。"英联邦"，是指英国和一些曾经是英国殖民地的独立国家，以及英国的附属国、殖民地和其他统治地区的集合体，它是比联邦甚至比邦联还松散得多的联系形式。

现在西方许多邦联国家已被联邦所代替，但是邦联目前也没有绝迹。现代社会不时也出现邦联国家联合体，英联邦实质上是"英邦联"。

再如，1990 年 12 月前苏联解体后，1991 年前苏联的 12 个国家组成了独立国家联合体（简称"独联体"）。从本质上看，这个所谓的"独联体"其实就是"邦联"。

英联邦是一个以英国为主导的国家联合体，由 54 个主权国家（含属地）所组成，成员大多为前大英帝国的殖民地或附属国。该组织元首为英国女王伊丽莎白二世。基于其历史渊源，人们常常以"British Commonwealth"称之，来和世界上的其他联邦做区分。英国外交部，全称为"The Foreign and Commonwealth Office"（外交及联邦办公厅）。

英联邦不是一个共和国。英王是英联邦的名义元首。英联邦不设权力机构，英国和各成员国互派高级专员，代表大使级外交关系。随着英联邦内部联系越来越不稳定，如今，英国已不再是英联邦的主宰，英联邦也只是一个供各成员国进行政治、经济磋商与合作的松散组织。

The British Commonwealth 是以 The United Kingdom 为核心，以大英帝国过去的殖民地而现已独立的国家为基础组建的一个跨亚洲、非洲、北美洲、大洋洲的一个国际性组织。

英联邦前身是英帝国，由英国及其自治领和其他已独立的前殖民地、附属国组成。第一次世界大战后，英国慑于日益高涨的殖民地民族解放运动，调整了同原英帝国其他成员之间的关系。1926 年"英帝国会议"中的帝国内部关系委员会提出，英国和已经由殖民地成为自治共和国的加拿大、澳大利亚、新西兰和南非是"自由结合的英联邦的成员"，"地位平等，在内政和外交的任何方面互不隶属，唯有依靠对英王的共同效忠精神统一在一起"。1931 年，《威斯敏斯特法案》从法律上对此予以确认，英联邦正式形成。1947 年，印度、巴基斯坦各自宣布独立并加入英联邦。1949 年，印度成为共和国，选举了自己的国家元首。从此英联邦成员由须对英王效忠的原则演变为英联邦成员"接受英王为独立成员国自由联合体的象征"。

　　加拿大原为印第安人与因纽特人的居住地，16 世纪沦为法、英殖民地。1867 年，英将加拿大省、新布伦瑞克省和诺瓦斯科舍省合并为一个联邦，成为英国最早的自治领。此后，其他省也陆续加入联邦。1926 年，英国议会通过《威斯敏斯特法案》，承认加拿大的"平等地位"，加拿大开始获得外交独立权。1931 年，加拿大成为英联邦成员国。

　　在这个由多个成员国组成的"英联邦"中，实行联邦制的国家有：加拿大、澳大利亚、印度、马来西亚、尼日利亚、肯尼亚、乌干达及圣基茨和尼维斯等 8 个成员国，但其中只有澳大利亚、尼日利亚与圣基茨和尼维斯在国名全程中标出"联邦"字样，其余的 40 多个成员国都采用了与联邦迥异的单一制国家结构。

3.4　英联邦成员国

　　英联邦主要组织机构有：联邦政府首脑会议、亚太地区英联邦政府首脑会议、联邦财政部长会议及其他部长级专业会议。1965 年起设立英联邦秘书处，其职责是促进英联邦的合作，筹划英联邦各级会议。秘书处设在伦敦。英联邦元首为伊丽莎白二世女王，她同时身兼包括英国在内的 16 个英联邦王国的国家元首。

　　英联邦成员国包括：联合王国（the United Kingdom）、加拿大（Canada）、澳大利亚（Australia）、新西兰（New Zealand）、南非（South Africa）、印度（India）、巴基斯坦（Pakistan）、斯里兰卡［（前锡兰）Sri Lanka］、加纳（Ghana）、马来西亚［（前马来亚）Malaysia］、尼日利亚（Nigeria）、塞浦路斯（Cyprus）、塞拉利昂（Sierra Leone）、坦桑尼亚（Tanzania）、牙买加（Jamaica）、特立尼达和多巴哥（Trinidad and Tobago）、乌干达（Uganda）、肯尼亚（Kenya）、马拉维（Malawi）、马耳他（Malta）、赞比亚（Zambia）、冈比亚（The Gambia）、新加坡（Singapore）、圭亚那（Guyana）、博茨瓦纳（Botswana）、莱索托（Lesotho）、巴巴多斯（Barbados）、毛里求斯（Mauritius）、瑙鲁（Nauru）、斯威士兰（Swaziland）、汤加（Tonga）、西萨摩亚（Western Samoa）、孟加拉（Bangladesh）、格林纳达（Grenada）、巴布亚新几内（Papua New Guinea）、塞舌尔（Seychelles）、所罗门群岛（Solomon Islands）、图瓦卢（Tuvalu）、多米尼加（Dominica）、基里巴斯（Kiribati）、圣文西亚（Saint Lucia）、圣文森特加格林（Saint Vincent and Grenadines）、瓦努阿图（Vanuatu）、伯利兹（Belize）、安提瓜和巴布达（Antigua and Barbuda）、马尔代夫（Maldives）、圣基茨和尼维斯（St. Kitts and Nevis）、文莱（Brunei）、纳米比亚（Namibia）。

3.5　Commonwealth 的释义

澳大利亚（The Commonwealth of Australia）、巴哈马（The Commonwealth of The Bahamas）、多米尼克（The Commonwealth of Dominica）这三个国家国名中都有 Commonwealth。

《英汉大词典》对"commonwealth"这个词的释义为：①全体国民，全体公民；②政治实体，国家；共和国，民主国；③ The Commonwealth（1649—1660 年克伦威尔父子统治下的）英伦三岛共和国；④ The Commonwealth=British Commonwealth of Nations；⑤ The Commonwealth＜美＞州（尤指肯塔基、马萨诸塞、宾夕法尼亚和弗吉尼亚这 4 个州）；⑥ The Commonwealth 联邦（尤指澳大利亚联邦）；⑦＜美＞自治政区（指志愿参加美利坚合众国的地方自治政体，如波多黎各）。

3.6　多米尼加联邦（Commonwealth of Dominica）和巴哈马联邦（The Commonwealth of the Bahamas）

Commonwealth，是个多义术语。多米尼加联邦（Commonwealth of Dominica）和巴哈马联邦（The Commonwealth of the Bahamas），这两个国家的政体是单一制国家而不是联邦制国家。

单一制国家是统一的中央集权国家。单一制国家有单一的宪法、统一的国家最高权力机关、统一的行政机关体系和统一的国籍。在对外关系方面，单一制国家整个是一个国际法主体。

波多黎各原是西班牙的殖民地，1898 年美西战争后，被割让给美国。波多黎各属于美国联邦政府，但不是美国的一个州，可以在国际上一定范围内开展独立的经济文化交流活动。波多黎各是具有高度自治权的政治实体，但不是主权国家。"波多黎各自由联邦"（The Commonwealth of Puerto Rico）与"北马里安纳自由联邦"（The Commonwealth of the Northern Marianas）都还没有组成国家，它们是在美国联邦制度支配下行使部分内部自治职能，其本身委实无邦可联，只可指称为联系邦。"北马里安纳"为美属领地。"北马里安纳"是美国最西端的殖民地，它具有美国联邦领土地位。"北马里安纳"联合体（commonwealth）与美国有着千丝万缕的联系，它享有独立的国体和政体，但其人民又同时享有美国公民的待遇。"北马里安纳"在 16—19 世纪末曾沦为西班牙的殖民地，"北马里安纳"中"马里安纳"就是以西班牙王后"马里安纳"的名字命名的。"北马里安纳"
在第二次世界大战后由联合国交给美国托管，1990 年正式成为美国的联邦领土。

以上 4 个名称中的"commonwealth"有不同的含义，我们不应该把这 4 个根
本不施行联邦制的政治客体一概误称为"联邦"。

"根据有关专家的意见"，将上述 3 种名称分别改译为"多米尼克国"、"巴
哈马国"和"波多黎各"。

波多黎各（The Commonwealth of Puerto Rico），在西班牙语中，"Rico"意为"富
裕"，"Puerto"意为"港口"，即为"富裕的港口"之意。

4. 历史上联邦国家（**Historic Federal Nations**）

Federation	Official Name and Style	Period
Dutch Republic	Republic of the Seven United Netherlands	1581-1795
Colombia	Republic of Colombia United States of Colombia	1819-1831 1863-1886
Federal Republic of Central America	Federal Republic of Central America	1823-1838
Germany	German Reich （Weimar Republic）	1919-1933
Soviet	Union of Soviet Socialist Republics	1922-1991
Yugoslavia	Federal People's Republic of Yugoslavia Socialist Federal Republic of Yugoslavia	1945-1963 1963-1992
Serbia and Montenegro	Federal Republic of Yugoslavia State Union of Serbia and Montenegro	1992-2003 2003-2006
Burma	Union of Burma	1948-1962

续表

Indonesia	Republic of the United States of Indonesia	1949-1950
Cameroon	Federal Republic of Cameroon	1961-1972
Czechoslovakia	Czechoslovak Socialist Republic Czech and Slovak Federative Republic	1969-1990 1990-1993

5. Federation-related 名称及其中文译名

（1）United Arab Emirates（阿拉伯联合酋长国）

（2）Federal Democratic Republic of Ethiopia（埃塞俄比亚联邦民主共和国）

（3）Commonwealth of Australia（澳大利亚联邦）

（4）Commonwealth of the Bahamas（巴哈马国）

（5）Federative Republic of Brazil（巴西联邦共和国）

（6）Commonwealth of the Northern Marianas Islands（北马里亚纳自由联邦）

（7）Commonwealth of Puerto Rico（波多黎各）

（8）Federal Republic of Germany（德意志联邦共和国）

（9）Commonwealth of Dominica（多米尼克国）

（10）Russian Federation（俄罗斯联邦）

（11）Federal Islamic Republic of the Comoros（科摩罗伊斯兰联邦共和国）

（12）United States of America（美利坚合众国）

（13）Federated States of Micronesia（密克罗尼西亚联邦）

（14）Union of Myanmar（缅甸联邦）

（15）United States of Mexico（墨西哥合众国）

（16）Federal Republic of Nigeria（尼日利亚联邦共和国）

（17）Swiss Confederation（瑞士联邦）

（18）Federation of Saint Kitts and Nevis（圣基茨和尼维斯联邦）

（19）United Republic of Tanzania（坦桑尼亚联合共和国）

（20）United Kingdom of Great Britain and Northern Ireland（大不列颠及北爱尔兰联合王国）

外国国名的翻译是翻译的一个重要分支，需要我们对国家文化、历史以及其他背景知识特别重视。同时，每个国家名称都有其自身政治、民族、文化和意识形态意义。含有"commonwealth"、"federation"、"confederation"、"union"等字眼的国名由于其背后有着国家复杂的背景，加之一系列易混淆的概念，很容易被误解和错译。所以，我们在翻译这类国名时应格外注意。

参考文献

[1] 北京人民广播电台编辑部编. 1982. 世界近代史知识 [M]. 北京：外语教学与研究出版社.

[2] 伯希和. 1957. 真腊风土记笺注（西域南海史地考证译丛七编）[M]. 北京：中华书局.

[3] 蔡昌卓. 2002. 美国英语史 [M]. 北京：北京大学出版社.

[4] 陈安. 2000. 新英汉美国小百科 [M]. 上海：上海译文出版社.

[5] 陈玲. 2014. 论墨西哥印第安土著对西班牙殖民统治的反抗 [D]. 上海：华东师范大学博士论文.

[6] 陈太先. 2002. 哥伦布最先在美洲发现了什么 [J]. 知识就是力量，（12）：10-11.

[7] 陈显泗. 1990. 柬埔寨两千年史 [M]. 郑州：中州古籍出版社.

[8] 陈小慰. 2012. 对德国翻译功能目的论的修辞反思 [J]. 外语研究，（1）：91-95.

[9] 陈贻绎. 2013. 威尔豪森对早期以色列历史的研究 [J]. 东方论坛，（5）：120-125.

[10] 陈羽纶，张明. 2003. 《英语世界》精选 [M]. 北京：商务印书馆.

[11] 程冷杰，江振春. 2011. 英国民族国家形成中的语言因素 [J]. 外国语文，（3）：80-84.

[12] 程伟民. 2009. 以色列人 —— 特殊国土上的普通人 [M]. 上海：华东师范大学出版社.

[13] 程镇球. 1991. "关于 Commonwealth 的译法" [J]. 中国翻译，（6）：49-50.

[14] 褚乐平. 2003. 联邦党人与反联邦党人关于宪法批准问题的争论 [J]. 史学月刊，（7）：60-66.

[15] 戴卫平. 2014. 词汇隐喻研究 [M]. 广州：世界图书出版公司.

[16] 戴卫平，高丽佳. 2005. 英语词汇与英国文化特色 [J]. 湖南大学学报，（2）：83-87.

[17] 戴卫平，裴文斌. 2008. 英汉文化词语研究 [M]. 北京：科学出版社.

[18] 戴卫平，孙旭东. 2014. 英语变体—语言文化 [M]. 北京：科学出版社.

[19] 邓兵. 1999. 印度国名考略 [J]. 南亚研究，（2）：91-93.

[20] 邓萍，戴卫平. 2014. 新闻英语研究 [M]. 广州：世界图书出版公司.

[21] 董久玲. 2007. 交际翻译理论视角下的电影片名翻译 [D]. 长春：吉林大学博士论文.

[22] 董小川. 2006. 美国文化概论 [M]. 北京：人民出版社.

[23] 董晓璐. 2011.《邦联条例》与早期美国政治体制的确立 [J]. 文学选刊，（4）：61-62.

[24] 杜学增. 2000. 澳大利亚语言与文化 [M]. 北京：外语教学与研究出版社.

[25] 端木义万. 1999. 美国社会文化透视 [M]. 南京：南京大学出版社.

[26] 房乐宪. 2003. 邦联主义与欧洲一体化 [J]. 欧洲研究，（4）：73-85.

[27] 冯胜利. 2004. 列国志——比利时 [M]. 北京：社会科学文献出版社.

[28] 付晶，王跃洪. 2014. 技术文献翻译研究——纽马克交际翻译理论的应用 [J]. 中国科技翻译，（4）：47-49.

[29] 高放. 1998. 国博览：欧洲卷 [M]. 北京：新华出版社.

[30] 高鹏. 2009. 不丹：在山那边桃花源 [J]. 优品，（11）：184-187.

[31] 龚雪梅. 2006. 音译用字的文字学考察 [J]. 福建师范大学学报，（4）：108-112.

[32] 郭宝华. 2004. 中东国家通史：也门卷 [M]. 北京：商务印书馆.

[33] 郭建中. 1998. 翻译中的文化因素：异化与归化 [J]. 外国语，（2）：13-20.

[34] 郭建中. 2004. 科普与科幻翻译：理论、技巧与实践 [M]. 北京：中国对外翻译出版公司.

[35] 郭建中. 2010. 翻译：理论、实践与教学——郭建中翻译研究论文选 [M]. 杭

州：浙江大学出版社．

[36] 国际时事辞典编辑组编．1981．国际时事辞典 [Z]．北京：商务印书馆．

[37] 郭青，谭颖文，戴卫平．2015．英语新闻与词汇研究 [M]．广州：世界图书出版公司．

[38] 郭旭东．2011．拉美国家国名的多重内涵 [J]．新西部，（9）：255．

[39] 韩有毅．1998．澳大利亚英语特殊用语词典 [M]．北京：商务印书馆．

[40] 韩志斌．2009．列国志：巴林 [M]．北京：社会科学文献出版社．

[41] 郝时远，朱伦．2013．世界民族（第六卷：非洲）[M]．北京：中国社会科学出版社．

[42] 何其莘，仲伟合，许钧．2010．高级英汉翻译 [M]．北京：外语教学与研究出版社．

[43] 侯学华．2011．邦联国会在美国宪政体制变动中的作用 [J]．贵州社会科学，（9）：112-118．

[44] 黄桂芳．2004．非洲有三个冠名"几内亚"的国家 [J]．亚非纵横，（1）：55-57．

[45] 惠宇．2003．新世纪汉英大词典 [Z]．北京：外语教学与研究出版社．

[46] 黄培昭、胡连荣．2008-08-29．不少运动用语发源地命名 [N]．环球时报，9．

[47] 黄源深，陈弘．1993．从孤独中走向世界 —— 澳大利亚文化简论 [M]．杭州：浙江人民出版社．

[48] 纪江红．2004．中国国家地理 [M]．北京：北京出版社．

[49] 简明不列颠百科全书 [M]．北京：中国大百科全书出版社．

[50] 江倩倩．2011-10-14．葡式酒，在"不安分"中微醺 [N]．环球时报，3．

[51] 姜天明．2000．澳大利亚联邦史略 [M]．沈阳：辽宁大学出版社．

[52] 焦震衡．1983．世界地名故事 [M]．北京：科学普及出版社．

[53] 靳文翰．1985．世界历史词典 [Z]．上海：上海辞书出版社．

[54] 雷发林．2007．拿骚 NASAU，约会 007，还有海盗 [J]．商务旅行，（6）：169．

[55] 李丹，蒋冰清．2006．浅谈影响直译与意译的几种因素 [J]．怀化学院学报，（9）：142-144．

[56] 李红霞．2009．浅析德国功能目的翻译理论 [J]．重庆科技学院学报，

（5）：145-146.

[57] 李克．1979．塞拉利昂与加纳的今昔 [M]．上海：上海书局有限公司．

[58] 李鲁．1994．音译词中联想因素刍议 [J]．上海科技翻译，（4）：13-14.

[59] 李楠．1985．访"雷龙之国"不丹 [J]．瞭望周刊，（18）：36-37.

[60] 李鹏飞．2002．加拿大与加拿大人 [M]．北京：民族出版社．

[61] 李琴. 2011. 美丽忧伤的圣城——耶路撒冷 [J]. 科学大众（中学生），（3）：25-27.

[62] 李然，戴卫平，李焱．2014．英语词汇文化喻义研究 [M]．天津：天津科学技术出版社．

[63] 李蕊娟．2010．地球上最后的香格里拉 [J]．文化交流，（9）：66-69.

[64] 李铁匠．1993．伊朗古代历史与文化 [M]．南昌：江西人民出版社．

[65] 李文革．2004．翻译理论流派研究 [M]．北京：中国社会科学出版社．

[66] 李行健．2004．现代汉语规范词典 [Z]．北京：外语教学与研究出版社 / 语文出版社．

[67] 连洁，戴卫平．2012．外国国名汉语音译与思考 [J]．西南农业大学学报，（11）：132-136.

[68] 连洁，戴卫平．2013．国名英译：问题与思考 [J]．长春理工大学学报，（1）：76-77.

[69] 梁工．2002．圣经时代的犹太社会与民俗 [M]．北京：宗教文化出版社．

[70] 梁光严．2007．列国志：瑞典 [M]．北京：社会科学文献出版社．

[71] 刘楚．1997．不丹，神秘的雷龙之国 [J]．亚非纵横，（4）：41-42.

[72] 刘慧. 2011. 民族身份认同对伊朗核政策的影响 [J]. 阿拉伯世界研究，（4）：33-39.

[73] 刘敬国，何刚强．2011．翻译通论 [M]．北京：外语教学与研究出版社．

[74] 刘精忠．2010．宗教与犹太复国主义 [M]．北京：中国社会科学出版社．

[75] 刘军．2007．以色列民族政策浅析 [J]．世界民族，（1）：30-38.

[76] 刘伉．2008．以河为名的国家 [J]．地图，（7）：132-133.

[77] 刘伉．2013．韩国 & 朝鲜，要"Corea"不要"Korea"?[M]．北京：中国学术期刊电子杂志出版社．

[78] 刘丽君，邓子钦，张立中．1998．澳大利亚文化史稿 [M]．汕头：汕头

大学出版社.

[79] 刘立群. 2011. 列国志：危地马拉·牙买加·巴巴多斯 [M]. 北京：社会科学文献出版社.

[80] 刘新中. 1996. 关于汉语音译词研究的几个问题 [J]. 文科教学，（1）：50-55.

[81] 刘艳丽，杨自俭. 2002. 也谈"归化"与"异化" [J]. 中国翻译，（6）：22-26.

[82] 刘元珍. 1995. 美国社会透视 [M]. 东营：石油大学出版社.

[83] 陆谷孙. 1999. 英汉大词典 [Z]. 上海：上海译文出版社.

[84] 骆介子. 1991. 澳大利亚建国史 [M]. 北京：商务印书馆.

[85] 吕丁丁. 2015-04-15. 阿拉伯人去也门寻根 [N]. 环球时报，9.

[86] 吕耀坤. 1995. 德意志联邦共和国的政治制度 [J]. 德国研究，（4）：19-23.

[87] 马利章. 2003. 走进也门 —— 阿拉伯文化研究 [M]. 北京：民族出版社.

[88] 马万利. 2008. 反联邦党人与1787年费城制宪会议 [J]. 中国政法大学学报，（1）：103-111.

[89] 孟琼. 2014. 捷克斯洛伐克国家分裂的民族因素研究 [D]. 济南：山东大学博士论文.

[90] 毛昭晰，刘家和，马克尧等. 1983. 世界史便览 [M]. 北京：生活·读书·新知三联书店.

[91] 南开大学历史系辑译. 1976. 尼加拉瓜史 [M]. 天津：天津人民出版社.

[92] 牛道生. 2008. 英语与世界 [M]. 北京：中国社会科学出版社.

[93] 潘文国. 1994. 实用命名艺术手册 [M]. 上海：华东师范大学出版社.

[94] 彭树智. 2002. 中东国家通史：伊朗卷 [M]. 北京：商务印书馆.

[95] [美] 皮布尔斯. 2013. 斯里兰卡史 [M]. 王琛译. 上海：东方出版中心.

[96] 恰赫里亚尔·阿德尔，伊尔凡·哈比卜. 2006. 中亚文明史（第五卷）[M]. 北京：中国对外翻译出版公司.

[97] 钱跃君. 2013. 马耳他 —— 地中海上的欧洲骑士之岛 [M]. 北京：社会科学文献出版社.

[98] 荣松. 2006. 说说伊朗与雅利安（文化世界专栏）[M]. 北京：中国学术期

刊电子杂志出版社.

[99] 沙中士. 2006. "日不落"的余辉：英联邦 [J]. 地图，（9）：104-105.

[100] 尚会鹏. 2007. 印度文化史 [M]. 桂林：广西师范大学出版社.

[101] 邵献图，周定国，沈世顺等. 1983. 外国地名语源词典 [Z]. 上海：上海辞书出版社.

[102] 沈安娜. 2013. 走进袖珍之国 —— 梵蒂冈 [J]. 华人时刊，（7）：1.

[103] 沈大福. 2011-03-02. 对会徽不满，伊朗威胁抵制奥运 [N]. 环球时报，5.

[104] 沈坚. 2005. 地名语源的民族史解读 [J]. 华东师范大学学报，（5）：35-40

[105] 时延春. 2006. 当代也门社会与文化 [M]. 上海：上海外语教学出版社.

[106] 孙靖. 1997. 美国历史纵横 [M]. 上海：东方出版中心.

[107] 孙艺风. 2004. 视角阐释文化：文学翻译与翻译理论 [M]. 北京：清华大学出版社.

[108] 谭载喜. 2004. 西方翻译简史 [M]. 北京：商务印书馆.

[109] 田森. 1998. 大洋洲探秘 [M]. 杭州：浙江人民出版社.

[110] 王长海，马钧. 1984. 世界名城100座 [M]. 兰州：甘肃人民出版社.

[111] 汪大渊. 2000. 岛夷志略·高朗步 [M]. 北京：中华书局.

[112] 王东风. 2002. 归化与异化：矛与盾的交锋?[J]. 中国翻译，（5）：26-28.

[113] 王恩铭. 1997. 当代美国社会与文化 [M]. 上海：上海外语教育出版社.

[114] 王宏纬. 2007. 尼泊尔：人民和文化 [M]. 北京：昆仑出版社.

[115] 王林聪. 2011-08-18. 利比亚乱局的历史探析 [N]. 光明日报，11.

[116] 王沛，李岩. 2008. 巴哈马：人间伊甸园 [J]. 进出口经理人，（5）：70-71.

[117] 王彤. 2005. 当代中东政治制度 [M]. 北京：中国社会科学出版社.

[118] 王宪举，陈艳. 2001-03-23. 阿塞拜疆"风城"·"火地"·长寿人 [N]. 光明日报，2.

[119] 王英津. 2003. 邦联制模式与两岸统一之探析 [J]. 台湾研究集刊，（3）：53-59.

[120] 王宇博. 2000. 澳大利亚在移植中再造 [M]. 成都：四川人民出版社.

[121] 吴成．2011．犹太民族与中东穆斯林世界关系演变及其前景展望 [J]．阿拉伯世界研究，（3）：50-56．

[122] 吴斐．2003．英国社会与文化（第二版）[M]．武汉：武汉大学出版社．

[123] 吴礼权．1994．汉语外来词音译的特点及其文化心态探究 [J]．复旦学报，（3）：82-88．

[124] 吴新颖，龙献忠．2004．英国传统文化对现代化进程的影响 [J]．江淮论坛，（5）：141-144．

[125] 吴彦．2009．沙特阿拉伯王国宗教政治研究 [D]．天津：南开大学博士论文．

[126] 邢秉顺．2003．伊朗文化 [M]．北京：文化艺术出版社．

[127] 熊德米．2001．奈达翻译理论评述 [J]．重庆大学学报，（4）：85-89．

[128] 修文乔，戴卫平．2015．英语与英国社会文化研究 [M]．广州：世界图书出版公司．

[129] 徐新．2006．犹太文化史 [M]．北京：北京大学出版社．

[130] 徐新．2006．犹太人告白世界 [M]．北京：中央编译出版社．

[131] 颜治强．2002．世界英语概论 [M]．北京：外语教学与研究出版社．

[132] 严中平．1997．殖民主义海盗哥伦布 [J]．历史研究，（1）：130-144．

[133] 杨卫东，戴卫平．2014．美国社会文化研究 [M]．广州：世界图书出版公司．

[134] 杨佑方．2003．英语圣经词源 [M]．成都：四川人民出版社．

[135] 杨玉圣．1994．美国历史散论 [M]．沈阳：辽宁大学出版社．

[136] 依文．2007．一些国家国名的来历 [J]．教师博览，（9）：57．

[137] 于晓莉．2004．交际翻译中的得体性 [D]．上海：上海海事大学硕士论文．

[138] 苑晓光．2006．“联邦”还是“邦联”[J]．科教文汇，（7）：113-115．

[139] 赵家琎．2000．今日澳大利亚 [M]．上海：上海外语教育出版社．

[140] 张锦兰．2004．目的论与翻译方法 [J]．中国科技翻译，（1）：35-37．

[141] 张军梅．2011．从优选论看音译的制约条件 [J]．贵州大学学报，（4）：116-120．

[142] 张培华．1998．关于外来词音译准确性的几个问题 [J]．上海科技翻译，（1）：17-20．

[143] 张倩红．2008．以色列史 [M]．北京：人民出版社．

[144] 张世满．2000．封建时代英国议会的产生与发展 [J]．山西大学学报，

（4）：52-56.

[145] 张文英，戴卫平. 2010. 词汇—翻译—文化 [M]. 长春：吉林大学出版社.

[146] 张翔鹰. 2008. 世界国名的由来 [M]. 北京：世界知识出版社.

[147] 张兴慧. 2012-11-03. 英国也想退出欧盟吗 [N]. 中国青年报，4.

[148] 张宇. 2012. 一场没有胜利者的战争 —— 观影片《柠檬树》有感 [J]. 神州，（7）：102-104.

[149] 张泽民. 2007. 从三种翻译教材看音译问题 [J]. 四川外语学院学报，（3）：104-106.

[150] 赵龙庚. 2001. 俄罗斯族际关系的发展及联邦制政府的政策措施 [J]. 和平与发展，（3）：38-42.

[151] 赵晓囡，戴卫平. 2015. 不列颠多元文化研究 [M]. 广州：世界图书出版公司.

[152] 郑怀义. 1991. 世界各国首都大全 [M]. 北京：北京出版社.

[153] 郑世高，戴卫平. 2015. 英语语言功能研究 [M]. 广州：世界图书出版公司.

[154] 郑宗太，林书渊. 2006. 从邦联到联邦 [J]. 福建广播电视大学学报，（3）：24-27.

[155] 中国科学院地理研究所. 1980. 世界地名词典 [Z]. 上海：上海辞书出版社.

[156] 中国地名委员会编. 1983. 外国地名译名手册 [M]. 北京：商务印书馆.

[157] 中国地名委员会编. 1994. 美国地名译名手册 [M]. 北京：商务印书馆.

[158] 周学艺. 2004. 美英报刊文章阅读 [M]. 北京：北京大学出版社.

[159] 周学艺. 2012. 英汉美英报刊词典 [Z]. 北京：外语教学与研究出版社.

[160] 朱政梅. 1989. 试析美国从邦联制到联邦制的转变 [J]. 苏州大学学报，（1）：132-134.

[161] 庄和诚. 2010. 英语词源趣谈 [M]. 上海：上海外语教育出版社.

[162]Jeremy M. 2001. Introducing Translation Studies: Theories and Applications[M]. London and New York: Routledge.

[163]Marsh, J. 1985. The Canadian Encyclopedia[C]. Alberta: Hurting Publishers Ltd.

[164]Sutton, D. G.. 1994. The Origins of the First New Zealanders[M]. Auckland: Auckland University Press.

[165]Yun,W. L. 1996. Singapore Society and Language[M]. Singapore: Nanyang Technological University Press.

附　　录

附录1：部分国家全称

1. Islamic State of Afghanistan（阿富汗伊斯兰国）

2. United Arab Emirates（阿拉伯联合酋长国）

3. Sultanate of Oman（阿曼苏丹国）

4. Islamic Republic of Pakistan（巴基斯坦伊斯兰共和国）

5. Kingdom of Bhutan（不丹王国）

6. Democratic People's Republic of Korea（朝鲜人民民主主义共和国）

7. Democratic Republic of East Timor（东帝汶民主共和国）

8. Republic pf the Philippines（菲律宾共和国）

9. Kingdom of Cambodia（柬埔寨王国）

10. Lao People's Democratic Republic（老挝人民民主共和国）

11. People's Republic of Bangladesh（孟加拉人民共和国）

12. Union of Myanmar（缅甸联邦）

13. Kingdom of Nepal（尼泊尔王国）

14. Kingdom of Saudi Arabia（沙特阿拉伯王国）

15. Democratic Socialist Republic of Sri Lanka（斯里兰卡民主社会主义共和国）

16. Kingdom of Thailand（泰王国）

17. Syria Arab Republic（阿拉伯叙利亚共和国）

18. Islamic Republic of Iran（伊朗伊斯兰共和国）

19. Hashemite Kingdom of Jordan（约旦哈希姆王国）

20. Socialist Republic of Viet Nam（越南社会主义共和国）

21. Principality of Andorra（安道尔公国）

22. Kingdom of Belgium（比利时王国）

23. Kingdom of Denmark（丹麦王国）

24. Federal Republic of Germany（德意志联邦共和国）

25. Russian Federation（俄罗斯联邦）

26. Republic of France（法兰西共和国）

27. State of the Vatican City（梵蒂冈城国）

28. Kingdom of the Netherlands（荷兰王国）

29. Principality of Liechtenstein（列支敦士登公国）

30. Grand Duchy of Luxembourg（卢森堡大公国）

31. Principality of Monaco（摩洛哥公国）

32. Portuguese Republic（葡萄牙共和国）

33. Kingdom of Sweden（瑞典王国）

34. Swiss Confederation（瑞士联邦）

35. Hellenic Republic（希腊共和国）

36. Republic of Hungary（匈牙利共和国）

37. United Kingdom of Great Britain and Northern Ireland（大不列颠及北爱尔兰联合王国）

38. Arab Republic of Egypt（阿拉伯埃及共和国）

39. Democratic Republic of the Congo（刚果民主共和国）

40. Great Socialist People's Libyan Arab Jamahiriya（大阿拉伯利比亚人民社会主义民众国）

41. United Republic of Tanzania（坦桑尼亚联合共和国）

42. Central African Republic（中非共和国）

43. Commonwealth of Australia（澳大利亚联邦）

44. Commonwealth of the Bahamas（巴哈马国）

45. Dominican Republic（多米尼加共和国）

46. Commonwealth of Dominica（多米尼克国）

47. Federative Republic of Brazil（巴西联邦共和国）

48. Cooperative Republic of Guyana（圭亚那合作共和国）

49. Bolivar Republic of Venezuela（委内瑞拉玻利瓦尔共和国）

50. Oriental Republic of Uruguay（乌拉圭东岸共和国）

附录 2：阿拉伯国家

阿拉伯国家一般指以阿拉伯民族为主的国家。他们有统一的语言——阿拉伯语，有统一的文化和风俗习惯，绝大部分人信奉伊斯兰教。有些国家虽非以阿拉伯民族为主体，但长期以来与阿拉伯国家建立了紧密的政治、经济、文化、宗教联系，并加入了阿拉伯国家联盟，因此也被称为阿拉伯国家。阿拉伯国家和地区共有 22 个，总面积约 1 400 多万平方千米，人口总数约 3.4 亿。

阿拉伯国家联盟（League of Arab States）是为了加强阿拉伯国家联合与合作而建立的地区性国际组织，简称"阿拉伯联盟"或"阿盟"。1945 年 3 月，埃及、伊拉克、约旦、黎巴嫩、沙特阿拉伯、叙利亚和也门 7 个阿拉伯国家的代表在开罗举行会议，通过了《阿拉伯国家联盟条约》，宣告联盟成立。阿拉伯联盟的宗旨是加强成员国之间的密切合作，维护阿拉伯国家的独立与主权，协调彼此的活动。

阿拉伯国家有：Algeria（阿尔及利亚）、Bahrain（巴林）、Djibouti（吉布提）、Egypt（埃及）、Iraq（伊拉克）、Jordan（约旦）、Kuwait（科威特）、Lebanon（黎巴嫩）、Libya（利比亚）、Mauritania（毛里塔尼亚）、Morocco（摩洛哥）、Oman（阿曼）、Qatar（卡塔尔）、Saudi Arabia（沙特阿拉伯）、Somalia（索马里）、Sudan（苏丹）、Syria（叙利亚）、Tunisia（突尼斯）、United Arab Emirates（阿联酋）、Yemen（也门）。

附录 3：北约国家

北大西洋公约组织（NATO: North Atlantic Treaty Organization），简称"北约组织"或"北约"，是美国与西欧、北美主要发达国家为实现防卫协作而建立的一个国际军事集团组织。北约拥有大量核武器和常规部队，是西方的重要军事力量。北约总部位于比利时首都布鲁塞尔（Brussels）。

北约现有 28 个成员国：美国（US）、英国（UK）、法国（France）、德国（Germany）、意大利（Italy）、荷兰（The Netherlands）、比利时（Belgium）、卢森堡（Luxembourg）、

西班牙（Spain）、葡萄牙（Portugal）、丹麦（Denmark）、挪威（Norway）、冰岛（Iceland）、匈牙利（Hungary）、希腊（Greece）、波兰（Poland）、捷克（Czech）、斯洛伐克（Slovak）、斯洛文尼亚（Slovenia）、立陶宛（Lithuania）、拉脱维亚（Latvia）、爱沙尼亚（Estonia）、加拿大（Canada）、克罗地亚（Croatia）、罗马尼亚（Romania）、保加利亚（Bulgaria）、阿尔巴尼亚（Albania）、土耳其（Turkey）。

附录4：基督教国家和地区

基督教（Christianity），是共同信仰三位一体的神即上帝的宗教。基督教分为三大分支：主张普世统一（Catholic）的公教（天主教）、保守正统（Orthodox）的正教（东正教）及持有不同见解（Protestant）的统称新教的各个宗派（通称的耶稣教、基督教）。在全世界，天主教会是信徒发展最多的宗派，占基督徒半数以上。天主教、东正教仍保留着七大圣事和弥撒的圣礼。

基督教与伊斯兰教、佛教并称世界三大宗教，与伊斯兰教、犹太教同属天启宗教，并运营着世界上最大的非政府私立学校、医院、福利院等社会福利机构。基督教发源于1世纪巴勒斯坦的耶路撒冷地区犹太人社会，并继承犹太教圣经为基督教《圣经》的旧约部分。

"基督"希伯来语发音为"弥赛亚"，即救世主的意思。基督教始自耶稣。耶稣思想的中心在于"全心、全灵、全意、全力爱上帝在万有之上"及"爱人如己"两点。耶稣出来传道，宣讲天国的福音，劝人悔改，转离恶行。

基督教国家和地区有：Armenia（亚美尼亚）、Australia（澳大利亚）、Barbados（巴巴多斯）、Benin（贝宁）、Botswana（博茨瓦纳）、Cameroon（喀麦隆）、Chad（乍得）、Congo（Brazzaville）（刚果）（布）、Congo（Kinshasa）（刚果）（金）、Cook Islands（库克群岛）、Denmark（丹麦）、Fiji Islands（斐济群岛）、Finland（芬兰）、Ghana（加纳）、Guyana（圭亚那）、Iceland（冰岛）、Jamaica（牙买加）、Kiribati（基里巴斯）、Lesotho（莱索托）、Liberia（利比里亚）、Madagascar（马达加斯加）、Marshall Islands（马绍尔群岛）、Mauritius（毛里求斯）、Mozambique（莫桑比克）、Namibia（纳米比亚）、Nauru（瑙鲁）、New Zealand（新西兰）、Niger（尼日尔）、Nigeria（尼日利亚）、Norway（挪威）、Palau（帕劳）、Papua New Guinea（巴布亚新几内亚）、Samoa（萨摩亚）、Solomon Islands（所

罗门群岛）、South Africa（南非）、Sudan（苏丹）、Suriname（苏里南）、Swaziland（斯威士兰）、Sweden（瑞典）、The Bahamas（巴哈马）、Togo（多哥）、Tonga（汤加）、Tuvalu（图瓦卢）、Uganda（乌干达）、Vanuatu（瓦努阿图）、Zambia（赞比亚）、Zimbabwe（津巴布韦）。

附录5：伊斯兰国家

穆斯林是伊斯兰信徒的统称。伊斯兰教是与佛教、基督教并列的世界三大宗教之一。穆斯林国家即伊斯兰国家。穆斯林国家指以伊斯兰教为国教和多数居民信奉伊斯兰教的国家。

穆斯林国家包括：Afghanistan（阿富汗）、Algeria（阿尔及利亚）、Azerbaijan（阿塞拜疆）、Bahrain（巴林）、Bangladesh（孟加拉国）、Benin（贝宁）、Bosnia and Herzegovina（波黑）、Brunei（文莱）、Burkina Faso（布基纳法索）、Burundi（布隆迪）、Cameroon（喀麦隆）、Chad（乍得）、Cote d'Ivoire（科特迪瓦）、Djibouti（吉布提）、Egypt（埃及）、Equatorial Guinea（赤道几内亚）、Eritrea（厄立特里亚）、Ethiopia（埃塞俄比亚）、Ghana（加纳）、Guinea（几内亚）、Guinea Bissau（几内亚比绍）、India（印度）、Indonesia（印度尼西亚）、Iran（伊朗）、Iraq（伊拉克）、Jordan（约旦）、Kazakhstan（哈萨克斯坦）、Kuwait（科威特）、Kyrgyzstan（吉尔吉斯斯坦）、Lebanon（黎巴嫩）、Liberia（利比里亚）、Libya（利比亚）、Macedonia（马其顿）、Madagascar（马达加斯加）、Malaysia（马来西亚）、Maldives（马尔代夫）、Mali（马里）、Mauritania（毛里塔尼亚）、Morocco（摩洛哥）、Niger（尼日尔）、Nigeria（尼日利亚）、Oman（阿曼）、Pakistan（巴基斯坦）、Palestine（巴勒斯坦）、Qatar（卡塔尔）、Saudi Arabia（沙特阿拉伯）、Senegal（塞内加尔）、Sierra Leone（塞拉利昂）、Somalia（索马里）、Sudan（苏丹）、Syria（叙利亚）、Tajikistan（塔吉克斯坦）、Tanzania（坦桑尼亚）、The Comoros（科摩罗）、The Gambia（冈比亚）、Togo（多哥）、Tunisia（突尼斯）、Turkey（土耳其）、Turkmenistan（土库曼斯坦）、Uganda（乌干达）、United Arab Emirates（阿联酋）、Uzbekistan（乌兹别克斯坦）、Western Sahara（西撒哈拉）、Yemen（也门）、Zambia（赞比亚）。

附录 6：欧盟国家、欧元区国家、申根国家

欧盟成员国 —— 欧共体创始国为法国、联邦德国、意大利、荷兰、比利时和卢森堡六国。至 2014 年 7 月共有 28 个成员国，它们是：英国、法国、德国、意大利、荷兰、比利时、卢森堡、丹麦、爱尔兰、希腊、葡萄牙、西班牙、奥地利、瑞典、芬兰、马耳他、塞浦路斯、波兰、匈牙利、捷克、斯洛伐克、斯洛文尼亚、爱沙尼亚、拉脱维亚、立陶宛、罗马尼亚、保加利亚、克罗地亚。根据英文名称排序，它们是：

1	Austria	奥地利
2	Belgium	比利时
3	Bulgaria	保加利亚
4	Croatia	克罗地亚
5	Cyprus	塞浦路斯
6	Czech	捷克
7	Denmark	丹麦
8	Estonia	爱沙尼亚
9	Finland	芬兰
10	France	法国
11	Germany	德国
12	Greece	希腊
13	Hungary	匈牙利
14	Ireland	爱尔兰
15	Italy	意大利

16	Latvia	拉脱维亚
17	Lithuania	立陶宛
18	Luxembourg	卢森堡
19	Malta	马耳他
20	Netherlands	荷兰
21	Poland	波兰
22	Portugal	葡萄牙
23	Romania	罗马尼亚
24	Slovakia	斯洛伐克
25	Slovenia	斯洛文尼亚
26	Spain	西班牙
27	Sweden	瑞典
28	United Kingdom	英国

　　欧元区国家——英国、瑞典和丹麦决定暂不加入欧元。目前，使用欧元的国家为德国、法国、意大利、荷兰、比利时、卢森堡、捷克、爱尔兰、希腊、西班牙、葡萄牙、奥地利、芬兰、斯洛伐克、塞浦路斯、马耳他、斯洛文尼亚、爱沙尼亚，称为欧元区。目前欧元区共有 17 个成员国和超过 3 亿 2 千万的人口。

　　申根国家——申根协定自签订以后不断有新的国家加入进来,截至 2011 年 12 月,申根的成员国增加到 26 个: 奥地利、比利时、丹麦、芬兰、法国、德国、冰岛、意大利、希腊、卢森堡、荷兰、挪威、葡萄牙、西班牙、瑞典、匈牙利、捷克、斯洛伐克、斯洛文尼亚、波兰、爱沙尼亚、拉脱维亚、立陶宛、马耳他、瑞士、列支敦士顿。这些国家是今天的申根区。申根国家中除挪威、冰岛和瑞士之外均为欧盟国家,相反英国和爱尔兰是欧盟国家，但不是申根协定的成员国。欧盟国 ≠ 申根国 ≠ 欧元国。

国名（英文）	国名（中文）	欧盟国家	欧元区国家	申根国家
Austria	奥地利	是	是	是
Belgium	比利时	是	是	是
Cyprus	塞浦路斯	是	是	不是
Czech	捷克	是	不是	是
Denmark	丹麦	是	不是	是
Estonia	爱沙尼亚	是	是	是
Finland	芬兰	是	是	是
France	法国	是	是	是
Germany	德国	是	是	是
Greece	希腊	是	是	是
Hungary	匈牙利	是	不是	是
Iceland	冰岛	不是	不是	是
Ireland	爱尔兰	是	是	不是
Italy	意大利	是	是	是
Latvia	拉脱维亚	是	不是	是
Lithuania	立陶宛	是	不是	是
Luxembourg	卢森堡	是	是	是
Malta	马耳他	是	是	是
Netherlands	荷兰	是	是	是

国名（英文）	国名（中文）	欧盟国家	欧元区国家	申根国家
Norway	挪威	不是	不是	是
Poland	波兰	是	不是	是
Portugal	葡萄牙	是	是	是
Slovakia	斯洛伐克	是	是	是
Slovenia	斯洛文尼亚	是	是	是
Spain	西班牙	是	是	是
Sweden	瑞典	是	不是	是
UK	英国	已退出	不是	不是
Switzerland	瑞士	不是	不是	是
Romania	罗马尼亚	是	不是	不是
Bulgaria	保加利亚	是	不是	不是

欧盟所使用的主要语言：英语、法语、德语、西班牙语、意大利语。（语义冲突时以英语为标准）

附录7：天主教国家和地区

世界主要宗教（World Major Religions）包括：伊斯兰教（Islam），喇嘛教（Lamaism），印度教（Hinduism），佛教（Buddhism），天主教（Catholicism），新教（Protestantism），东正教（Orthodox），儒教（Confucianism），神道教（Shintoism），道教（Taoism），犹太教（Judaism），路德教（Lutheranism），英国国教（Anglican Church），摩门教（Mormonism），伏都教（Voodoo）。

　　天主教是基督教(Christianity)的三大宗派之一，其正式名称为"罗马天主教会"或"罗马公教会"，即由罗马教宗领导的教会。天主教一词用于指信奉罗马天主教理论体系，包括道德、圣祭仪式以及教条，并完全服从圣座的基督宗教信徒。天主教会是耶稣基督亲手建立的、唯一、至圣、至公、从宗徒传下来的教会。在基督宗教的所有教会之中，天主教会的人数最为庞大，目前天主教会也是所有基督宗教的教会中最为庞大的教会。全世界天主教有总主教区130个，教区628个，监牧区和代牧区129个。现任教宗（教皇）为阿根廷人方济各，2013年就任，是第266任教宗。

　　"Catholic"一词来源于希腊文的"καθολικ"，意思为"普遍的、通用的"，因此也被翻译为"公教"。"公教"的"公"原文起源自拉丁语的Catholicus，意思是"普遍的"，翻译为中文"公"是取自"天下为公"的"公"，因为天主教徒认为只有天主教会才是"全世界的"、"一般的"、"大众的"教会。他们选择这个名字，是由于他们认为最初的教会是开放给全部的人，而不是特定的种族、阶级，或者特定宗派的。

　　天主教国家和地区有：东帝汶（East Timor）、菲律宾（The Philippines）、印度尼西亚（Indonesia）、爱尔兰（Ireland）、安道尔（Andorra）、奥地利（Austria）、比利时（Belgium）、波兰（Poland）、德国（Germany）、法国（France）、波黑（Bosnia and Herzegovina）、梵蒂冈（Vatican）、荷兰（The Netherlands）、捷克（Czech）、克罗地亚（Croatia）、拉脱维亚（Lithuania）、列支敦士登（Liechtenstein）、卢森堡（Luxembourg）、罗马尼亚（Romania）、马其顿（Macedonia）、摩纳哥（Monaco）、马耳他（Malta）、葡萄牙（Portugal）、瑞士（Switzerland）、圣马力诺（San Marino）、斯洛伐克（Slovenia）、西班牙（Spain）、匈牙利（Hungary）、意大利（Italy）、安哥拉（Angola）、布基纳法索（Burkina Faso）、布隆迪（Burundi）、赤道几内亚（Equatorial Guinea）、佛得角（Cape Verde）、加蓬（Gabon）、科特迪瓦（Cote d' Ivoire）、肯尼亚（Kenya）、莱索托（Lesotho）、卢旺达（Rwanda）、马拉维（Malawi）、塞舌尔（Seychelles）、中非（Central Africa）、密克罗西亚（Micronesia）、巴拿马（Panama）、百慕大（Bermuda）、波多黎各（Puerto Rico）、伯利兹（Belize）、多米尼加（Dominican Republic）、多米尼克（Dominica）、哥斯达黎加（Costa Rica）、格林纳达（Grenada）、古巴（Cuba）、海地（Haiti）、洪都拉斯（Honduras）、加拿大（Canada）、墨西哥（Mexico）、尼加拉瓜（Nicaragua）、萨尔瓦多（El Salvador）、圣卢西亚（Saint Lucia）、危地马拉（Guatemala）、阿根廷（Argentina）、

巴拉圭（Paraguay）、秘鲁（Peru）、玻利维亚（Bolivia）、厄瓜多尔（Ecuador）、哥伦比亚（Colombia）、委内瑞拉（Venezuela）、乌拉圭（Uruguay）、智利（Chile）。

附录8：英语国名易混淆的国家

1. Niger（尼日尔）——Nigeria（尼日利亚）

2. Austria（奥地利）——Australia（澳大利亚）

3. Ireland（爱尔兰）——Iceland（冰岛）

4. Liberia（利比里亚）——Nigeria（尼日利亚）

5. Barbados（巴巴多斯）——Bahamas（巴哈马）

6. Armenia（亚美尼亚）——America（美国）

7. Dominica（多米尼克）——Dominican Republic（多米尼加共和国）

8. Estonia（爱沙尼亚）——Ethiopia（埃塞俄比亚）

9. Guinea（几内亚）——Guinea-Bissau（几内亚比绍）——Equatorial Guinea（赤道几内亚）

10. DPRK（朝鲜）——ROK（韩国）

11. Libya（利比亚）——Syria（叙利亚）

12. Mali（马里）——Somalia（索马里）

13. Mauritania（毛里塔尼亚）——Mauritius（毛里求斯）

14. Monaco（摩纳哥）——Morocco（摩洛哥）

15. Pakistan（巴基斯坦）——Palestine（巴勒斯坦）

16. Paraguay（巴拉圭）——Uruguay（乌拉圭）

17. Slovenia（斯洛文尼亚）——Slovak（斯洛伐克）

18. Swaziland（斯威士兰）——Switzerland（瑞士）

19. Togo（多哥）——Tonga（汤加）

20. Ecuador（厄瓜多尔）——El Salvador（萨尔瓦多）

21. Malta（马耳他）——Maldives（马尔代夫）

22. Andorra（安道尔）——Angola（安哥拉）

23. Bhutan（不丹）——Brunei（文莱）

24. Cambodia（柬埔寨）——Cameroon（喀麦隆）

25. Colombia（哥伦比亚）——Bolivia（玻利维亚）

26. Congo（Kinshasa）（刚果）（金）——Congo（Brazzaville）（刚果）（布）

27. Gabon（加蓬）——Ghana（加纳）

28. Moldova（摩尔多瓦）——Maldives（马尔代夫）

附录9：伊斯兰合作组织成员国

伊斯兰合作组织是伊斯兰国家组成的国际组织，是联合国的常驻机构。正式成立于1970年，原名伊斯兰会议组织，2011年6月改为现名。该组织的英文名称为Organization of Islamic Cooperation。秘书处设在沙特阿拉伯的吉达市。

伊斯兰合作组织成员国包括：Afghanistan（阿富汗）、Algeria（阿尔及利亚）、Bahrain（巴林）、Bangladesh（孟加拉国）、Benin（贝宁）、Brunei（文莱）、Burkina Faso（布基纳法索）、Cameroon（喀麦隆）、Chad（乍得）、Comoros（科摩罗）、Cyprus（塞浦路斯）、Djibouti（吉布提）、Egypt（埃及）、Gabon（加蓬）、The Gambia（冈比亚）、Guinea（几内亚）、Guinea-Bissau（几内亚比绍）、Indonesia（印度尼西亚）、Iran（伊朗）、Iraq（伊拉克）、Jordan（约旦）、Kuwait（科威特）、Lebanon（黎巴嫩）、Libya（利比亚）、Malaysia（马来西亚）、Maldives（马尔代夫）、Mali（马里）、Mauritania（毛里塔尼亚）、Morocco（摩洛哥）、Niger（尼日尔）、Nigeria（尼日利亚）、Oman（阿曼）、Pakistan（巴基斯坦）、Qatar（卡塔尔）、Saudi Arabia（沙特阿拉伯）、Senegal（塞内加尔）、Sierra Leone（塞拉利昂）、Somalia（索马里）、Sudan（苏丹）、Syria（叙利亚）、Tunisia（突尼斯）、Turkey（土耳其）、Uganda（乌干达）、United Arab Emirates（阿拉伯联合酋长国）、Yemen（也门）。

附录10：易混淆的首都

1. Canberra（堪培拉），Sydney，Melbourne——［澳大利亚］

2. New York，Washington，Washington D.C.（华盛顿特区），Los Angeles，Seattle——［美国］

3. Bern（伯尔尼），Geneva，Lausanne，Zurich——［瑞士］

4. Ottawa（渥太华），Toronto，Quebec，Vancouver，Montreal——［加拿大］

5. Brasilia（巴西利亚）, Sao Paulo, Rio de Janeiro——［巴西］

6. Casablanca, Rabat（拉巴特）——［摩洛哥］

7. Dubai, Abu Dhabi（阿布扎比）——［阿联酋］

8. Islamabad（伊斯兰堡）, Karachi, Rawalpindi——［巴基斯坦］

9. Ankara（安卡拉）, Istanbul——［土耳其］

10. Cape Town, Pretoria（比勒陀利亚）, Durban, Johannesburg——［南非］

11. Tokyo（东京）, Kyoto, Nagasaki, Osaka, Kobe, Nagoya——［日本］

12. Tel Aviv（特拉维夫）, Jerusalem——［以色列］

13. New Delhi（新德里）, Bombay, Calcutta——［印度］

14. Hanoi（河内）, Ho Chi Minh City（Saigon）——［越南］

15. Berlin（柏林）, Bonn, Frankfurt, Hamburg, Leipzig, Munich——［德国］

16. Moscow（莫斯科）, Saint Petersburg——［俄罗斯］

17. Amsterdam（阿姆斯特丹）, the Hague, Rotterdam——［荷兰］

18. Brussels（布鲁塞尔）, Antwerp——［比利时］

19. Wellington（惠灵顿）, Auckland——［新西兰］

20. Abuja（阿布贾）, Lagos——［尼日利亚］

21. Sucre（苏克雷）, La Paz——［玻利维亚］

22. Paris（巴黎）, Marseilles, Lyon——［法国］

23. Mecca, Riyadh（利雅得）——［沙特阿拉伯］

24. Rome（罗马）, Milan, Venice——［意大利］

25. Nairobi（内罗毕）, Mombasa——［肯尼亚］

26. Jakarta（雅加达）, Bali——［印度尼西亚］

27. Madrid（马德里）, Barcelona——［西班牙］